我陈道见道明

用角色与观众交流

赵琨 著

北京联合出版公司
Beijing United Publishing Co.,Ltd.

知音其难哉!
音实难知,知实难逢;
逢其知音,千载其一乎!

——《文心雕龙·知音》

目 录

序一　天水之间　本来老六　iii
序二　仙鹤神针：仙鹤其人，神针其著　红豆山庄　v
自序　我为中国文化写此书　ix
导言　xvi

绪　　论　　陈道明的艺术人生

演艺之路　3
从"表演"到"表达"　37
从"为人"到"为己"　56

第一部分　　陈道明表演特点综论

对石挥先生的传承　65
表演中的形体特征区分　101
妙用贯串道具　107
活用唱腔道具　119
融文化底蕴于表演　127
赋予人物诙谐幽默　133
逆转平庸之笔　138

第二部分　　陈道明演艺作品专论

似与不似之间——《围城》表演赏析　143

载浮载沉泛中流——《手机》表演赏析　229

第三部分　　陈道明艺术人生合论

作为演员的文化自尊　273

文化深度与表演高度　284

陈道明和王国维的游戏观　303

陈道明表演中的"焦菊隐来源"　329

作为明星的"与世周旋"　347

附录　陈道明历年作品及角色列表　361

序一　天水之间

文 / 本来老六（著名影评人、书评人）

> 天者，天苍苍也。
> 水者，弱水三千。

天苍苍而无涯，言艺术之美好，原其美好为何？不足以果腹御寒，不屑于挡风遮雨，所做的无非是拨弄心弦，甚至追魂夺魄。虽动于五内，而于旁人眼中不增不减。但也恰恰因大象无形，艺术正是东海龙王的巨大宝藏：只要大圣搬得动，尽可拿去。而何处着手？又有几分气力？是望洋兴叹，还是"不畏艰险沿着崎岖陡峭的山路攀登"（卡尔·马克思），琳琅满目又要不忘初心，美好种种却只取一瓢，答案就是荞麦花开关于陈道明的这本专著。

对于陈道明这位从二十世纪八九十年代开始享誉国内的著名演员，荞麦花开的研究，不仅仅止步于对其角色的各种诠释；也不仅是以陈道明为原点，做一个人文的、时代的辐射和纵览；更像是一个"我注六经有穷，六经注我无尽"的过程。徜徉其间，我们可以读到陈道明，我们更能读到荞麦花开经由陈道明从自己身体里释放出的那个本来。

明人方以智有句话叫"坐集千古之智"。我觉得单纯研究一个演员毕竟是有穷尽的。但荞麦花开以陈道明为主轴，结合他诠释的角色，把自己的积累集腋成裘。通过对陈道明的研究，那么多书那么多人少长咸集、阡陌交通，这才是无边胜景。荞麦厉害，核心是这个厉害。

陈道明为何？荞麦花开眼中的陈道明为何？阅读之后在我们身上呼之欲出的那个陈道明又为何？

我想大家所能做的，便是翻看这本书，和我一起。

序二　仙鹤神针：仙鹤其人，神针其著

文 / 红豆山庄（著名剧评人、历史小说作者）

江南七月，流火铄金，正热得没做理会处，顷接荞麦君来书，谓其干将莫邪新已铸成，行将付梓，丐余为序一篇（欲置我于炉火上耶），唬得我一个寒战，酒都作汗出了，既喜且惊，妒而复惭，三辞不许，急难推脱，只好勉为其难，打点精神，搜索枯肠，丢开手机，摆正键盘，敷衍一篇矫情文字，了此孽缘。我去！

国人作序，第一不可不攀交情，如此则宾主两洽，各得其宜。这在我更不能免俗，青蝇之飞不过数武，附之骥尾可致千里。拙序得与荞麦君的佳著杰作刻簿并传，岂有不暗爽之理，但真说起来却很"费墨"，因为真正结识荞麦本尊也不过是七年前，但接触他的文字却是十来年了。那是偶然在天涯读到他赏析《康熙王朝》中周培公献图一场戏，虽仅寥寥数行，却字字搔到痒处，不待读完便击节称叹，由此未曾谋面便引为知音，生不用封万户侯，但愿一识韩荆州，就这意思！

天遂人愿，若许年后，我"拍砖"国内历史剧的帖子出炉，荞麦也推崇备至，谬许过甚，说出"天下英雄独使君"之类让我闻雷失箸的话（后来猛悟这是极高明的自捧，略去"与操"二字，深叹读书

之人不可交）。这才正式结识。当发现当年那篇令我五体投地的表演品析之文正是出自他手，更生相见恨晚之心，从此"奇文共欣赏，疑义相与析"，谈论最多的自然是陈道明，而又不限于陈道明。令我最惊讶的，是他是从《长征》(2001)开始才知道明叔，而不是我断章取义所怀疑的陈道明家隔壁的某某戏剧大家之子。须知我是从《围城》(1990)就开始关注明叔的啊，迄来二十又一年矣！明叔的大多数角色我都会有意无意地去留心，当中不乏技痒难耐的涂鸦之语，而随手拿来和荞麦相比，则相差不啻万里之遥。我还在为一鳞半爪沾沾自喜，荞麦的研析已进入"微分子领域"，其文纤巧如针，寒芒似雪，不厌精微，令人发指！我和他撸起剧评来都酷好广征博引，而荞麦更重考据，写剧评的背后，是史学功夫，挖梳抠剔，互勘见异，螺旋深探，连类触发，天女散花，脍不厌细，一粒芝麻到手，也要刻个清明上河图。

  读荞麦文字的感觉，简言之，就是陶公《桃花源记》加庄子《逍遥游》。选取的角度往往很小，如越王的竹简，汉祖的枣核，委座的水杯，焉识的眼镜，飞花摘叶皆可伤人，想得很深，所架构的又极为庞大。"初极狭，才通人，复行数十步，则豁然开朗。"再读下去，器局愈广，"不知其几千里也"。后人在参观秦始皇陵兵马俑时，见到谨严的行阵，陶俑兵车的甲胄与轮毂，当不难想见两千多年前工匠、役夫们在地洞中并肩抵足艰难营造，为了一个个复杂的问题而反复辩难的情景，我读荞麦的长文，也常有此感。那是当下商业盛行、艺理衰微的大流中，弥足珍贵的逆流而上，虽不能挽狂澜于既倒，却自成奇峰傲骨，令人耳目一新。和荞麦也并非处处不谋而合。或因角色而分歧，或为文字而争执。比如我曾用我的经验和感觉建议他长文要多分段，一则方便受众，减轻阅读之疲劳，让读者更好地吸收；二则也可使文字产生跳跃之美，读来如快刀出鞘，狭路相逢，直截了当，简练爽口。荞麦则坚持以为不然，句断则气断，气断则思竭，思竭则神弭。短文有跳跃之美，长文有铺排之美，二美不可得兼，他舍鱼而取熊掌。这回给他作序，也用长文，投其所好。

荞麦最为人称道的当然是对陈道明表演世界和演艺生涯的研究，为此也没少遭愚顽之辈横加指摘，尔曹身与名俱灭，不废江河万古流。荞麦研陈之文，我大都翻阅过，深为其纵横古今的如椽笔力所折服，而最打动我的其实还是他不吝赞美之词而又不惮批龙鳞的愚直，他那不厌其详的解析和不限于演员一身的博大。他的出发点虽然是陈道明和他的作品，而更大的价值却是透过其人其作，观照一个融通文史的艺术世界，只此，便可称不朽。

早年读《清朝野史大观》，对书中以物状人一节印象颇深。其中称曾国藩为蟒，李鸿章为鹤，张之洞为猿，荞麦剧评不仅于写陈道明，亦及于其他经典杰作，如98版《水浒传》《大明王朝1566》等，在《大明》剧评中，他便以蝙蝠喻嘉靖，我说剧中还可以鹰隼比陈洪。至于荞麦君其人，仍不妨以鹤状之。其一身居衙曹，闲散逸如；其二文宗苏子，雄放不羁；其三长喙善咏，饮啄风流；其四羽翼凌云，振发清越。《诗》云："鹤鸣于九皋，声闻于天。"知君早晚必乘龙！

有关荞麦的学问门径，许多人只知当面一陈，而不知背后还有一陈——大学者陈寅恪，是对荞麦影响至为深远的一尊圣哲。陈寅恪的身后，还站立着焦晃、吕中、鲍国安、李雪健、陈宝国、唐国强、王志文、孙红雷、段奕宏、张译等老中青三代演艺中坚，前者治学的法则,著文的机杼,后者对表演的纯熟驾驭,对艺术的不懈探求——两者凝炼熔铸,到荞麦的手中,便成从心所欲而不逾矩的定底神珍铁,可顶天立地,可隐介藏形,词源倒流三峡水,笔阵横扫千人军。我去!

荞麦勤于笔耕,不舍昼夜,陈道明表演而外,尚有《红楼梦》《水浒传》两座大本营,百余万言,同样的微分子作业,胜义络绎,妙彩纷呈。故此书之二十万言,实尚属冰山之一角耳。不才浅学,管锥之见,难免鄙陋;只是不忍荞麦咳珠唾玉,风流云散,佳篇杰构,乏人解会,姑就此序,敬谢不敏。

又及,越看越觉得这序更像跋。

贺荞麦兄大作杀青

解牛今日更雕龙,干将铸成气自雄。
空对古今失际遇,但凭天地遣愚衷。
文章岂为添花作,肺腑何求与世同。
惟喜片言舒块垒,始见庖丁胜叶公。

自序　我为中国文化而写此书

> 文艺不能当市场的奴隶，不要沾染了铜臭气。
>
> ——习近平《在文艺工作座谈会上的讲话》
> 2014年10月15日

百年前，一代大儒王国维先生作词慨叹："天末同云黯四垂，失行孤雁逆风飞，江湖寥落尔安归？"① 现今之世，商业资本对文化文艺的戕害几成无孔不入、不可逆转之势。陈道明在2010年《南方周末》访谈《我原来就是不往人群里走的人》中便已哀叹过，他看到了铁幕四下，却避秦无地，只有选择让自己边缘化，"我无奈于年代，但我争取做到年代也无奈于我"②。时至今日，近十年过去了，果如其言，过度商业化、资本劣币化、文化荒漠化现象更为严重。《左传·僖公廿四年》载："初，平王之东迁，辛有适伊川，见被发而祭于野者，曰：'不及百年，此其戎乎！其礼先亡矣。'"《晋书·索靖传》载：

---

① 王国维《浣溪沙》。
② 王志文亦有类似表达："世界可以变，我这儿不能变。"（《演员的工作就是创造精确——对话王志文》，李宗陶/文，《南方人物周刊》2012年第14期。）

"（索靖）有先识远量，知天下将乱，指洛南宫门铜驼，叹曰：'会见汝荆棘中矣。'"——慨然，陈道明真今时之辛有、索靖也！

这几年来，演员界的文士、演艺界的"士大夫"陈道明，几乎是以堂吉诃德的滑稽形象挑滑车——演员陈道明近些年来，几乎是以半个"文化人"的身份参与政协会议、文艺节目等活动，他在不同场合皆重复提到"文化"（"文化自觉""文化责任""文化担当"等）。

2010年7月，陈道明在接受《南方周末》专访《我原来就是不往人群里走的人》中，早已表达过对影视界文化沦丧，对中国影视大环境被"一切向钱看"、过度商业化日渐腐蚀的忧虑（所言精彩，故不恤篇幅，长篇摘引）：

娱乐界有相当一批人，出发点是为了名利，当然名利也不错，但质量是根本呀！戏好，老百姓喜欢，才有长远的名利。

大家现在都搞快餐，都觉得"花无百日红"，抓住当前的机会，走哪算哪，抓住今天的钱再想明天的事。钱现在成为了惟一标准。有收视率、票房，赚到了钱，就成功了。综观我们现在的文化现象，不管什么艺术、什么行当，都在高喊着"金钱万岁""向钱冲"，我们还要不要留一席之地，给真正的本土文化留点生存空间？

……关键是商业化要有一个度，文化变成金钱，金钱置换文化，要有度，不能把所有的文化艺术、教育科研全部推向市场，全部走江湖去赚钱。我在天津人艺工作过，现在许多文艺院团，走向市场后基本上都变成了江湖班子，说白了，耍玩艺谁耍得能吸引人，谁就能赚钱，最后赚钱成了惟一的标准。

难道所有存在价值的最高标准就是钱？那社会的德行到哪里去了？可能这个问题不是我该问的了。……过去我们文人还讲点风度，还讲点知识，哪怕是虚伪的也好。现在金钱变成主宰，都变成既得利益者了。

我着急的就是人性、价值观的堕落。在某些地方，我们在退步。我们不怕慢，就怕退，哪怕停着不动也行，退就不可以了，就像车不怕走，就怕停，更怕往后退，可现在往后退的地方很多。

不久前，我监制电视剧《我们无处安放的青春》，片子拍得很好，到了电视台，他们说"片子拍得很好，不用看"，但就是不肯播。我当时就说："是不是我们的电视剧没有杀人放火？我不卖了！"

我就想问咱们的电视台，全国十几亿观众，是不是所有人都看那些戏说、恶搞、枪战？那些渴求文化、渴望安静的人不是观众吗？电视台有文化的导向功能，不能一味追求收视率，不能眼里就是钱。

我觉得现在没意思，特别想念上世纪60年代的那种纯朴、70年代的上进、80年代的创新和无畏。到了90年代，商业消费时代来了，发展到现在愈演愈烈，把文化当成商业。似乎什么都是文化，到处都在谈文化，但都把它当商业的外衣。

……中国电影真正的好时期只有屈指可数的几年，最幸福的是在谢晋那个时代，刚刚开始改革开放，当时电视还没有上来，赶上了一个幸运的时候。后来被张艺谋、陈凯歌第五代导演冲击，……没蹦达几天又进入低潮，然后就开始电影院线改革，电影就走市场、走商业片的道路了。

那个时候电影厂纷纷倒闭，西影、长影、上影这些老牌厂，后来纷纷变成租赁单位，演员队伍、导演队伍也没了，电影好像就完了。谁之罪？不知道。跟总体社会大环境有关系吧。直到现在，在艺术创作上，中国电影都没有喘过气来。

……我也不知道多少年以后才能形成有序、健康的文化。本来，电影、电视是普及率最高的平台，做好了可以普及文化艺术，改变我们的文化。但可惜的是，全都乱了。①

在《南方周末》2011年《中国梦践行者》访谈中，陈道明继续鞭挞"金钱万岁""一切向钱看"：

人的梦想跟欲望是一体，不同的是欲望是物质的，梦想是精神的，它们都是人与生俱来的一种固有的生命现象。梦想、欲望是很正常的，但我们现在往往是大义凛然地把理想全部变成欲望实现，我们的价值观沦落到不论是非、挣到钱就是成功的地步。每个行业的名流在一起，不谈梦想、不谈理想，只谈挣钱，这可能少了一点美好。……过去，社会上有一句话，干一行爱一行，现在哪一行不重要了，是哪一行挣钱重要。我们现在不是实现自我价值，是实现金钱价值。我们没有精神信仰了，也不需要精神生活了，变成钱是引导者了。②

2015年3月全国两会期间，陈道明提到"做文化的人要有文化自觉"。据《南方都市报》2015年3月6日报道，他在无党派小组讨

---

① 《"我原来就是不往人群里走的人"——对话陈道明》，张英/文，《南方周末》2010年7月28日。
② 《陈道明：大家都在齐步走的时候，我可能在散步》，张英/文，《南方周末》2012年1月8日。

论结束后受访时谈及，他提案的主题是"大文化"："陈道明认为，电影市场的良好构建，需要有三个平台的大文化合力。他解释三个平台第一是编剧，需要有大文化的人，才能做原创剧本。第二个平台是演员，是执行文化的。第三个平台则是影视作品输出平台，也必须有大文化的人在。"

作为全国政协委员，陈道明历年提案皆有关影视界的"文化"。2011年，陈道明的政协提案是"'文化'和'商业'的对立统一"；2013年，他的提案是"国产影视剧价值导向问题"；2014年，他关注的是"电影、电视、广告分级制问题"；2015年，"大文化"成为他提案的主题。

2015年6月7日第15届电影艺术学会奖"金凤凰奖"颁奖礼上，陈道明发表"一句话"获奖感言："我就想说一句，就是我们在名利场上拼搏的同时，不要忘记我们作为一个演员的文化自觉！"

2015年10月，陈道明在习近平总书记主持的文艺工作座谈会召开（2014年10月15日）一周年之际接受新华网记者专访时说："泛娱乐的文化生态、唯票房的剧本创作、纯圈钱的文企上市和没教养的艺人涉毒，深刻反映出当前的'文化失觉'现象和文艺浮躁风。"

2015年11月4日，北京电视台制作的中国首档传统文化真人秀节目《传承者》发布会上，陈道明在发言中表示"每个人都有义务去传承（文化）"，这是一种"文化担当"。

2016年2月6日《传承者》第一季收官，陈道明发表季终感言：

> 可能我们的责任就是让大家知道传承，知道中国有很多文化是不被大家，尤其不被年轻人所知的。这个节目从收视率上比不上其

他的娱乐节目，但是，有一个人看，它也是胜利的，是我们中国传统文化的胜利。我表扬一下我自己，感谢我自己，说服了我自己，上这个传承的节目。

他还说过：

如果我长期坚持自己的信念，就是对自己的最大尊重。①

以上摘引的陈道明公诸媒体的言谈，在时间年份上可做"结构性分析"，即密集地集中于 2015 年、2016 年。其原因，笔者分析是，中国影视圈大环境的恶化，无良资本背后操控，流量当道艺德沦丧，大致是从 2014 年左右开始骤然加速的。习近平总书记在 2014 年 10 月 15 日文艺工作座谈会上强调指出，"文艺不能当市场的奴隶，不要沾染了铜臭气"。便是明见乎此，防于微杜于渐，勿谓言之不预！陈道明 2015 年、2016 年为文化疾呼的密集言谈，是激于世变之亟，这是毫无可疑的。其关于"文化责任"言谈之频度、烈度，远较以前年份为甚，这正可见出，陈道明是不平则鸣，是"有所为而发"。

陈道明在 2010 年接受《南方周末》的访谈时，早早就预感到了"文化荒漠化"的到来，他发言里明明有消极之意（"选择让自己边缘化""我无奈于年代"等语），但看他行动，每年的政协提案皆关乎影视文化，利用各种活动的机会呼吁演艺界需有文化自觉。与他 2010 年明白表示要"消极"之意相反，在那以后，近几年来，陈道明的疾

---

①《陈道明：大家都在齐步走的时候，我可能在散步》。

呼反而是更积极了。这正是言行不一，更见其贵！

笔者揣测：陈道明上湖南卫视《一年级》节目是为看看现在艺校学生、表演系学生的真实生态，把正确的表演基本理念作再次强调；上北京卫视《传承者》节目是为当下综艺无文化而加强文化，是为当下文化传承无路而开路，是为影视圈文艺界浮躁浅薄纠偏正风。归根结底，这源于"戏表文骨"的陈道明的文化责任感。

笔者最初写陈道明先生，仅出于兴趣，意陈君之演艺，确有独到之妙，非笔之于书不能一畅胸臆。这三四年来，越发有感于"文化沙漠化"来潮汹汹，如电影《2012》中滔天滚来的无边洪流；并激于陈道明本人迭次疾呼影视界人需有文化自觉，故而感觉本书已经不仅仅是在写一个演员了，而是在写一个演艺界的"文化人""士大夫"。

从某种意义上说，笔者此书的特别之处，乃在通过对一个有文化自觉、文化担当、文化责任感，在演出中有文化"灌注"的演员的研析著述，体现文化本身的分量和重量。这是本书既不同于一般的明星传记，也有别于纯粹的表演艺术评析研究著作之处。陈道明骨子深处是一个"误入"演艺界的"旧派文人士大夫"，这位传主的文化人底色，决定了本书不仅仅是写给演艺界的，最根本的，是写给文化界的。

著成抒怀

廿载心事看将成，戏表文骨著一人。
敢驱龙蛇辉日月，稳转颦笑写乾坤。
道心惟微偏能显，后世相知讵可闻？
元曲终赖哲人传，千秋怅望一怆神。

导言

　　本书共分三大板块，我试图尽量全面透彻地阐析展现陈道明其艺其人。当然，对陈道明表演里一些待商榷的不妥之处，也提出了不客气的批评。笔者先自述撰述意义和体例，以帮助读者更好地阅读全书。

　　北京电影学院舒晓鸣教授编著的《石挥的艺术世界》[①]一书，"填补了我国全方位地对个体的电影表演艺术家的深入研究的空白"（北京电影学院教授刘诗兵语），全面深入探析了中国老辈演员"第一人"石挥先生的表演艺术成就和特点。但新中国成立以后的演员，他们在表演实践上所触及的题材宽度非前人所及；演技派演员总体数量和整体艺术高度（尤以20世纪40到60年代生人，如李保田、鲍国安、李雪健、陈道明、陈宝国、张国立、唐国强、李幼斌、葛优、王志文、姜文、马少骅、王庆祥、张志坚、王学圻、濮存昕、刘佩琦、李诚儒，等等，挂一漏万，排名不分先后），灿若星辰，蔚为壮观，很遗憾的是，迄今为止，为他们著书立说并阐发其表演艺术价值者，几乎没有看到。

[①]《石挥的艺术世界》，舒晓明/编，北京：中国电影出版社，2005年。

学术研究对于电影导演大师的兴趣和关注，明显大于表演艺术家。世界范围内的大导演且不论，单说中国台湾、中国香港的几位电影导演大家——杨德昌、李安、侯孝贤、王家卫，便都有国内外的研究者专门为其著书立说。显然，电影、电视剧、戏剧艺术研究的现状是：重导演，轻演员。这种现象不能说不合理（导演大家当然值得多视角深入研究），但终究失之偏颇。

友人"诗酒醉洛阳"曾对笔者慨叹："演员在中国的地位甚低（旧社会叫'戏子'，属于所谓'下九流'），表演作为一门学问也没有得到很好的发展，都导致无人愿意深入研究。"这一点，也正如近世大学者王国维在《宋元戏曲史·自序》中言："后世儒硕，皆鄙弃不复道。而为此学者，大率不学之徒；即有一二学子，以馀力及此，亦未有能观其会通，窥其奥窔者。"静安先生斯语，我在大量阅读中国戏剧、电影理论著作后，更是深感认同。

上述李保田、李雪健等这批演员，在表演艺术的实践上拓展的宽度和下探的深度，实在都非前人可及，他们的优秀表演资产应该有人笔之于书，传之于后。所以我写陈道明，也希望有人写李保田，有人写李雪健……他们的表演价值值得认真写，好好写，让以后的青年演员读戏剧学院、电影学院的时候，除了斯坦尼斯拉夫斯基，还有更为亲切的书可以读、可以感受，除了石挥、于是之、焦晃、吕中等老辈演员，还有更为切近的演员和演出可以口沫手胝、心摹手追。

但笔者并不认为，学生们必以此书为"表演圣经"、以陈道明表演为"教科书"。陈道明本人便反对表演有"教科书"。据媒体报道，2014年4月21日张艺谋携主演陈道明、巩俐等在京出席电影《归来》新闻发布会，张艺谋说："《归来》中陈道明和巩俐的表演可以成为教科书，他们无疑是中国目前最好的演员。"对于张导"教科书"般表演的夸奖，陈道明并不领情，一秒"怼"回：

> 表演是不成立为教科书的，每个人物不一样，每个演员不一样，表现方式就会不一样，没有教科书。演员之间相互学习，只能说你是我的教科书，我是你的教科书而已。把我们的表演夸奖为教科书，这是鼓励我们演员最不准确的一句话。①

表演学宗师斯坦尼斯拉夫斯基早便有言在先："没有什么能比为'体系'而'体系'更加愚蠢，对艺术更加有害的了。不能把体系当成目的，不能变手段为实质。这种做法本身就是最大的虚假。"②

表演大师石挥先生在《舞台语》中强调，表演中的读台词是"一个人有一个人的读法"："读词分类——以前我只有概念，直到《正气歌》我才具体地运用起来，现在我把一段台词的轻重快慢高低都拿符号注出来，这也是自己杜撰的，像一个乐谱注解一样，这样比只凭记忆来得有把握有规律。这是注解台词的一种方法，也是代替记忆的一种手段。但是我注的词谱，别人不可以照样抄读，同样，别人注的词谱我也不可以一字不改地搬来运用，一个人有一个人的读法，否则如果剧作者把词谱好了，那无论谁来演都是那一个调了。千篇一律岂不可怕。尼采说：一百个雕塑家可以有一百件不同的杰作，读词的符号是给自己运用的工具，当然是各有巧妙不同的。"③

---

① 《陈道明：那是客气话，没必要做语录》，陈聪丽 / 文，《青年时报》2014 年 4 月 22 日。
② 《斯坦尼斯拉夫斯基全集（第 2 卷）》，北京：中国电影出版社，1985 年：第 234 页。
③ 《石挥谈艺录：演员如何抓住观众》，石挥 / 著，李镇 / 主编，北京：北京联合出版公司，2017 年：第 82 页。原载《万象》，1943 年第 3 卷：第 4 期、第 5 期。

石挥先生在《慕容天锡七十天记》中又写道："我的演出手记——这是我在这七十天中每天记录下来的一点东西，一点我很珍惜的东西。这里记载着我怎样排、怎样演、怎样创造慕容天锡这角色的型性，怎样读词，又怎样动作，这是我自己的演剧手记而不是什么'演剧术'之类的法条文章。我反对把法条文章放在演剧艺术上。"①

陈道明反对表演有"教科书"的说法，正不妨与斯坦尼宗师、石挥大师之论，前后合观。

石挥《慕容天锡七十天记》一文发表后，"轰动一时，成为演员们创造性格的圣经。"②但揆诸石挥先生本心，他实在只愿这篇文成为演员演剧的"参考"，而非顶礼膜拜、规行矩步的"表演圣经"。

笔者同样希望，我这本书，能成为年轻演员们琢磨怎么演好戏、怎么塑造好人物的参考书，而非严守法条的所谓的"表演教科书"。

全书共分三部分，结构和撰述体例如下：

第一部分为"陈道明表演特点综论"，试图以一组文章，从不同方面分别论析陈道明的表演特点；该部分写作特点是，以陈道明某一个表演特点为论析中心，引征陈道明多部作品中相类似的一些表演处理，作"横向展开"。

第二部分为"陈道明演艺作品专论"，写作特点是，以陈道明主演之一人物角色为论析出发点，以人物情节发展线为贯串轴线，作"纵向展开"，力求随物赋形、涉笔成趣，在具体的个案剖析中，展现

---

①《石挥谈艺录：演员如何抓住观众》，石挥/著，李镇/主编，北京：北京联合出版公司，2017年：第121页。原文载《杂志》，1942年第10卷：第3期（上）。
②《从黄宗江想到石挥》，董鼎山/文。引自《石挥的艺术世界》：第458页。原文载董鼎山著《留美五十年》。

陈道明表演的精微深美和独到之妙。此部分乃以对陈氏表演的"具体而微"的评析阐释,体现第一部分所综论的陈道明表演特点。同时,更重要的是,第一部分中无法"串钱成贯"、统一归类的陈道明的一些表演特质特点,都将以"满地珠玉"的形态,"散见"于第二部分。此部分为笔者所费时间(2013—2017年共五年)、所下心力最多最大部分,专论陈道明30多个演出,总字数77.8万字,因出版实体书字数规模所限,最后仅选取《围城》《手机》两剧中演出评析入书,读者谅之。这两次演出,一在1990年,为陈氏演艺生涯早期,一在2010年,为陈氏演艺生涯近期,一前一后,应可代表、涵纳陈道明整个演艺周期。①

第三部分为"陈道明艺术人生合论"。一个形成了独有艺术风格的艺术家,其艺术和人生是互为观照、交相映发的。单论其艺,则未为知人;反过来,不知其人,亦何谈深知其艺?是故必须合论艺术家之"艺术"与"人生",方得铸鼎燃犀,深中陈道明其人其艺之窍要三昧。本编文章如《作为演员的文化自尊》,探寻演艺界"士大夫"陈道明血脉深处的文化流注;《文化深度与表演高度》,试图透析陈道明的"文"是如何"化"其演艺而生妙彩的;《陈道明和王国维的游戏观》,论陈道明,而不止于论陈道明,不啻王国维先生"逮争存之事亟,而游戏之道息矣"之论,在今日今世之"现场演绎""实力诠释"。

综上,笔者认为,以如上三部分的结构,足以层次清晰、立体全

---

① 更多陈氏影视剧评、表演评析专文,请读者移步笔者知乎专栏"陈道明表演艺术赏析研究": https://zhuanlan.zhihu.com/qmhkxcdm

面、深邃透辟地呈现"陈道明的表演世界"的横向广度和纵向深度。

在具体进入全著之前，先请读者诸君阅读《陈道明的艺术人生》。该文试图对陈氏近四十年来演艺之路，作一个颇具清晰度的线条勾勒。读毕此文，陈道明的表演世界和艺术人生的雏形，想必已在您之脑中。

绪 论

陈道明的艺术人生

演艺之路

演员陈道明踏上影视表演之途近40年（1982—2019）来，影、视、话剧角色共约54个。详见附录。——其中电影19部，电视剧34部，话剧1部①。

演员黎耀祥在所著《戏剧浮生》一书中"本色与演技"一节写道：

> 演员本身总会拥有自己的特质，而这种特质又会在演绎角色时起着不同的作用。有些演员拥有相当强大的个人魅力，比如罗伯特·德·尼罗就是其中一个魅力非凡的演员，他那迷人的双眼总会吸引住观众的视线，所以他的每个角色总带着很浓厚的个人色彩，感觉就像是罗伯特·德·尼罗本人在当警察、当黑社会人物、当其他角色人物……因此，他演绎角色时的精彩之处，不在于改变自己，而是在于处理那角色时的看法，亦即是他总会找到一个非一般的角度，去把角色演活。

---

① 话剧为《喜剧的忧伤》，2011—2013年，前后三年三轮演出，共60多场，历经北京、天津、南京、上海四站。

另外一种演员就是善于改变自己的,无论外形、节奏、语调……他们总是乐于找寻自己身上不同的特质,通过演绎角色重新把自己建立,达斯汀·霍夫曼相信是这类型吧!《午夜牛郎》(*Midnight Cowboy*,1969)中的半跛流氓,《推销员之死》(*Death of a Salesman*,1985)中的老推销员,《铁钩船长》(*Hook*,1991)中的铁钩船长……[①]

参照黎耀祥以上论析,我们不妨"简单粗暴"地以达斯汀·霍夫曼与罗伯特·德尼罗为两种不同类型演员的代表:达斯汀·霍夫曼是"熔演员自我为液浇铸角色之模"的"角色导向型";罗伯特·德尼罗是"熔角色为液浇铸演员自我之模"的"演员导向型"。表演理论里,习惯称前一类演员为"性格演员",称后一类演员为"本色演员"。本文论析不取这两个称谓,乃因"导向"云云更内蕴一层"演员有主观表达的能动"这一意思,似较"性格或本色"的称谓法更具人文内涵和深度。

一般认为,华人演员中,前一类演员的代表可推"百变影帝"梁家辉,后一类的代表呢,不少人推出陈道明。暂不论我们是否要在这两类看似反向的演员类别中做一个轩轾抑扬(譬如常被人传于口中的演员评定标准"好演员应该演谁像谁,而不是演谁都像自己");首先说,推陈道明为后一类演员的代表,从客观考察演员表演历程、表演史的角度来看,便不够准确。事实上,纵观陈道明近四十年(1982—2019)来表演历程,其表演理念和表演特点并非一成不变的。下做析论。

[①] 《戏剧浮生:黎耀祥论演技与人生》,黎耀祥/著,上海:复旦大学出版社,2011年:第154页。

"达斯汀·霍夫曼式"角色导向型阶段

作为中国大陆改革开放后登上影视舞台并成名成腕儿的第一批演技派演员,陈道明演艺长青之路几乎是伴随着改革开放而开始:他1982、1983年雏鹰试翼,先演了两部电影《今夜有暴风雪》《一个和八个》,未能成名;是接下来的电视剧《末代皇帝》令其一夕成名天下知。1990年他在电视剧《围城》中精绝的表演,不但"天下知我",更是"一人知我",连钱锺书老先生都对其赞赏有加,更是奠定了其"青年表演艺术家"的地位。类似20世纪80年代,在90年代,陈道明依然尴尬地交出了如剃头担子一头热(电视剧)、一头冷(电影)的表演成绩单。而我们之所以说电视剧这头热,主要还是从表演的艺术含量着眼,如《围城》《北洋水师》《梦断情楼》《一地鸡毛》《上海人在东京》《二马》《寇老西儿》《女巡按》《少年包青天》等剧中演出,无一不是可耐反复咀嚼寻味的精品表演。

陈道明在正式踏上影视表演之路之前,一直在学习,也在实践话剧表演,他是话剧演员出身。① 而新中国话剧界一直奉斯坦尼表演理论为圭臬。

综观陈道明1982—2000年此一时期的角色,如正直无畏的知青连长曹铁强,"色厉胆薄"的末代皇帝溥仪,八旗子弟乌长安,猥琐可悲的同治帝,一惊一乍、有脾气没本事的海归知识分子方鸿渐,"另类"的优秀军官伊东祐亨,"性本良善"、心有痼疾的大茶壶九条,从一身傲骨到一地鸡毛的小公务员小林,有情有义、有胆有趣的皮影

---

① 1971年进入天津人艺,1978年进入中央戏剧学院研习表演理论,1982年毕业进入中央电视台电视剧制作中心。

艺人满天红，正直仗义的留学生祝月，多棱镜似的折射中国人特别是没落子弟身上劣根性的老马，酸爽逗萌的八贤王（《寇老西儿》版），文华贵重大贤无我的八贤王（《少年包青天》版），"人在屋檐下，就是不低头"的绍兴师爷方敬斋，机智诙谐与风骨仁心集于一身的明代师爷刘非，正气凛然风标卓然口才粲然仪态翩然的民国外交官顾维钧……无一不是各具神貌而皆刻画入骨的精绝演出。陈道明角色之多变，实不让达斯汀·霍夫曼独占"变色龙"、梁家辉独占"百变影帝"之誉。

我们再从陈道明"自述"的理论层面，补充两条此一时期他服膺并践行斯坦尼"人物至上"表演原则的论据。

《荟萃了话剧界精英力量的〈末代皇帝〉》中陈道明的发言：

> 我比较信奉话剧演员，我觉得他们会塑造人物，有较强的组织人物动作线和创造形象的本事，这是有些影视演员所不具备的。这次与北京人艺的老演员以及吴雪同志的合作受益非浅。他们塑造人物很准确，自发的创作能力较强。我塑造的青年溥仪相比之下，有许多地方尚不能令人满意，留有许多遗憾。前不久，电影界有一场争论，就是银幕上缺少男子汉问题。对此我大不以为然。因为它舍去了表演上最根本的东西，即从人物出发。现在不少影片塑造的男子汉形象，一味地冷面严峻、不苟言笑，结果一百个男人是一个男人，而不是一百个男人。我比较信奉斯坦尼的理论，一百个男人应该是一百个样，这才是功夫。欧洲的一些演员也比较崇尚戏剧，在人物刻画上也是很下功夫的。他们没有一味地追求偶像性的东西，真正卓有成绩的还都是重视塑造，而不是本色。现在有的人介绍演

员,说他很深沉,一看就是个男人。我很不理解这样的表演理论家的高见。他究竟扮演的是什么样的男人?他演得像不像这一个男人?这才是评判他表演好坏的标准。怎么可以把有丰富血肉和多种类型、多种个性的男性抽象为一种模式呢?①

上述发言,很明显体现出陈道明此时对斯坦尼理论"百人百面"的服膺。而国际影坛,最以这种"变色龙"特色著称的名角,则是达斯汀·霍夫曼,故而我们推论,陈道明应该是欣赏达斯汀·霍夫曼的。果不其然,请看下条。

1991年陈道明专访之《我能成为中国的陈道明》载:

> 有时和朋友探讨探讨表演艺术,从理论到技巧,兴之所至时他口若悬河,甚至相当固执。比如他颇不以为然的关于"男演员"的话题:"前不久有一次无聊的争论,说中国都是奶油小生,没有男演员。于是一窝蜂出了一批'男人',秃子,满脸横肉,要不就是绷着脸玩深沉,好像高深莫测。一些不太像'男人'的男人因此低人三分,没胡子还得黏胡子。其实不然!你就是男人,怕什么?何必故做'男人'状?从《毕业生》《午夜牛郎》到《克莱默夫妇》,达斯汀·霍夫曼不强健嘛。关键是在于有没有男人的胸怀、素质和修养。去创造人物吧,不要创造'男人'。一个男人一个样,你演的角色别人代替不了。"

> 不知方鸿渐之流是否就是这样被创造出来的。但是,他们的独特和不可替代性,已是公认的了。陈道明很欣赏北京人民艺术剧院

---

① 《荟萃了话剧界精英力量的〈末代皇帝〉》,《中国戏剧》1988年第10期。

的那些老演员，也常提起达斯汀·霍夫曼。我曾问他："你觉得你能成为中国的达斯汀·霍夫曼吗？"他的回答不自信："那不敢说。"然后他又补充了句："我也不想成为中国的达斯汀·霍夫曼。我能成为中国的陈道明！"颇自信。

然而，推崇演员陈道明是"中国的'变色龙'达斯汀·霍夫曼"，并不是要造神；任何卓有成就的人都必须要经过一番艰辛而"痛苦"的修炼，方才灿然大成。有的人是摸爬滚打得遍体鳞伤大家都看到了，有的人则如中了崆峒派的"七伤拳"（《倚天屠龙记》），表面完好无损而内里则早已是千煎万熬。陈道明大概属于后者，而这个实诚人还把自己"中拳"的经过和感受老老实实地写了下来。于是乎，我们今日还可以通过下面两则陈道明的话，感受一下"著名演员的修炼成长记"。

众所周知，陈道明是著名影视演员；可他的出身，不论是之前的表演实践，还是表演理论研修，都是地地道道的话剧演员。那么在话剧表演转入到影视表演这个过程中，不少演员，尤其是天性敏感善于思考或者照直说爱跟自己较劲儿的演员，应该就会遭遇不少困惑，会有一个转变期和适应期。陈道明把这写了出来——他遭遇过困惑，甚至是"痛苦的蜕变"。1990年元旦，陈道明作了《从艺杂感》，该文清晰地自我解剖了这个"蛇蜕皮"的过程：

> 我从艺的起点是话剧舞台，在当学员时期自然是训练戏剧表演方法，从面上来看，和我现在所从事的影视表演好像是大相径庭，在社会上专家和剧组导演苦口婆心的指导下，着实让我在表演方法

上有一段不知所措，像是过去的舞台训练，如同吞食了恶果。我拍摄的第一部影片是《一个和八个》，创作人员尤为对所谓电影表演生活化逼之甚迫，一时间我摸不到电影表演艺术风尚之所在，只恨自己学习了斯坦尼，就这样惶惶然之中离开了舞台，懵头懵脑地撞入了影视圈，并握紧手心准备在今后的工作中来个改观换念，去旧迎新。

紧接着拍摄了长影的《今夜有暴风雪》。这一阶段表演实践的结果，使我万念俱灰，摸索了半天也没能找到电影表演的大门。几度思忖，"别犯傻了，趁着年青改行吧！"真的，我真考虑过，只是没有勇气去做罢了，或者说是没有聊以存生的其他本钱。正在上下不知左右时，《末代皇帝》剧组的导演找到我头上，而且导演大巴掌一拍拍出了我这个假溥仪。虽然演得不算真，可把我这个糊涂脑袋给拍明白了。它给了我用四年的时间研究一个角色的机会，既系统又全面，不在我学院学习的收获之下。回头来去思索，总觉得绕了个大弯子，和过去老师教我的戏剧表演方法无二呀！均基于真听、真看、真感觉的表演A、B、C。又一想既在本质上相同，何以搞出个'戏剧-影视表演要离婚'的奇案？舞台艺术、影视艺术只不过是表现手段不同，不能就说话剧表演都是假的吧！记得我在舞台上演《无辜的罪人》中的主人公聂兹那莫夫时，有些场次因投入而动情流泪，那绝不是眼药水。你能说它不真？又如现在拍摄的影视故事片需要人物流泪时，满现场高呼'化妆，眼药水'，于是一瓶青霉素眼药水几个镜头下来已然底朝天。你能说它不假？所以我认为只是不同的形式所产生的不同效果，从本质上讲同是一个'真'字。看来离婚是不成立的，因为它们本来是母子关系。倒有一条可以申明，不要把电影、电视表演有虚假现象归罪于戏剧表演。

大概在 1992 年，陈道明写过一首小诗，题为《因为》，其中有一句"自我调侃"："演不出好戏，是因为，学多了斯坦尼"。笔者推测，或可能是思考作为话剧表演理论的斯坦尼体系到底适合影视表演与否？或可能是思考如果适合，是在多大程度上适合？哪些部分适合？哪些部分不适合而该规避？或可能是胸中横溢太多理论条框，致使表演时反受拘束，限制了生气勃勃的自然发挥？或可能是……？均不得而知。或均而有之。

以上从表演实践和表演理念两个方面，略谈了陈道明在 1982 年到 2000 年对斯氏表演理论特别是"人物至上"理论的服膺。这阶段他大概可算是所谓"角色导向型"演员。

"罗伯特·德尼罗式"演员导向型阶段的探索

对斯坦尼理论，陈道明有服膺，也有困惑，还有"反叛"。作为一个具有独立甚至是叛逆思维和精神的演员，陈道明对斯氏理论不是照单全收的，他有他的思考、咀嚼和扬弃。譬如 2003 年《杨澜访谈录》专访陈道明：

> 杨澜：你在中戏上学的时候，据说有一年，整个都没跟老师说过话，是吗？
> 陈道明：主讲老师。对，我们班主任。其实这老师特别好。
> 杨澜：你干吗不理人家？
> 陈道明：我就觉得，戏剧学院总抱着发黄的教材教我，我觉得对学生不负责。我演戏不想照本宣科。就像我小学的时候读作文，读语文书，经常会突然间就，那语文书那里头没这字儿……比如

说天黑了,人底下就是"灯都熄掉了",比如就这样,我说"天黑了,鸡也不叫了",然后"哗"学生就哄堂大笑。

一方面,斯氏理论本身并非表演界的金科玉律,每下一义,泰山不移,肯定有可供反思和发展之处。焦菊隐、于是之等老辈名家对斯坦尼理论就有过"反叛"、革新和发展。邹红女士在所著《焦菊隐戏剧理论研究》里"'心象说'与斯坦尼斯拉夫斯基体系及其他"一节中,对焦菊隐先生对斯坦尼理论的发展,论之既详且透,读者可参阅。"人艺长子"濮存昕甚至有一句"大言":"我们甚至可以不读斯坦尼,读焦先生(焦菊隐)的就可以了。"①

另一方面,不论哪一种表演理论,本身也应该而且必须随着时代的推移和表演实践的发展而相应变革,注入新的元素。"实践发展永无止境,理论创新永无止境"嘛。

众所周知,陈道明在"商业上"焕发"第二春",甚至是更为如日中天,是凭着《康熙王朝》(2001)②、《黑洞》(2002)两剧。不夸张地说,2001—2002年的荧屏,几乎被陈道明一个人包打一半,任你遥控器怎么换,不是这几个台在播《康熙王朝》,就是那几个台在播《黑洞》。此外,陈道明主演的《长征》(2001),几乎也是霸屏的态势,各台转播率不下于《康熙王朝》《黑洞》二剧;后此的《中国式离婚》(2004)又掀起了一阵收视狂飙和话题热潮③,可以说2001—

---

① 《从斯坦尼出发 走得越远越好》,石鸣/文,《三联生活周刊》2011年第35期。
② 括号内年份为作品首播年份。
③ 婚姻题材的剧,从收视热潮和引起的热烈的社会讨论看,似乎唯有前此的《结婚十年》、后此的《金婚》可比。

2004年，陈道明年均一部当年最热剧①，即便以1982—2019年陈道明踏足影视表演近四十年拉通算，2001—2004这四年，也是他尤为"大腕"的时段。陈道明曾对记者笑言，"不要叫我'一哥'，我不是什么'一哥'。"江山代有才人出，各领风骚若干年，那么他陈道明最领风骚的若干年，我以为便是这四年。

我这里分析的重点不在于剖析陈道明"商业起来了""商业上'咸鱼翻身'了"的个中原因，笔者感兴趣的重点在于陈道明在《康熙王朝》《黑洞》中表现出来的"表演理念变化和表演新特点"。下面引四则媒体访谈，且看陈道明自述其表演理念的变化发展——集中实践于《康熙王朝》《黑洞》二剧：

> 当初学斯坦尼的一个原则是"人物至上"，但是现在国内外许多成功的大牌演员无疑是加进了个人魅力的成分。②
>
> 演员的路是越走越窄，目前国内的演员往往是个性魅力不及角色的魅力，其实应该是个性魅力盖过角色，这就要求演员在本质上下功夫。③
>
> 我希望演员的人格魅力，加上历史人物的人格魅力，这才是演员应该做的。……我觉得近年来我们的观众都在成熟化，观众的成熟，是给演员提了一个更高的要求。我们现在也一直都在探讨，现在的表演概念，如苏联过去比较崇尚人物至上，演员不在了。这个

---

① 另外必须一提的是，这一时段还有一部虽非热剧、总体上看剧情漏洞也不少，但陈道明的表演却堪称杰出的《冬至》（2003）。
②《康熙？陈道明？》，《中国广播报》2001年。
③《作品如孩子，更疼爱"残疾"孩子》，2002年专访。

问题已经过了这么多年的进化，社会在进化、表演在进化、美学观念也在进化。

我一直在考虑一个问题，也是几年来一直困惑着我的一个问题，现在的人物的所谓概念是一个什么样的概念。就是人物与演员之间的关系，怎样才能使人物和演员两者之间交待得更好。我想在现今的社会中，表演观念的进化，可能是在于如果一个演员仅仅单一地从外表刻画一个人物是不够的，应该主要刻画人物的精神世界。由此，我从中悟出我们在刻画人物时，像不像不是很重要，关键在于，是不是好看。对于人们说的，演什么像什么，过去我对它是一个感叹号，而现今是一个问号。

像从何来？如果让一个演员演完一个皇帝再演一个乞丐很容易，如果让一个演员演两个同样的警察，在这种情况下应该怎么办？这令我想起了国际上的一些大影星，如德尼罗，他演了很多黑道人物，剧中造型几乎相似，为什么能在观众中留下深刻的印象。这充分体现在他自身的人格魅力。所以我认为演员自身的存在价值的人格魅力，将是将来表演上一个很重要的因素，再加上演技方面的最新探索，及自己本身的表演魅力，加之气质上的魅力，让观众已经忘了人物。

所以我在想，过去的人物至上主义，会不会有落伍之感，这是值得我们深思的。通过多年的亲身经历，深刻感觉到，人物何在？无处不在。自己何在？只在一个。这一个怎么办？前一段我曾发表过一篇文章，我在说：我已经黔驴技穷，我应该去演什么样的作品。于是就拿《康熙》和《黑洞》作了一下尝试。[1]

---

[1] 《陈道明：人格魅力与时代艺术表演境界》，《红旗画刊》（《求是》子刊）2002 年 2 月。

几年前,陈道明在接受采访时曾说,他已经感到自己有点黔驴技穷。但事到如今,他还在坚持,问他为什么,他说:"我知道我在表演上有很多'死穴',但是我也在努力改变这种状态。当初在演《黑洞》之前我就想,如果在那部戏中我的个性化表演不成功,我可能就会另有打算了。"而至于"个性化表演",他的解释为:"演员应该慢慢地越来越个性化。《黑洞》的时候,我试着不让自己被剧本中的那个人物拴住,而是把他往我身上拉。现在的观众,他们喜欢和认可一个演员的标准已经改变。就拿演土匪来说,过去的观念是这个演员演得像不像,现在是他演得好看不好看。"

记者也经常听到有演员说:"我很真实呀?我的表演没毛病呀?为什么观众不爱看?"按陈道明的观点,究其原因是"他们没在现在进行时,还在过去时"。他说:"对表演而言,确实有一个表演观念随着物质世界的转换而改变的过程。表演必须跟着时代走。你要不断地征服你不同时代的观众,你的演艺价值才会长久存在。有句话是'过去是经验,现在是教训'。就是说:过去的优秀不代表今天的优秀,你要学会放弃过去寻找今天的优秀,而今天的优秀又很可能从形式到内容整个跟过去的都完完全全不一样,你如果还抱着过去的优秀不放,那你只能是失败。"陈道明对现在的表演给予了一个词的评价——"斑斓"。[1]

通过上引四则访谈,我们可以清楚地看到,陈道明对斯氏理论"人物至上"原则确凿无疑是有"反叛"和发展的。从他上述言谈揣测,他对国际上大腕儿名角的欣赏,此时应已由十年前(1990)演

---

[1] 《"胸无大志"的陈道明:我一直是散打状态》,郑叶/文,《北京青年报》2003年4月24日。

出《围城》后受访时频频提及的达斯汀·霍夫曼，转而倾斜到罗伯特·德尼罗等辈了——他受访里专门提及"国际上的一些大影星，如德尼罗"，或可为证。

下面这两则报道还可为侧面辅证：陈道明不少角色中的所谓个人影子，是他有意识放入其中的；所谓个人痕迹，是他有意识留在人物身上的。这是他对斯坦尼理论"人物至上"表演原则的有意革新发展。

> 导演管虎谈到这部戏时说，一个演员到了难以突破，地位江河日下的时候，自然就渴望转型，他理解陈道明的这种感受。所以从弄剧本时就和陈道明在一起聊，有意从他本身的各种技能出发，说白了，这个角色就是按照陈道明写的，只是换了个名字叫聂明宇而已，因此在《黑洞》中，陈道明才可以本色挥洒，流露了太多的本性。[①]

> 《茶馆》今年（2013年）在北京演出时，陈道明带全家来看戏，看完后接连给梁冠华打了几个电话，认为他演到今天已经可以把王掌柜这个角色更"梁氏"一点，发挥出个人的特色来，变成"梁利发"；并且很希望以后能有机会和他"在舞台上切磋"。[②]

诚如其自述，陈道明"走进新时代"后表演理念的变化，一言以蔽，即是由"斯坦尼'人物至上'的原则"，发展为"加进了演员个人魅力的成分"。为什么很多观众会第一感觉陈道明有"康熙范儿"、

---

① 《记者看法：和陈道明一起"酷"》，许许／文，《南方日报》2002年4月15日。
② 《新长征路上的〈茶馆〉》，《北京晚报》2013年3月。

有聂明宇"黑老大"的气场,毫无疑问是陈道明在塑造这些角色的时候加入了他个人的独有魅力。霸气、儒雅、清峻、冷傲,这都是陈道明本人所独有的。这个"范儿"和"气场"岂止是过目不忘,简直是过目刻心,简直是过目烙心。所谓"自从一见桃花后,直至如今更不疑"。角色的魅力与表演者的气质魅力浑而为一、再不可分:

康熙的沉稳底气、澎湃豪情、凌厉气势、深沉心机,是陈道明这个成熟的中年男人身上散发出的味道,甚至博学帝王康熙的书卷气,也能在读书多的演员陈道明身上嗅到,乃至最是帝王家的无情、所谓"天道无亲",也会在他放逐周培公、"发配"李光地、痛嫁蓝齐儿、恨圈(圈养,打入冷宫刷马桶)容妃等中,令人细细咀嚼康熙背后表演者陈道明本人的清、冷、孤、绝,他深层次的内里是灰黑色的冰冷……如古旧屋檐清冷的滴水,一滴一滴啪啪打在暗绿苍苔上。

而聂明宇身上的忧郁、优雅、性感,他的时尚衣着,他的高级知识分子书卷气,他简练如猫、如禅、如有洁癖的生活习性与杀人习惯,他不愿面对外在世界宁愿守着密室沉溺回忆的美好(哪怕是貌似美好),以及他看似外冷实则内热的那一抹笑对妹妹的温情,以及,还是那最深处的清、冷、孤、绝,这些剪影一一拼凑,聂明宇的光影淡去后,陈道明的身影渐渐清晰。

究实而言,看《康熙王朝》、看《黑洞》,看的确实是陈道明,看这个魅力四射独一无二的中年男子陈道明。

然而,"加进演员个人魅力的成分",作为一种表演理念,作为对斯坦尼"人物至上"表演理论的一种革新和发展,自然是完全不同于某些所谓"千篇一律""演什么都是自己""本色出演"的谬见。事实上,在表演上,本就完全没有所谓"本色出演"、本人是个啥样演出就是啥样这一回事儿。这儿有专业人士的讲解。

2012年王志文接受《南方人物周刊》专访，记者问："什么叫本色表演？是不是演自己就行了，演起来不费力？"王志文回答：

> 没有这种事儿。一般人来找你演之前，已经考虑到某种气质上的接近。演毛泽东，人不来找我吧；演一个二百多斤的相扑运动员，人也不会来找我。说不行，非得给你催到二百来斤，做一个跟自然较劲的事儿，不至于吧。要说因为气质相近，就可以躺着演了，我觉得这比气质距离远更危险。再一个，每个人都有很大的可能性，演员可能延展出去的空间超出你的想象。我跟每个角色都近，演完了就更近。我要考虑的是表达的方式，我要控制的是一个角色在各方面的度是什么，它们累积起来，就是观众接收的形象。所谓表演，给的就是这个度。电影和电视剧的时间当量不一样，所以给出的人物的度/浓度也不一样。①

王志文这话说得太精辟、太到位了，即以上述陈道明饰演的康熙、聂明宇两角色来分析：这两个角色有表演者陈道明身上的某些底色、独特气息和多个侧面，但显然都不是陈道明本人。陈道明生活中肯定不会如康熙一般在乾清宫痛斥众人时，那般澎湃如雷、凌厉如电。那植根于话剧舞台的一流台词功力更多带给人的是纯艺术的享受，而不是"这就是陈道明本人"的错觉。

以表演者身上某些底色为圆心、伸展触须向外画圆，高超的表演者如王志文所说能够"精确地"给出、控制这个度，遂造就优秀乃至

---

① 《演员的工作就是创造精确——对话王志文》，李宗陶/文，《南方人物周刊》第14期。

杰出的演出。如果演员自身的独特底色和气息较为复杂多面，演员本身的个性魅力多棱多侧，外加表演技巧上能够熟练精准控制向外给出的"度"，那么更会造成"本色之上、各具神貌"的精彩。康熙的澎湃若海、豪迈如山、冷绝似铁，聂明宇如暗夜里妖娆幽放的"罂粟恶之花"，正是表演者陈道明的"本色之上、各具神貌"。他们都是陈道明，又都不是陈道明。

如本文开头所引黎耀祥对罗伯特·德尼罗的评价，这一类"演员导向型"表演所塑造的角色，虽都"是"罗伯特·德尼罗，但却是"多个"罗伯特·德尼罗，是具有强烈的个人魅力的罗伯特·德尼罗的"多面"。换句话说，拿一个通常的病句"陈道明演的都是他自己"来修改，不妨改为"陈道明演的都是他自己的不同侧面"，虽不中，亦不远。且看陈道明的"夫子自道"：

> 观众中有几个真正知道演员人格的？太少了，演员呈现给观众的只是表象。①

> 演自己最难了。说陈道明，你把自己演一下，我真演不了。每个角色，都有我的影子，但每个角色又都不会全是我。所以演员经常要处于精神分裂、性格分裂的状态。一开机，这个人就不是我自己了，这就是本能。一关机，可能就回来了。因为，我并不知道我自己是什么样子，如果我一旦知道了，那我肯定就知道可以装成什么样子了。②

---

① 《陈道明：婚姻之理道不明》，江月/文，《北京青年周刊》2004年第40期。
② 《独家专访陈道明：我是文艺界的，不是娱乐圈的》，李俊/文，《外滩画报》总第521期。

也即是说，所谓的"粗粗看去貌似只有这一变"的"演员导向型"表演，并不是通常容易被误解的"千人一面"。而且，在某种意义上，这与大众通常表达中那种演出里没有较强烈个人色彩的所谓"千人千面"、所谓"百变影帝"，其实是有共通之处的。

这两种似乎冰炭不可同炉的表演风格之所以在深层次里可共通，究其本，乃是因为二者的本质都在于塑造人物，都是以塑造成功的、具有内在逻辑理路的人物为创作依归。"加进演员个人魅力的成分"的"演员导向型"表演，"导向型"只是演员摆渡至彼岸（创造成功角色、塑造成功人物）的轮渡，是途径与工具，而并非"彼岸"本身。经由此途，将角色印染上表演者某些独有的底色与气息，在角色与自我之间找到一个恰到好处的交融点和平衡点，融而为一，自铸伟观，最后塑造出独一无二、不可替代的"这一个"人物角色，斯诚艺苑之至境，而演者之能事也。北京电影学院教授舒晓鸣在其所编著的《石挥的艺术世界》中写道：

> 他（石挥）在他所创造的每一个艺术形象中注入自己的血肉和灵魂，使观众通过他创造的一个又一个艺术形象，看到这位著名演员丰厚宽广的生活体验，多姿多彩的性格侧面，卓绝的表演技巧和天才的艺术天赋。正如《奥立佛传》中所说："从根本上说，一个人的性格和个性总是凌驾于其他一切之上——这是必然的。在所有伟大演员中——且以拉里·奥立佛为例——个性总要在表演中流露出来，叫你一望而知。"[1]

---

[1]《石挥的艺术世界》：第42页。

需要着重言明的是，不论是哪种表演"导向型"，一定要以塑造成功的、具有内在逻辑理路的人物为创作依归。如果不顾及人物行为逻辑的合理性，不是以表演塑造人物，而是不顾人物塑造、徒然炫技售艺，则无疑是本末倒置。

关于在表演中主动地有意识地"加进演员个人魅力的成分"，并非只有陈道明这么做，事实上，不少优秀演员都有类似的共识。如与陈道明合作过话剧《喜剧的忧伤》的何冰，在2012年12月《天津日报》对其采访中，当记者问及："您演过的角色有您自己的影子吗？"他回答："每个角色都会有。演员是比较独特的一种职业，我们的创作者和材料都是自己，演完还是自己。演戏的过程其实就是寻找自己内心与角色相吻合的地方，一旦找到就要把它放大。一定要让角色走向你，而不是你走向角色。"何冰最后一句的强调，必然有其切身体验。

通过对陈道明2000年前表演历程和2000年后在《康熙王朝》与《黑洞》中体现出来的表演理念变化的简略梳理，并结合他的"夫子自道"，我们可以看到，他的表演实践表演理念表演特点的确存在一个由达斯汀·霍夫曼到罗伯特·德尼罗、由"角色导向型"到"演员导向型"的转变。必须言明的是，这个"两阶段论"或嫌"简单粗暴"，只是为便于分析论述。事实上，陈道明2000年前的角色，虽各有各精彩，但细细体察，也有他深层次的一贯底色在——傲骨与气节；陈道明2000年后的角色，虽刻意印上自身的"独家水印"，也毕竟并非同一个人——康熙，肯定不是聂明宇。但从大的方面看，粗略地勾勒，陈道明确然是存在这条由"达斯汀·霍夫曼"到"罗伯特·德尼罗"、由"角色导向型"到"演员导向型"的表演转变轨迹线的。

兼融两种导向的表演实践

耐人寻味的是，陈道明"拿角色往自己身上靠"后，瞬间又飞起一脚，"把角色往自己身外踢"。他在《黑洞》后的《冬至》里，演了一个胆小的小人物——银行小职员陈一平。这不能不促人深嚼：陈道明参考"国际上的一些大影星，如德尼罗"，演了一个酷帅深沉的黑派人物，似乎有一部分甚至可以说很大一部分商业考量——借此拿回本属于自己的市场份额。但这一拉升业绩的新款产品其实并非公司老总最感兴趣的个性化产品，所以在重又换装华丽回归中国电视剧男星"第一方阵"之后，他果断再变脸，把德尼罗式黑帮大佬扔一边儿去，迫不及待重拾心头好，拓展他最感兴趣的新业务：更加深入表达自我对于人性、社会性的一些思考。

但我们却不能说陈道明在《冬至》之后，就彻底踹飞了他"加进个人魅力的成分""演员应该慢慢地越来越个性化"这些反思心得，或者说反思"新"得。如果对《康熙王朝》《黑洞》之后陈道明的演出作一粗略的"巡阅"，我们可以看到大致意义上的两个"阵营"：

罗伯特·德尼罗式"演员导向型"，表演具有大众通常认为的较为浓烈的陈道明个人色彩（霸气、强势、神秘、深沉、阴冷、酸硬、智计、傲骨、狠劲、酷帅、倔拧等）：《英雄》中秦王，《魂断秦淮》中多尔衮，《大汉天子》中东方朔，《我心飞翔》中画家旭，《无间道3》中卧底警察"沈澄"，《中国式离婚》中宋建平，《一江春水向东流》中吴家祺，《浪淘沙》中林啸民，《沙家浜》中刁德一，《茉莉花》中顾绍棠，《卧薪尝胆》中勾践，《北平往事》中潘雨亭，《建国大业》中阎锦文，《喜剧的忧伤》中审查官。

达斯汀·霍夫曼式"角色导向型",演出似乎不具有大众通常认为的较为浓烈的陈道明个人色彩:《冬至》中陈一平(胆小怕事),《江山风雨情》中天启帝(阴柔妩媚),《我们无处安放的青春》中周德明(悲情慈父),《刺陵》中华定邦(神秘神经),《手机》中费墨(逗萌活宝),《唐山大地震》中王德清(悲情慈父),《楚汉传奇》中刘邦(市井流氓出身的帝王),《归来》中陆焉识(儒雅温厚),《我的前半生》中卓渐清(红尘隐士、都市灵魂摆渡人)。

大略"巡阅"陈道明 2000 年后到今日的 20 多个演出,可知他在表演实践里应该是既坚持了对斯坦尼"人物至上"原则革新之后的"加进个人魅力的成分""演员应该慢慢地越来越个性化";又没有丢掉"弱化个人魅力的成分"、塑造与自身形象气质相差较大甚至相反的人物的表演"老"路子。而且,更深入考察,我们会发现这一蛛丝马迹:陈道明的"演员导向型"演出多集中于 2000—2009 年这一时间段,"角色导向型"演出多集中于嗣后 2009—2019 年这一时间段。这说明什么?颇值得深探。

联系陈道明前几年备受指责的所谓"演谁都是康熙""演谁都一个样""演谁都是陈道明"的状况可知,主要集中于 2000—2009 年的"演员应该慢慢地越来越个性化"的目标,由于观众接受等方面原因,在市场反响上越来越趋于负面。这不得不让陈道明有所思考、警惕、调整。

陈道明尽管一次次放言演戏"不预设结果",菜做好后往前堂一送,好吃不好吃我都不管了[①]。但,他同样说过这样的话:

---

① 如在 2004 年 10 月 4 日《北京青年周刊》的专访文章《陈道明:婚姻之理道不明》中,陈道明说:"就像大师傅做完菜,往人家面前一端等别人来品尝就算完成任务了。"

在《卧薪尝胆》里，我演勾践，这个王从开始到最后很丰富，我觉得有些分场戏演得很好，但从全剧结构来看，我演的这个人物不是很完整，或者表演不是很流畅，这里头有两点问题：一是我用力过猛，我想改变一下帝王的演法，往莎士比亚的那种叙述和解读人物的方式去改变，包括他的台词，包括他的形态，想往戏剧化这个方面去走。现在看来，这种实验不是很得到别人的认可。[①]

有些尝试，比如《卧薪尝胆》。我的工作态度毋庸置疑，但在表演上，可能在形式感的探索上，是有问题的，我把受众面划窄了。遇到这种情况，我从来不认为是编剧、导演的问题，一定是我自己的问题。没有任何客观理由。就是我对人物的把握，对整个剧本气质的把握，和对整个人物的切入点，是失败的。[②]

上文提到"由于观众接受等方面原因"，这涉及观众对影视作品的接受心理学，颇值得单论——有时候你的表演一点问题没有，观众还是"差评"，这是为啥呢？也许只是观众"接受心理"的问题。事实上，关于观众"先看什么就是什么"，这个意思演员自己最明白。在早先的一次访谈中，陈道明说：

> 我觉得像我们这些演员越演路越窄，因为演员不是万能的，他有自己的死角，观众对他有一个定位，你演得越好观众定得越死，所以演员的路是越走越窄。有人说演员戏路越演越宽，我不这么觉

[①]《陈道明解读陈道明：业余爱好都要认真》，陈道明/文，乌力斯/采访整理，《新民周刊》2010 年 41 期。
[②]《独家专访陈道明：我是文艺界的，不是娱乐圈的》。

得，演员塑造一个相对成功的角色之后就等于关上了一扇门，因为你再演这样的人物就有观众会说，"哦，还是那样的。"

一个角色演得太深入人心，会在观众的"接受"上，造成对演员日后演出的某种阻碍和负面影响。陈道明在新浪娱乐对其的专访《陈道明不愿再演蒋介石 职业演员不谈享受》中，解释一开始并不想接受冯小刚邀约，在《一九四二》中第二次出演蒋介石的原因：

> 从职业来讲，你如果演得特别好，今后演其他的人物都会受影响。所谓深入人心，就是让人印象很深。阴影就是影响演其他的人物。因为他是一个特型人物，是一个历史上真实存在的人物，不是虚构的。人们对蒋介石本来就有种印象，然后把这种印象搁到你身上。你演得好，等于你复原了那种印象，让那种印象深刻加深刻。你再演别的人物都会被说"像蒋介石"。①

同年，他在《外滩画报》对其专访《我是文艺界的，不是娱乐圈的》中再次重复了这个意思：

> 如果你演得好，越演得好，观众印象越深，你的影子形象对观众的注入就越多，于是你下面创作的时候，就容易让观众有这样的影子。

"观众……观众……观众……观众……观众……"——我们从

---

① 《陈道明不愿再演蒋介石 职业演员不谈享受》，范晨/文，"新浪娱乐"2012年11月26日。

上文所引陈道明的几段访谈里,可以清楚看到"观众"一词在他口中的高频出现。表演是给观众看的,如果观众不爱看,那就要调整,要改变,要有针对性地应对。这顺理成章,天经地义。演员陈道明对"衣食父母"的反馈实在是毫不掉以轻心的。 正如《上海人在东京》剧中,陈道明演的祝月对旅日留学生、画家楚明说"你这画要是卖不出去,就等于毫无价值",他甚至说过这样"极端"的话:

> 我们拍任何东西,目的就是要让人看,你这个东西才有价值。我手里有一个夜明珠,世界上除了我知道,我太太、我女儿知道,谁都不知道,这夜明珠就等于没有意义。我们要做有意义的事,通常讲叫有价值的事。不管这价值大和小,但是要有。[1]

甚至可以"大言"一句:陈道明近四十年来表演理念和实践的每一次变化调整,其出发点与指向点,都是观众。所以,笔者认为,大致上说,陈道明在 2009 年之后,又重拾那条表演"老路子"——达斯汀·霍夫曼式"角色导向型",其他原因暂不探,"因应观众评价"这一条,应是少不了的。

且看陈道明近十年(2009—2019)的演出,的确是神貌各异而俱深入骨髓:

2009 年《刺陵》中华定邦,神道道的考古学家,因为吃人肉而踏上明为寻宝实为自我救赎之路。他重返古城,实为向死而生。

2009 年《建国大业》中阎锦文,酷帅的国军军官、共方卧底。

---

[1]《陈道明:愈合历史留下的斑斑伤痕》,袁蕾/文,《南方周末》2014 年 5 月 8 日。

2010年《唐山大地震》中王德清,悲情慈父,给女儿隐忍温厚的父爱。

2010年《手机》中费墨,一个"老要癫狂"的萌宝,一个看透世事的智者,一个老派传统的文士,一个惧内不举的男人,一个坚守中有妥协、妥协中有坚守的商业转型时代的知识分子,具有一定典型性。

2011年《喜剧的忧伤》(话剧)中审查官,一个因受伤而不得不从战场上退下来的不甘的军人,他其实是通过审查剧本、修改剧本的方式来重返战场、收复失地。

2012年《一九四二》中蒋介石,内忧外患焦于一身的国家元首,疲惫不堪。陈道明第二次出演蒋中正,但与《长征》中着重凸出蒋介石之枭雄心机侧重不同,可说是"有重复的演出,但无重复的塑造"!

2012年《楚汉传奇》中刘邦,起事之前的最初几场戏最有嚼头,市井痞气不掩老大气质,好色流氓耍贱之味入木三分。

2014年《归来》中陆焉识,历经苦难却掖起了自己苦难,一心只为疗愈斑斑伤痕、温暖妻子女儿受创内心的可敬的中国老辈知识分子。

2017年《我的前半生》中卓渐清,红尘隐士、"灵魂摆渡人"。

由壮阔到深邃

通过对陈道明近四十年(1982—2019)来表演历程的简略梳理,我们可以看到:

（1）演员陈道明在2000年前，主要服膺并践行斯坦尼"人物至上"表演理论，这阶段他的演出主要为达斯汀·霍夫曼式"角色导向型"。

（2）2000年后，特别是在《康熙王朝》与《黑洞》中，陈道明有一个由"达斯汀·霍夫曼"到"罗伯特·德尼罗"、由"角色导向型"到"演员导向型"、对斯坦尼"人物至上"原则的"反叛"和革新的表演理念变化。

（3）2000年后，陈道明表演并未限于一隅、偏于一端，而是"两手抓"，对"演员导向型"与"角色导向型"兼收并用。

（4）细细探究陈道明对"演员导向型"与"角色导向型"的兼收并用，可以大致上看到：2000—2009年，其演出主要为"演员导向型"；2009—2019年，其演出主要为"角色导向型"。

（5）作为一个职业演员，陈道明从未放弃过拓展角色间区分度的努力。①

以上，我们着重探讨的是陈道明塑造不同角色的区分度、塑造"百人百面"人物的"横向宽度"；但不应忽视的是，另一方面，"纵向深度"——就对人物角色内心世界的深邃与广袤的开掘拓展而言，似乎极少有演员达到了如陈道明在《黑洞》与《冬至》（特别是《冬至》）里的深度与境界。

从《康熙王朝》到《冬至》，陈道明的演艺是"一步一重天"。康熙帝的精彩是演员形体和台词外放的磅礴大气，陈一平的精彩是人物心理和情感内藏的隐微幽深。康熙帝予人的震撼是正大光明殿一刹那

---

① 详参下文《表演中的形体特征区分》。

爆裂的烈火熊熊，观者与之粲然一时；陈一平予人的震撼是银行柜台下一长夜相继的烟头明灭，观者随之黯然无尽。康熙帝是耳畔目前黄钟大吕的震颤，陈一平是灵魂深处经久不绝的痉挛。陈道明以大气的形体和台词锻炼，赋予了康熙帝外放的立体华彩；陈道明以深邃的心理和情感探微，赋予了陈一平内隐的万丈光芒。于是之先生在《于是之论表演艺术》①中指出："形体的方面再怎么锻炼，终于还难免要受些先天的限制，而思想感情的陶冶则是无限的。"从《康熙王朝》到《冬至》，陈道明的演艺重心由"重形体"到"重内心"，是优秀演员对表演艺术不断探寻而蹚出的必然之路。陈道明从《康熙王朝》到《冬至》，是由壮阔走向深邃，由明堂走入暗廊，由平面走进纵深。

重思想感情的内在陶冶、人物心理的内在开掘，陈道明自己也有类似于是之先生的思考："演员职业的魅力，在于其50%是一个心理学家。好演员每天都在研究人、人与人之间的关系。"朋友"优雅于形优越于心"说："他（陈道明）让你的期待不是走向广阔，而是走向深刻，就像钻一口井，一直向下向下，直到泉涌。"

表演理念的流变

2000年后，陈道明"拿《康熙》和《黑洞》做尝试"，发展"斯坦尼'人物至上'的原则"而为"加进演员个人魅力的成分"，这一表演理念变化是他演艺之路里重大的甚至不妨说是最重大的一次变化，但，绝非唯一变化，也非陡然便有的"突变"，必然是经过了一

---

①《于是之论表演艺术》，于是之/著，北京：中国戏剧出版社，1987年。

段时间的困惑、思索和探究而后自然而然的"不得不变"。事实上，人的思想观念的变化的一般规律必然是"由量变到质变"，是渐变、"流变"，而不是平地奇峰起的"陡变"。演员表演理念的变化也必然如此。我们不妨看看陈道明在不同场合的访谈或自述，简略梳理一下他表演上的每一次新尝试，以见其表演理念的"流变"：

（1）真正在表演上有提高——1982年中戏毕业大戏《无辜的罪人》：

> 真正让我在表演上有提高的，应该是中央戏剧学院的《无辜的罪人》，我演主角聂兹那莫夫，这个戏从表演概念上可能给我一个比较好的催化。但奠定一个比较良好的戏剧观和戏剧表演方式的，应该是天津人艺。其实天津人艺有一批很好的演员，我在他们的"传、帮、带"下表演上没走偏路。①

（2）关于"话剧表演"与"影视表演"的困惑与解惑——从《今夜有暴风雪》（1982）②、《一个和八个》（1983）到《末代皇帝》（1984）：

> 我从艺的起点是话剧舞台……不要把电影、电视表演有虚假现象归罪于戏剧表演。③（按：此段内容前文已引，详见第8—9页，兹不具引。）

---

① 《陈道明解读陈道明：业余爱好都要认真》。
② 此处括号内年份为作品拍摄年份，下同。
③ 陈道明1990年所写文章《从艺杂感》。

(3) 从古装戏到现代戏的表演新尝试——《樱花梦》(1989):

我所演的有数的几部片子里,大多是古装戏,现代戏《樱花梦》,是近年来的第一部,在表演方面做了一些尝试。不管在他人眼里成败如何,自认为还算有悟,只是不能言传。因为目前只是感情上的一点体会,还有待在今后的创作中去证实。①

(4) 表演新尝试、寻找新感觉——《二马》(1997):

陈道明深知个中奥妙。他笑着对我说:"在《二马》里,不能搞理性化的表演,这是个人游戏。"②

陈道明不讳言自己在《二马》中塑造人物的幅度、信息量和创作的余地等方面都超过了在《围城》里的表演,塑造了一个具有典型意义的边缘人物。谈到现在的表演状态,陈道明用了一个"找"字:"我们这一茬演员说是年届不惑了,但仔细想想还都在找。经常演着演着就不会演了,不满足于现状便想要再踹出一步。这种寻找是对今后表演的重新切入、重新启动。为了这种摸索,有时拍戏就感觉很累,有时这种寻找和尝试走了形,不被称道,但寻找总是一件好事。"陈道明说他在《二马》和《绍兴师爷》里找到了一种感觉,这种感觉只可意会不可言传,有点像"罐装的啤酒变成散装

---

① 陈道明 1990 年所写文章《从艺杂感》。
②《〈二马〉中的陈道明和王晖》,曾日华/文,《当代电视》1998 年第 2 期。(按:本文作者是《二马》制片人之一)

的了",大约是打破既定模式的意思吧。①

记者:现在北京电视台正在放你主演的《绍兴师爷》,与《二马》相比,你更喜欢哪部戏?

陈道明:《绍兴师爷》只是一个好看的连环画,它是观众可以一边嗑瓜子一边看的东西,当然我并不是否定《绍兴师爷》,但它不是我的创作宗旨。我更看重《二马》,偏爱带有很强的文学性和社会性的本子,能反映出很强的哲学思想。电视既需要《绍兴师爷》这样的"快餐",也需要《二马》这样的"大菜"。我特别喜欢《二马》,甚至超过《围城》,它信息量大,这种中外对比出来的悲剧性,国不富,民不强的社会现状对现在也有着现实意义。

记者:你对小知识分子的刻画十分准确,对这个人物的塑造可感轻松?

陈道明:《二马》是我最难的一个东西,并不驾轻就熟,《绍兴师爷》中的清朝戏反倒轻松一些。我觉得越是名著里的人物,把握上就越难,过一点或少一点都会走样儿。

记者:对《二马》中的马则仁,你是如何把握的?

陈道明:我对老舍的作品非常喜欢,在《二马》的表演上,我比过去开拓了许多。我们这一代演员都面临着表演革命的问题,已是黔驴技穷了。按以前来表演,也不是说不过去,但都不精彩,缺少提高。在《二马》中我有一些新尝试,对过去自己的表演否定,尝试一种新的东西。我们这一代演员在观众的眼中不会出现大毛病,但自身需要自我调整、否定。

---

① 《陈道明寻找感觉》,秦月/文,《江海侨声》1998年第24期。

记者：你对自己这种"新"的表演满意吗？

陈道明：不能简单地说"满意"还是"不满意"，自我检验，感觉尚可。我们这一茬儿演员需要自我否定了，要不断提高自己的美学意识和对生活的理解，我特想挖掘出那种自身有或没有过的魅力。而且我有很强的兴奋感、期待感，等待观众的评价。我在表演理念上的一种新的认识，希望得到观众的认同。①

（5）对斯坦尼"人物至上"原则的"反叛"和革新——《康熙王朝》(2000)、《黑洞》(2000)：

而至于"个性化表演"，他的解释为："演员应该慢慢地越来越个性化。《黑洞》的时候，我试着不让自己被剧本中的那个人物拴住，而是把他往我身上拉。"

……他说："对表演而言，确实有一个表演观念随着物质世界的转换而改变的过程。表演必须跟着时代走。你要不断地征服你不同时代的观众，你的演艺价值才会长久存在。"②

（6）"女态"化表演新尝试的退求其次——《江山风雨情》(2003)③：

后来的《江山风雨情》，那个戏的导演（陈家林）让我演太监，我原来觉得还不错，连服装都跟他们谈了，我想演一个叫人看着不

---

① 《"老马"陈道明开口说话》，《生活时报》1999年2月。
② 《"胸无大志"的陈道明：我一直是散打状态》。
③ 关于陈道明对于"女态"化表演的新尝试，详参笔者专文《玉山之崩——陈道明在〈江山风雨情〉中演出天启帝之赏析》：https://www.zhihu.com/question/39010281/answer/79219059。

舒服的太监，跟过去演的太监不一样，把自己尽量往女人形象上打扮。这个戏其实就是三个人的戏：周皇后、崇祯和这个太监，我跟谁演对手戏很重要，但后来导演对演员做了调整，那我就不能演太监了，后来我改演一个丝绸般软绵绵的皇帝。①

（7）"莎剧风"表演风格新尝试——《卧薪尝胆》（2005）：

2005年的《卧薪尝胆》，我演勾践，在里面采用了一些莎士比亚叙述和解读人物的方式，带一些试验色彩。②

在《卧薪尝胆》里，我演勾践，这个王从开始到最后很丰富，我觉得有些分场戏演得很好，但从全剧结构来看，我演的这个人物不是很完整，或者表演不是很流畅，这里头有两点问题：一是我用力过猛，我想改变一下帝王的演法，往莎士比亚的那种叙述和解读人物的方式去改变，包括他的台词，包括他的形态，想往戏剧化这个方面去走。现在看来，这种实验不是很得到别人的认可；另外一点是这个戏我费的心力特别大，恐怕跟全片其他人的配合，和整个电视剧里人物的进程，铺排上没有把握得很好。③

（8）古装历史剧中的"生活化演出"新尝试——《楚汉传奇》（2011）：

不同于《康熙王朝》《卧薪尝胆》中的话剧化表演，陈道明在《楚汉传奇》中再次祭出了表演风格新尝试的利剑——尝试以类似

---

① 《陈道明回望30年演艺路：我想演李鸿章》，张英／文，《南方日报》2010年10月24日。
② 《演员陈道明》，张英／文，《南方周末》2010年7月28日。
③ 《陈道明解读陈道明：业余爱好都要认真》。

《贫嘴张大民的幸福生活》一类生活化的演出方式"革新"古装剧历史剧中话剧化表演的固有模式[①]。这一点,该剧导演沈严、陈道明剧中合作演员尤勇,在不同场合都有过说明。

需要补充的是,陈道明表演里的新尝试、表演理念的变化与革新,绝不限于以上所引他自述这些作品。譬如就笔者观感:

《寇老西儿》里酸爽逗萌的八贤王爷,是一种"卡通剧"演法,这是表演新尝试无疑,之后张铁林在《五月槐花香》里吹胡子瞪眼的没落贵族后裔范五爷也是这一类演法的成功典范;

《女巡按》里机智诙谐的刘师爷,是一种迥异于20世纪80、90年代大陆影视剧主流演法的"台式"古装轻喜剧演法(这当然也是"入乡就俗");

《少年包青天》里八贤王举手投足闲雅沉稳,身段举止颇有昆曲京剧味儿,陈道明可能是有意无意借鉴了戏曲舞台上一些表现手法与身段姿态——无疑,这也是一种新演法的尝试。

再如巧用心思于服装,就笔者窄目所及,很少有演员下功夫有陈道明那么深,这应该也算是陈道明在表演界的一大"演法突破"。如《二马》,通过人物服装的变换来折射、巧妙助推剧情推移与转折,步步为营巧妙映发人物内心和情态的流水波澜[②];再如之后的《黑洞》,则可以说淋漓尽致展现了身兼"服装设计"一职的演员陈道明用"服装"为道具,从不同侧面细微复杂地表现人物性格气质特征的演艺功力;一直到2011年话剧《喜剧的忧伤》,不安于"演员本分"的陈道

[①] 一般认为历史剧受明清以来戏曲影响,剧中人言谈举止讲究身段、板眼、节奏。
[②] 详参笔者专文《美凤求凰频换装——以马则仁"换装"为贯串线,赏析陈道明在〈二马〉中表演》:https://zhuanlan.zhihu.com/p/72312773

明,仍是巧借服装这一妙手,映射了审查官情态和心理的变化、审查官与编剧人物关系的转折,且引他自己对人物构思设计的解说:

> 我在塑造这个人物(审查官)时,是有意把前半段跟后半段脱开,形成巨大的转变和落差,因为剧本里他是一个古板的审查官,一个很生硬的人。你看我的服装设计都是很谨慎的,实际上这个人有禁锢感,做事说话都很规律、很刻板,他不光禁锢别人,把自己都禁锢起来了,我为了让他逐渐放开,身上穿的衣服也逐渐、慢慢解开。①

再如,陈道明偏爱为人物角色设置"前史",如《梦断情楼》中大茶壶九条、《黑洞》中聂明宇、《刺陵》中华定邦及《喜剧的忧伤》中审查官等,似皆可归入陈道明同一"表演谱系":借用特色道具及特色行为,暗示、折射角色"前史",深度透射角色的过往心路,为人物塑造增添"纵深感",增大角色艺术含量和信息密度。

陈道明确然是一个不满足于旧我,时时保有表演艺术新尝试欲望的演员。一切文学艺术门类,莫不最重创新尝试。茅盾《读〈呐喊〉》一文写道:"在中国新文坛上,鲁迅君常常是创造'新形式'的先锋;《呐喊》里的十多篇小说几乎一篇有一篇新形式,而这些新形式又莫不给青年作者以极大的影响,欣然有多数人跟上去试验。"文学演艺,骑驿可通——演员陈道明关于表演艺术的新的探求与实践一直未曾停步,他的实绩与经验,他的深思、巧思与善思,值得同行尤其是广大年轻演员们赞赏和借鉴。

---

① 《陈道明:大家都在齐步走的时候,我可能在散步》。

还有一点值得我们注意：对于"表达型"演员陈道明来说，相对于主观的有意识的表演风格的"求新求变"，无意识的、某种意义上可以说是自然而然的表演风格变化，可能更为根本——那就是岁月本身自然的变迁。如同经年累月默然流注的河流对河床的塑造，流经不同的河段自然雕塑出不同的风貌，对于一个随着岁月的流驶，对人生的理解不断深化，并把这种深化了的理解通过表演"表达"出来的演员，他在不同人生阶段的自在举手投足，本身就莫不中矩而各具神貌。陈道明自己曾经说过：

> 我想，一个演员风格的改变，最主要的是因为岁月。一方面，经验在不断地积累；更重要的，就是理解也在逐步地深入。比如我自己，再过十年，对人可能又是更新的理解。演员不是一个弄人①，他不是为了表现而表现，而是因为理解而表现的。通过自己的十年，我那时的理解会在另外一个人物上体现出来。那种表现，肯定是和现在不同的。②

有意求变而多变，无意求变而自变。演员陈道明的"变"，实在是他表演资产里最具价值的精华部分。而"变动不居"的陈道明，也是千百个正面侧面背影剪影的陈道明里，最具神采最为璀璨最引人深潜最令人迷思的那一个。

---

① "弄人"是一个西方词汇，其意近于中国传统语境中的"戏子"，相当于小丑，是西方宫廷贵族豢养的一些插科打诨表演闹剧为贵族们开心的玩物，地位十分卑贱，相当于地位低的仆从，甚至其中有些人是被弄残废了给人取乐的。如莎士比亚剧作《李尔王》中有弄人。莎翁也有名言："思想是生命的奴隶，生命是时间的弄人。"
② 《陈道明：我沉淀的与我坚持的》，辰晨/文，《时尚名流》2003年1月。

从"表演"到"表达"

上一章主要以表演理念和实践的变化为轴线来观察"陈道明的演艺之路",但对于"陈道明的艺术人生",尚不能说题无剩义。甚至不能说"题"到了"第一义"。就"演员"来说,说到这儿就到书底了;但对一个"表达者"来说,也许才翻到扉页。或许陈道明本人最想做的,从来不是"演员"陈道明,而是"表达者"陈道明。

尝见有人以焦晃与陈道明对比,欣赏焦晃倾其热忱拥抱表演这个"事业";而陈道明只是在表演的时候认真干好表演这件事,他常挂在嘴边的是这个"行业"怎样,这个"职业"如何,而鲜见或曰几乎就未见其说过"热爱"这个"事业",颇有一种冷眼旁观的抽离感。然而就笔者理解,这不过是各人看重的东西看重的侧面有异罢了。鄙意,焦晃和陈道明代表优质演员的两种不同的人生向度。焦晃是"人生艺术",人生是为艺术燃烧的,人生的指向和依归是艺术;陈道明是"艺术人生",表演只是包括演戏、音乐、书画、运动、读书、时尚等的多彩人生各个分支细项之一,他演艺的指向和依归是人生。

焦老的"人生艺术",人生是为艺术燃烧的,故而他在八旬高寿还不懈于舞台，话剧就是他的道，他的宗教[①]，他是燃烧自己擎着熊熊火炬照亮戏。真所谓"戏比天大"矣。

陈道明之"艺术人生"，他艺术的指向和依归是人生。具体说来有三个意思：

一是表达。陈道明说："我只是想在不同的东西中展现自己。"[②] 表演是他向外释放、表达自己的内在、价值观的一个切口、通道、摆渡。他以表演为表达的方式，表达自己对于人性、社会性等方面的人生思考。此一点是本小节核心论题，此处略提，不做展开，下文详论。

二是经历。陈道明曾说：

> 入（演员）这行跟我自己的个性有相容，也有抵触的地方。相容在于让自己过足了不同人生的瘾……[③]

> 我演每一个角色时都希望把他复原，而我则借此经历我没有经历过的人生，以此来丰富我的生命与生活。[④]

三是释放。陈道明是一个不喜欢受束缚、爱谈"释放"和"自由"的人。他曾说：

> 我是通过在对剧本的选择中来完成一个自我的释放过程。[⑤]

[①]《焦晃：我一分钟都没想过挣钱》，邱丽华／文，《上海晨报》2013年4月9日。
[②]《"胸无大志"的陈道明：我一直是散打状态》。
[③]《作品如孩子，更疼爱"残疾"孩子》。
[④]《演员还是心理学家，两种不同人的标准》，《北京现代商报》2003年1月。
[⑤]《"胸无大志"的陈道明：我一直是散打状态》。

> 表演创作就是一个游戏的过程，就像小孩过家家，或者用木头当手枪一样，是一种很好的解放天性的游戏。①

正因为演员这行能很好地释放他自由的天性，所以当初误入这行，反而歪打正着。②而且演员这行本身工作属性比较弹性自由，所以陈道明说了这话：

> 演员这个职业给予我的，不能比这个更好了，我很知足。……这个行业没有人强迫你去做什么，因为导演不选择你，你也可以不选择导演。你要想选择自由你可以成天什么都不干。所以我现在的状态应该算是在这个行业的规律之内。我觉得还算不错。……我现在肯定是要散步了。什么叫散步呢？就是随心所欲，想做就做，不想做就不做。③

> 这个职业，对我最大的诱惑力在于，你可以选择不干！做老板的，必须每天出去跟人谈判，找新店，要养活一大批人。我不用。我可以给自己放一年假期，这一年的状态我就不想拍戏。这个职业的弹性，很符合我对职业的要求。④

陈道明可说是一个不够"古典"、不够"纯粹"、不够"传统"的

---

① 《陈道明：没有人是尽善尽美的》，《伊周 femina》2014 年 7 月 21 日。
② "我是 16 岁成为天津人艺的学员的，当时进这行并不是因为我热爱。当时我父亲反对，因为我们家没人干这个。当时我母亲说不干这个就下乡，两者之间自然就选择了这个工作。"（《陈道明回望 30 年演艺路：我想演李鸿章》）。
③ 《陈道明：就是不快不慢》，张一驰／文，《智族 GQ》2015 年 2 月号。
④ 《独家专访陈道明：我是文艺界的，不是娱乐圈的》。

演员,他在演艺界的"异样"某种程度上打破了人们对演员的传统认知,如相对于文学史上经典作品的后现代主义文学,加缪、萨特、马尔克斯等。提到萨特,陈道明在中央戏剧学院读书期间,已接触存在主义作品,如其自述:"有一批不该在大学看的书,比如存在主义之类,当时都让我给看了,现在闭目扪心回头细想,它们对我影响真是不小。"

对于陈道明来说,以表演为载体为手段,无论是表达人生思考,还是经历演员本人没有经历过的人生,抑或是释放个性、解放天性,落脚点都在"人生"。

所以,不妨以"对仗"的两句话"对观"焦晃、陈道明二位先生:

焦老先生是"人生艺术",人生是为艺术燃烧的;
陈道明则是"艺术人生",艺术是为人生熔铸的。

下面我们接着探析陈道明的"表达"。

陈道明是一个具有强烈自我表达欲的"表达者",他强烈地想表达自我的思考、自己的意识形态、自身的价值观念。而他"误入"的表演行当,属于群体性的艺术,受制于方方面面,很多时候表达的是导演,表达的是编剧,无法最大程度地表达表演者的"自我",不能为他陈道明强烈的自我表达提供最合适最舒服最畅达的渠道和途径。陈道明在受访中直言:"我不愿意别人搭完台我去跳舞。"[①]

大言一句,陈道明近四十年(1982—2019)来的影视表演历程,

---

① 《陈道明:婚姻之理道不明》。

简化勾勒,就是一个在各种外在载体(剧本、导演)的框范内不断寻求拓宽自我表达边界的努力过程。事实上,连贯考察陈道明最早演的两部剧集《末代皇帝》《围城》,便能管锥端倪:陈道明并未墨守钱锺书先生原著雷池而不敢越一步,在有些地方,这位个人表达诉求和个人风格强烈的演员,淡化甚至是摈弃了"钱鸿渐"的一些东西,替换为了"陈鸿渐"自己的东西——譬如,剧中数次以"陈鸿渐"的气凝神定替换"钱鸿渐"的猴急性躁。但考察陈道明在《围城》之前的《末代皇帝》中的演出,则可谓是忠实地执行了人物的性情原貌——溥仪在自传《我的前半生》中多次提到自己性躁易怒,动辄打骂太监,在伪满时期更是变本加厉,"对日本人是伺候颜色、谄媚逢迎,对家门以内则是脾气日趋暴躁,动辄打人骂人。"①

前后连起来参看陈道明塑造角色时对人物性情"原貌"从《末代皇帝》的"忠实顺从"到《围城》的"大胆叛逆",煞耐寻味:是因为历史人物相对文学人物给演员戴上的"纸枷锁"更为坚固,还是因为随着从艺之路的前拓,向来具有艺术叛逆精神自我表达欲望的演员陈道明不甘照猫画虎、强欲自出手眼?抑或是兼而有之?戴着镣铐,把舞跳好,这或许是他几十年来表演生涯的最主要的内在动力之一。谓予不信,请看他数次"夫子自道"。

早在出道之初,陈道明就直言:

> 我是个不愿被人扒拉的人,而演员又必须听从扒拉,去完成别人的意识形态——尽管你塑造了角色。如果有人问我:陈道明,

---

① 《我的前半生》,爱新觉罗·溥仪/著,北京:群众出版社,1984年。

你爱不爱表演艺术？我会说爱。但如果问，是否甘心一辈子干这个？我会说：不甘。①

演员嘛，永远在完成别人的意识形态，虽然也有表现个人艺术魅力的时候，但满足不了我。②

演员不是一个弄人，他不是为了表现而表现，而是因为理解而表现的。③

我只是想在不同的东西中展现自己。④

2011年7月13日话剧《喜剧的忧伤》整剧联排并邀请表演系学生观看，陈道明对前来观摩取经的学子们坦陈自己的演员心得：

演员不是万能胶，我只演：一、我能演的；二、我想演的；三、能赋予我一定社会性的。

陈道明2011年在另一个场合更进一步解说他所谓的"社会性"：

我自己是一个专业的演员。从大的方面讲，我希望我演的戏和角色能够同社会和历史产生对话，能够体现某种社会问题，或者对

---

① 《夜访"末代皇帝"陈道明》，《南方周末》1988年10月7日。
② 《一出一入陈道明》，1998年专访。
③ 《陈道明：我沉淀的与我坚持的》。
④ 《"胸无大志"的陈道明：我一直是散打状态》。

历史观有一种解读。①

作为一个演员就是一个戏子，我们没有太多的机会去表达自己的意识形态、表达自己对社会的说法，我们一般都是在完成作者、完成导演派给我们的指令。到了现在，我不愿意了，所以我在选剧本的时候，我会选我能够跟社会对话的一部分的内容和人物。因为我觉得，作为一个人来这一世，不能只取悦于别人。②

演员一开始是职业技能，是工具，但一定要慢慢有自己的价值观、审美观。演员就是干活挣钱，你给我钱我就演，高级一点的就是我喜欢的、感动我的就去演，还有一种就是又喜欢、又觉得可以传播自己认为好的价值观，就去演，这就更好了。③

我还是希望给我送来的，是一个好的文化作品，能够和观众说点事的东西，不是让观众纯粹拿生理来看电影，哭、笑……出门，没了。我现在越来越感觉到，一个作品符合自己的观念很重要。符合自己的观念的时候，你拍起来会很顺利，你会心悦诚服地接受这个剧本的基本理念，并传递给观众。跟自己相悖的时候，你就会去提出很多跟剧本相对立的想法。我现在一看着剧本是在我的美学范畴、文化范畴、情感表达范畴的，我继续看下去，如果不是，我就不看了。④

---

① 《陈道明首谈〈喜剧的忧伤〉演出感受：我只有感动，没有兴奋》。
② 2011年《南方周末》"中国梦"践行者致敬盛典现场采访。
③ 《陈道明：我特别希望童真心能一生伴随》，方夷敏/文，《南方都市报》2014年5月22日。
④ 《陈道明：愈合历史留下的斑斑伤痕》。

综上可知，陈道明确然无疑是一个"表达型"的演员，他通过表演表达内心、表达自我、表达思考思想、表达价值观意识形态的愿望（甚或曰欲望）是强烈的。而他最想表达的是"社会性"。突出的例子是电视剧《冬至》（2003）。《冬至》故事及主角陈一平的构想来源于陈道明偶然看到的一则犯罪故事。陈道明也深度参与了剧本的创作和人物的设定。所以《冬至》其实深入灌注了陈道明的"表达"——以警世寓言来表达某种"社会性"。下引几则媒体报道。

《冬至》的故事创意其实既非源自编剧，亦非源自导演，而是源自主演陈道明：

> （《冬至》）这个故事大纲是我出的，它没有小说，被制作人顺便"抢"走，就改成了剧本，我原来的戏是20集，是一个都市寓言故事。它的原型是我看到山西发生的一个案子，一个人贪污了一个多亿，结果抓到他的时候，他一分钱没花，不敢花，这么一个案子。电视剧里强化了戏剧性，一个很好的人到开始贪一点儿，贪到一定程度的时候，事儿就找他来了，有人要敲诈他，勒索他，最后他一分钱没花，却家破人亡……这是一个寓言故事，就是人在贪欲面前别存侥幸，否则早晚有"回报"。①

> 据金英马影视公司总经理滕站介绍，之所以称作姐妹篇而非续集是因为《黑洞》已经有了一个比较完满的结局，其人物关系也已经没有继续顺延的可能，而《冬至》的故事创意其实源自陈道明，在修改与完善的过程中，最终将犯罪领域从开始创意时的证券业改

---

① 《陈道明解读陈道明：业余爱好都要认真》。

在了银行业。①

陈道明还深入参与了剧本创作:

> 一开始剧本里陈道明只演一个反面人物,在讨论时,大家觉得单薄了些,根据陈道明的意见,又创作了他的对立面,公安局的刑侦专家。②

《冬至》是一个警世寓言故事:

> 谈起这部剧,陈道明说得很恳切,"《冬至》没有《黑洞》那样浓厚的商业气息,它带有喻警性质。是一个寓言,适合在半梦半醒之间看。"③

不少人认为,《冬至》中陈一平堪称是陈道明从艺至今最为卓越的演出。有理由相信,从1982年正式踏上影视表演之路开始,经过十多年的表演实践,陈道明在表演艺术上已积淀了丰富的经验、锻造

---

① 《陈道明一人饰两角,〈冬至〉将开机》,郭佳/文,《北京青年报》2002年12月2日。
② 《〈黑洞〉姊妹篇〈冬至〉开拍,陈道明与自己交锋》,《新闻晚报》2003年1月27日。(按:偏好、善于对所演角色进行再度创作、对角色行为发展的情节线进行加工的演员,多有剧本创作的爱好或才能。据1989年5月24日《生活报》载文《忙碌的陈道明》报道"写剧本时"的陈道明的情状:"看上去更像个军人或运动员(而不是演员)的陈道明不得不把那双肌肉发达的腿蜷在写字台下,舍弃心爱的游泳、滑冰、弹琴、开车,以一天一盒半香烟的代价去受伏案之苦。他写出的剧本也真投拍了,据说其中还包括中国第一部'西部片'。"又如"年轻的'老'戏骨"张译,据2015年4月9日《人民日报》载文《演戏、编剧、写散文——张译:好演员应该是多面手》报道:"他写的剧本《文小姐·武将军》没登上舞台,却发表在《剧本月刊》。")
③ 《陈道明出席〈冬至〉见面会:好片子要去争》,《扬子晚报》2004年4月。

了成熟的技法、形成了独到的风格,有此基础,再加上《冬至》恰好提供了一个最能表达他内心思考(演出"社会性")的通道①,于是乎,一个优秀乃至杰出的演出,就诞生了。

但主观之外,陈道明之能成为"创作型""表达型"演员还须分析客观因素。

其一,是演员自身的文化内涵和文化原创力。此一点,本书第三部分《文化深度与表演高度》一文有详析,此不赘。

其二,是演员的"话语权"。必须到你的演艺成就和"江湖地位"能让你从被动接受剧本,到主动挑选剧本,再到主导打造剧本(如《冬至》),才谈得到自我的表达。如前所引陈道明2011年在《南方周末》"中国梦"践行者致敬盛典上所说,"到了现在,我不愿意(完成作者、完成导演派给我们的指令)了。"他提"到了现在",是因为"现在"已经有了可以说"不愿意"的地位、条件了。与之相比,香港TVB演员是完全谈不到挑剧本的(更遑论主导剧本)。他们的确是彻头彻尾的"干活挣钱,你给我钱我就演"。黎耀祥连获"视帝"后出书《戏剧浮生》,于2011年9月接受《南方人物周刊》访谈时说:

> 在TVB,你是没有能力挑剧本的。通知你的时候还没有剧本,开工的时候可能只有三四集,先拍再写,不可能看完整个戏的剧本再去演,那样这辈子都不用演了。②

---

① 这个通道不是"遇到"的,不是被动坐待的,从构思来源到成型成体,都有陈道明作为创作者或曰创造者一手一脚的踏实努力,是需要"开凿"的。
②《黎耀祥:躲在戏里看浮生》,吴琦/文,《南方人物周刊》2011年9月5日。

但陈道明说"到了现在，我不愿意了"，言下还有一层意思：我也有过我不愿意也得愿意的过去。我们不妨看看陈道明也曾不得不向商业"折腰"的过往。在《北京青年报》2001年对其的采访中，陈道明两度大吐"生存之无奈"的苦水：

> 我也承认自己拍的一些电视剧是很失败的……不过，我也很无奈，我也得生存。在印象中，我们似乎从未见过阿尔·帕西诺演过类似施瓦辛格的角色，但我却无法像他那样。
>
> ……
>
> 如果说《少年包青天》有300个人看的话，那《二马》就只有3个人看了。虽然我有时为了迎合那300个人而放弃了3个人，那也是出于生存的无奈，毕竟演员是我的职业，我得靠这个吃饭。①

苏轼《上梅直讲书》有句："人不可以苟富贵，亦不可以徒贫贱。"君子爱财，自古虽贤达不免。金庸先生是作家、学者里少有的富豪，他善于生财治财，也重财。李敖甚至苛嘲其"吝啬"。陈道明从不讳饰自己的"爱财"。近些年他演出的减少与代言的增多正成明显的"对比"。于是乎，对陈道明"懒于拍戏、勤于广告"的讥评之声也渐盈于耳。但这只是"面子"。"里子"是：陈道明这一时期对于挑戏拍戏只有比以前更为矜慎。他"多拍广告"赚代言费某种意义上是为了更好更裕如地"矜慎择戏"。要触摸到这件"里子"的真实纹理，我们首先必须对陈道明近些年来（不妨取2007—2014年这七年）

---

① 《陈道明坠入黑洞吐真言：我也很无奈我也得生存》，郭佳/文，《北京青年报》2001年4月2日。

出演作品的"缘由"进行个案的剖析和综合的结构化分析。

2007年以来,陈道明出演电影6部:《刺陵》《建国大业》《唐山大地震》《建党伟业》《一九四二》《归来》。电视剧4部:《卧薪尝胆》《我们无处安放的青春》《手机》《楚汉传奇》。话剧一部:《喜剧的忧伤》。

先看四部电视剧和一部话剧。简要言之,《卧薪尝胆》是陈道明试图在古装剧表演里实践浓厚的莎剧舞台风格的一次尝试,这种尝试是成是败容当另说,有这种尝试即值得肯定,即是艺术家与一般演员的分野。

在电视剧《我们无处安放的青春》中,陈道明饰演周爸爸一角,该剧的文艺气息,应是深深吸引了内心深处一直有着文艺情怀的"文艺老年"(陈道明在《归来》拍摄期间受访时的自我调侃语)陈道明。监制《我们无处安放的青春》与出演周爸爸一角,不妨视为"文艺老年"陈道明对内心深处一直隐微呼唤的文艺情怀的正面集中回应。

《手机》是近年来日显浮躁、浅薄、庸俗,一窝蜂跟风剧泛滥的荧屏里一部难得的思考严肃深刻、制作精良扎实、表演精彩生动的好剧。刘震云将自己的作品从电影翻拍到电视剧,宋方金深用匠心打造剧本,创作者要表达的东西从广度到深度都增大了。陈道明通过对费墨的精彩演绎,再一次"表达"了他在"社会性"方面的若干思考,即社会转型期中传统知识分子的坚守与妥协、尴尬与无奈。

《楚汉传奇》中刘邦是陈道明多年念念于兹、很想出演的一个历史人物,他终于演得此角色一如他阔别舞台30年后终于重演话剧:圆了梦。此外,不同于《康熙王朝》《卧薪尝胆》中的话剧化表演,陈道明在《楚汉传奇》中再次祭出了表演风格新尝试的利剑——尝试以类似《贫嘴张大民的幸福生活》一类生活化表演风格"革新"古装剧、历史剧中话剧化表演的固有模式。

再看六部电影。《建国大业》《建党伟业》《唐山大地震》《一九四二》可不多论，四部片里《唐山大地震》还是值得多说说，参演里边儿有陈道明的军人情怀和地震经历①。

而参演2014年的《归来》，除了陈道明一向对文艺电影的偏好之外，还有致敬父亲、致敬父辈、致敬那一代善良坚韧的中国传统知识分子群像的因素②。陈道明参演这五部电影都跟"商业"导向绝少关涉（《唐山大地震》《一九四二》是商业性强的大片，但陈道明主要是奔着朋友冯小刚的人情去的）。而唯一的一部"商业味儿浓"的电影《刺陵》，在陈道明那儿，却是跟"商业"俩字最无关涉的!《刺陵》的"商业"外皮里边儿，是陈道明所演华爷颇耐咀嚼的深浓的"艺术"味道。下面详说：

照理说，《刺陵》（2009）这样一部商业电影，久不演电影的陈道明为何要接？③而且，大致同时段，陈道明还接到胡玫主演《孔子》的邀约，他推掉了"史诗巨制"《孔子》，反而是接了"纯商业片"《刺陵》，这一举动很多人（包括一些拥趸）不能理解。

且先看陈道明本人的话：

陈道明在2010年7月28日《南方周末》的专访文章《"我原来就是不往人群里走的人"》中说："胡玫的《孔子》也找我，合同都签了，后来我给她发了个信息，说算了，我还是不拍了。后来周润发接

---

① 详参《南方周末》专访文章《"我原来就是不往人群里走的人"——对话陈道明》。
② 详参《南方周末》专访文章《陈道明：愈合历史留下的斑斑伤痕》。
③ 他上一部出演的电影是高晓松执导的文艺片《我心飞翔》（2005），时隔四年。

了孔子。"

陈道明在 2010 年 10 月《新民周刊》对其专访《陈道明解读陈道明：业余爱好都要认真》中说："《刺陵》里我演的华定邦，和周杰伦、林志玲、曾志伟一起拍戏，因为朋友第一次做电影，我必须帮他的忙。其实当时《孔子》同时在找我，按照正常来说，我应该上《孔子》的，但就是情感的因素，拍了《刺陵》。"

其实，我们看过《刺陵》，便可知陈道明在片中演出是异常精彩的。[①] 特别是看过李安高分评价影片《少年派的奇幻漂流》之后回看《刺陵》，我们对片中陈道明所演华爷"吃人肉之后的自我救赎"这一主题必有更深的观感和体悟。

陈道明接了《刺陵》后，一如既往地深度加入到对剧本、对人物的再创作中去，并为影片贡献了"吃人肉后的自我救赎"这一堪称是"瓦砾场中一块金"的主题。据导演朱延平说，陈道明为了让华爷这条线尽量合理，"磨掉了他三个编剧"，还透露吃人肉的环节是陈道明加的：

> 能够邀来陈道明也是朱延平最得意的地方："我知道他挑剧本很严格，所以我一开始就给他设计了一个角色：别人是去盗墓，他却是往墓里送东西。他看到这个角色就比较喜欢，然后我们才具体探讨。陈道明不在乎戏份多少，但要求角色出彩。所以后来他帮

---

① 详参我写《刺陵》中陈道明所演华爷的两篇专文：
《无挂无碍，到现在才明白》(https://zhuanlan.zhihu.com/p/24619699?utm_source=com.weico.international&utm_medium=social)
《向死而生》(https://zhuanlan.zhihu.com/p/27507765?utm_source=com.weico.international&utm_medium=social)

我改剧本，把他自己改成一个神经病，而且是去过这座坟墓的唯一活着回来的人。他心里有个秘密，别人一问他怎么回来的，他就会精神病发作。而他给我讲这些细节的时候，听得我起了一身鸡皮疙瘩。但后来全片剪完，我发现这个角色实在太好了。①

香港演员黎耀祥在所著《戏剧浮生》书中"演出可被独立评估"一节里写道：

> 演员与对手的交流及导演的描写固然直接影响观众接收讯息的感觉，但演员本身表演的魅力是可以独立被评估的。即使导演的拍摄手法及剧本铺排不足，演员依然可通过自己对角色的安排及统一，完全体现一个有血有肉的人物，从而感动观众。……导演、剧本与对手的演出等客观因素确实难以控制，演员唯一可做的工作，就是要完善自己的角色。……排除所有客观因素，追求一个完整的演出才是一个演员的目的地。

好演员即便不能掌控全剧全片，但至少应该也有可能通过一己之努力，让自己这条线、自己这个角色尽量地合乎逻辑、尽可能地精彩。为这样的演员鼓掌。

陈道明是否完全不看重所演电视剧、电影的商业性？当然不是。他不至于迂阔至此，我们观众恐也不至于如此迂阔地以为。他会拿走匹配他业界地位和商业价值的钱，这个不需客气。他也会看重剧作的

---

① 《导演朱延平揭秘〈刺陵〉：陈道明把我吓出鸡皮疙瘩》，郑照魁/文，《南方日报》2009年12月2日。

商业性，如《卧薪尝胆》《楚汉传奇》都是传统意义上的烧钱也卖钱的大制作。他也会在合作框架内配合影视剧的商业宣传。只是说，商业性肯定不是他接戏最终、最重要的考量。笔者在上文之所以不厌其烦一部一部细说陈道明参演电影、电视剧的情由，是想通过个体剖析归纳得出：陈道明参演这些作品虽然不乏商业的考量，但对他来说更重要的是他在其中或是圆了梦，或是回温了旧有情怀，或是尝试了新的表演风格，或是被文艺气息吸引，或是挖掘了感兴趣的深刻主题，或是致敬了某个可敬的群体，或是终于"回到"了某段历史，或是表达了自己对人性、对"社会性"的某些思考……一句话，他表达了。

随着业界地位日渐提高、稳固，影响、掌控的资源日渐增多，陈道明的话语权与主导权日渐增大，虽是一个演员，他却有可能很大程度上主导一部作品。粗略观察，自《中国式离婚》（2004）后，陈道明相当程度上形成了以他为中心的"陈家班"，他的常见班底有演员如张承好[①]，导演为沈严[②]。陈道明有了一个虽无其名却居其实的"陈道明工作室"，这绝非偶然。成为"班主""室主"，更便于贯彻主导者的意图，更便于实现主导者，即表达者陈道明的自我表达。这是表达者陈道明"我要表达"的必然。

陈道明为"我要表达"做了各方面的充分准备。然而准备之外，免不了还有割舍。作为一个并不拒斥财富的"爱钱"的"俗人"（其实也是常人常情，未可苛责），过于看重演出和作品的严肃内在，自不免于"商业性"有所怠慢，甚至在面临取舍时还不得不做一些商业

[①] 参演《冬至》《沙家浜》《卧薪尝胆》《楚汉传奇》等剧。
[②] 执导《中国式离婚》《我们无处安放的青春》《手机》《楚汉传奇》。其中，《楚汉传奇》总导演为高希希，但刘邦这边的"汉线"戏份陈道明带了沈严进组导戏。

方面的舍弃。比如陈道明曾数次说过,为了作品好,为了整体好,如果预算有限,宁可拿自己的酬劳开刀,补贴其他演员片酬,也不能"靠我一个人耍大刀去":

> 我上戏的原则是这样的:制片人来跟我谈上戏,我首先看你剧本怎么样,如果剧本不错,我再和制片人见面谈合作,问他戏的成本是多少。如果说是一般的戏,成本又不高,你给我多少钱我也不上。为什么呢?你给我这么高的价码,其他演员你请什么人呢?你靠着我耍大刀去?所以我不会上的。[①]

《二马》不是老舍作品中最好的,但陈道明在导演迫不及待的等待之后说:"我拍。"更出乎大家意料的是:"我拿极低的报酬。"但前提是:"为了制作质量,戏里9个外国演员全部用英国的职业演员。投资方照办了,花了很多钱,我宁愿拿很低的报酬来补充这些。因为这牵扯到是水落石出还是水涨船高的问题,我希望水涨船高。"[②]

"靠着我耍大刀去?"这话乍听不免"矫情",但我们细想一下:这正可以看出陈道明对作品的整体性、艺术性是何等看重!同时我们也看到,近些年来,与接戏、拍戏日渐矜慎相表里,陈道明各种广告代言应接不暇。他是在用拍戏"周边"来养拍戏。

事实上,与我们前文提到过的 2000 年前陈道明也有向商业折腰,也有"我也很无奈我也要生存"不同[③],他在商业价值上重又如日中

[①]《"我原来就是不往人群里走的人"——对话陈道明》。
[②]《一出一入陈道明》。
[③] 陈道明自述"2002年的《大汉天子》,演东方朔是因为价钱给得有点高,那是我演的所有戏里面第一部钱比较高的电视剧"(《陈道明解读陈道明:业余爱好都要认真》)。

天,在业界地位日渐高固,他通过较多的代言、商业的持股和较高的片酬有了"足够"的金钱,他真是很少再"奔着钱去"接戏,而且说话也气壮了。

2010年在《南方周末》的访谈《"我原来就是不往人群里走的人"》中,陈道明对采访者说:"纯商业的东西我可不可以做?可以做,但是如果两者选其一,我当然还是选文艺。"

2011年谈《喜剧的忧伤》演出感受的采访文章《我只有感动,没有兴奋》中,陈道明对记者说:"我不喜欢去演那些商业的东西,那些都是过眼云烟。"

完全不考量商业、不"迎合"、不"讨好"观众读者的艺术家文学家也许有,但的确少。但真正的文学家艺术家一定会不满于自我对读者观众的迎合讨好的,所以金庸后期作品"写给自己"——刘国重在《金庸不刻意讨好读者》文中道:"金庸写作,心中一直都有读者的,一直有'娱乐读者'的用意的,但他晚年也说过:'过份迁就市民、大众的口味,就庸俗化了,我也不同意。通俗一点,让他们可以了解欣赏的意义。'由此可知,金庸又非一味地要迎合读者、讨好读者"。[①] 所以陈道明的朋友史航在其新浪微博披露,陈道明谈他为何不再演话剧《喜剧的忧伤》:"《喜剧的忧伤》不再演,很大一部分原因是我发现很多毛病我改不掉,我因为羞愧我只能停下不演,我在场上,哪块有效果我太知道了,我一定是奔着效果去,人在台上很贱,这有效果我就奔这儿来,再克制也是会有。"——不妨大言一句:真看懂看透了陈道明的艺术坚持,才会真看懂陈道明的多拍广告;真看

[①]《金庸不刻意讨好读者》,刘国重/文,《羊城晚报》2015年12月27日。

懂了陈道明的多拍广告，也才能真看懂真看透陈道明的艺术坚持。这正是一体之两面，手印翻覆之间，自有阴阳。

这样的一个真实的，带着俗世俗人味道的陈道明，也许不如画廊楼阁中傲世独立的磊落书生如画之美，但细细体察品啧，一个哪怕在商业大潮铺天盖地漫卷而来之际，仍不动声色默默抂稳心中那根定底神珍、坚定地保有自我不被裹卷挪移的人，不是更值得我们欣赏和深爱吗？

他用尽量两全的方式兼顾了"俗人爱财"和"真人爱艺"两个方面。他从来不曾放弃、放松内心深处对表演"艺术"的坚持。他在商业大潮倾覆裹卷下的心如泰山，寸土不移，正如电影《2012》里当无边洪峰连天漫卷而来仍是笃定撞钟的那位绝峰孤僧，他的钟声漫说藐视洪水猛兽，直是撑起这个地球，直要穿透整个宇宙。——但为斯故，我们可以谈谈陈道明的"艺术人生"。

从"为人"到"为己"

前文探究陈道明的"自我表达",分析了表演是他向外释放、表达自己的内在和人生的一个切口和通道。事实上,不唯表演,一切艺术门类,乃至一切人文学科,最后的皈依都是表达者与自我的对话。艺术门类中,如文学,金庸小说以《连城诀》为前后分野,是由"写给读者"到"写给自己",是由"无我之境"到"有我之境";人文门类中,如历史学,陈寅恪史学由早期的"塞表殊族之史事"到中年的"中古以降民族文化之史"再到晚年的"心史",是由"为人之学"到"为己之学"。"陈道明演艺之路"这条轨迹线从前往后,如连续光谱的渐变,"自我表达"的色彩和亮度逐渐增强,与"金庸小说"和"陈寅恪史学"这两条轨迹线的演进情状何等相似!

且不妨以陈寅恪史学作比着重分说。首先声明,把演员陈道明与史学大家陈寅恪先生比较分说,绝无哗众取宠之意。就如"金庸研究第一人"刘国重先生在《丙午、丁未之年前后的陈寅恪与金庸》一文中写道:"或者有朋友会认为将陈、金并提,亵渎了'他的'陈先生。没办法。只能说,俺不是故意的。"并言明"陈、金并提"的目的,是"试图考索上世纪60年代华夏文化被连根铲除时陈、金二氏相似的反应",不是比较陈、金之学问。我这里同样万万不敢在"学问"领域比较史学大家陈先生和著名演员陈先生,只是想表达这一感受:陈道明演艺之路由"为人"到"为己",这一轨迹线倒与陈寅恪治学之路颇有可旁通处。

《论语》载孔子之言:"古之学者为己,今之学者为人。"学术上尤其是文史学界向来有"为人之学""为己之学"的区分。前者更倾向于隐匿自我、凸显客观,后者则更倾向于表达自我、凸显主观。即便向来强调以绝对客观反映客体真实的自然科学里,其实也有这两分:例如,如果说理论物理学如杨振宁近于"为己之学";则研究实验物理学、验证"弱相互作用中的宇称不守恒"的吴健雄,则近于"为人之学"。再说人文学,向来也强调尽可能客观反映历史真实的历史学,同样有这两分:傅斯年代表的史料至上主义,近于"为人之学";陈寅恪晚年史学达到的"心史"境界,近于"为己之学"。虞云国教授在《陈寅恪史学方法论》一文中写道:"陈寅恪自称'平生为不古不今之学',实际上他的学术精神是非常现代的。关于陈寅恪学术的总评价,近二十年来中外学界说了不少,还推余英时最解三昧。"余英时教授在《试述陈寅恪的史学三变》一文中论曰:"傅氏(傅斯年)……引进新观念,要把语言学和历史学建设成与自然科学同一类的学问。"便是点出了傅斯年的史学旨趣在于近于自然科学的历史语言学。余英时文接着写道,"陈氏(陈寅恪)的史学观念不尽于此,实证之外尚别有'了解之同情'一境,近于艺术、文学,而远于科学。"陈寅恪史学由中年的"中古以降民族文化之史"进而变为晚年的"心史",其来有自,肇源不远。

余文继续写道："'虑身没而心不见知于后世'更是他（陈寅恪）和郑思肖异途同归之所在。郑氏《心史》诗文相杂，记录了兴亡的事迹和一己的感慨，陈氏亦然。所不同者，郑书确以铁函锢之井中，故可以直言无隐，陈书则并未入井，不能不掩藏在古典和旧史之下耳。《论再生缘》与《柳如是别传》中窜进了那么多个人感慨系之而与考证渺不相涉的诗，这是古今中外史学著作中从所未见的变体，然则却是他晚年写史的一大特色。他笔下写的是历史的世界，心中念念不忘的却是生活的世界，而且沧桑之感则贯穿在这些诗章之中。《柳如是别传》与他以前的论著相较，显然是所同不胜其所异。为了写这部'心史'他不得不别出心裁，开辟一条'文史互证，显隐交融'的新途径。"

鄙意，大致说来，陈道明2000年前杰出的演出如《围城》《二马》是熔自我为液浇铸角色之模，2000年后杰出的演出如《黑洞》《冬至》是熔角色为液浇铸自我之模。如果借用刘国重先生论金庸作品前后期分野的话，陈道明2000年前杰出的演出如《围城》《二马》是主要着力于在经典名著的框架下塑造人物，陈道明2000年后杰出的演出如《黑洞》《冬至》是主要着力于通过自己对剧本的主导和打造"记录作者（表演者或曰表达者）本人的心灵史"、表达角色背后演员本人的人生思考；陈道明2000年前杰出的演出如《围城》《二马》近于学术上所谓"为人之学"，拍给观众、取悦观众，陈道明2000年后杰出的演出如《黑洞》《冬至》近于学术上所谓"为己之学"，拍给自己、取悦自己。①

---

① 陈道明2011年在《南方周末》"中国梦"践行者致敬盛典上语："我觉得，作为一个人来这一世，不能只取悦于别人。"

揆诸余英时先生所论，陈寅恪先生《论再生缘》与《柳如是别传》"是古今中外史学著作中从所未见的变体"；则不妨说，陈道明演出《黑洞》与《冬至》同样是表演史上的"变体"。陈寅恪晚年著述之为史学著作中的"变体"，如他自己在《柳如是别传》两则"稿竟说偈"中所言"亦文亦史""非旧非新"，再如他的后辈史家、今之前辈史家严耕望先生在其大著《唐代交通图考》序文中言，"当代前辈学人晚年著述，往往寄寓心曲，有一'我'字存乎笔端。余撰此书，只为读史治史者提供一砖一瓦之用，'今之学者为人'，不别寓任何心声意识。"此处之"当代前辈学人"，虽不限定具体之人，然直指陈寅恪应无大疑。①

陈道明演出《黑洞》与《冬至》之为表演史上之"变体"，则在于他似乎正好"逆转"了传统表演学所推崇的"人物至上"向度，由"熔自我为液浇铸角色之模"，变而为"熔角色为液浇铸自我之模"，由此铸就的表演艺术结晶体，在显的层面是有意识地带上了表演者个人气质魅力的若干侧影，在隐的层面更印染、蕴涵了表演者（此处更准确的称谓或已应是"表达者"）自身不可复制、独一无二的人生经验和人生思考。余英时先生说陈寅恪先生晚年著述"他笔下写的是历史的世界，心中念念不忘的却是生活的世界，而且沧桑之感则贯穿在这些诗章之中"，我效颦一下，则也许可以说，陈道明演出聂明宇、陈一平等角色，"他演出的是别人的人生世界，心中念念不忘的却是自己的心灵世界，这两个世界在他的举手投足间逐渐浑融无间"。不

---

① 需要言明，此处引严先生文，只是标明学术上有"为人""为己"之二途，不分轩轾，二者各有其不可替代的价值。类似，此处讨论陈道明表演之"为己"，也并无非议、轻视"为人"之表演及表演者之意，二者只有途径之不同，没有价值之重轻。

避拟非其伦之讥,陈道明 2000 年之后特别是在《黑洞》《冬至》中的表演实践,可以说似乎已接近陈寅恪晚年史学研究,已然臻至人文学最有魅力的境界:心灵与思考的寄托,生命与性情的延伸。

另外,余文还写道:"陈寅恪运用历史想象力重建明清兴亡的故事,在《别传》中到处可见,而且是贯穿全书的主线。……由于他的想象入情入理,和一切有关史料又配合得丝丝入扣,所以虽不能证实,读来却使人有如亲见其事。这是想象力驾御考证,而不是全由考证建立起来的历史事实。……我把《柳如是别传》和小说相提并论,也许有的读者会感到难以接受。这其实是他自己的意思。他所说的'游戏试验'便是指以小说家的想象用之于写史,使他重构的悲剧故事产生可歌可泣的感人力量。但是他的《别传》仍然是真实的历史,毫无虚构。从这一方面说,他的史学境界在最后阶段产生了一次跳跃。"

效颦余先生,我要说,陈道明 2000 年后演出聂明宇、陈一平等角色,虽或有意识地主动带入了自身的特有气质魅力,或在深层次上放入了自己的某些人生经验和思考,但是我们看到的并不是一个扮酷耍帅的广告,或者一篇探究思想的论文,仍然是也首先是一个成功的人物角色塑造。《柳如是别传》虽是史学的"变体",但仍是"史学"的著作;陈道明此演出虽是表演之"变体",但仍是"表演"的工作。事实上,历史学与表演学(我们须承认,"表演学"这一名词之必然成立存在)在人文学里,本就有共同的前提:求真。历史要求客观的真实,表演要求人物的合理、逻辑的真实,历史学家和表演创作者第一位的工作始终是"求真务实"。在此基础上方有可能谈及"变体""表达"。陈寅恪的《柳如是别传》如果不是首先建筑在坚实的史学考证基石上,谈史学的变体、史学的新境、史家的"心境",就只能是虚妄空谈;陈道明的演出,如聂明宇、陈一平,如果不是首先建立在具有坚实行为逻辑的人物塑造的基石上,也根本谈不到表演向度的"逆转"、表演理念的革新和发展、"表达者"自我的深层次表达。出新意,必于法度之中。

2015 年 4 月 30 日一稿写毕
2019 年 6 月 27 日二稿改毕

第一部分

陈道明表演特点综论

这一部分将以一组文章，从不同方面分别论析陈道明的表演特点。这里先作总论，笔者认为，演员陈道明演艺成就之"突出"至少表现在以下几个方面：

一是，就笔者有限的观影范围，中国演员中在台词、身段、造型、道具、表情、动作细节等方面能全方位地"嗣响"老辈表演界第一人石挥先生者，李雪健、陈道明似乎是成就尤为突出的两位。详参本部分中《对石挥先生的传承》《表演中的形体特征区分》《妙用贯串道具》诸文。

二是，陈道明可谓是中国"文人戏"的开创和代表者，他几乎所有的演出莫不一以贯之地灌注了、呈现出真正文人的精神风骨。详参《融文化底蕴于表演》一文。

除上之外，这一部分里还有两篇关于陈道明演出里其他方面特点的文章：《赋予人物以诙谐幽默》《活用唱腔道具》。

这一部分最后一篇文是《逆转平庸之笔》。

对石挥先生的传承

作为中国表演史上泰山北斗的人物,石挥先生备受后辈钦仰。大师残膏剩馥,沾丐后学匪浅。李雪健、张国立、姜文等在访谈中都曾表示过最佩服最崇慕的演员是石挥先生。石挥先生可说是中国演技派男演员们共同的精神父亲。可以合理揣测,陈道明也不例外地从石挥的表演遗产中有所获益。下文从八个方面,一一细析陈道明对石挥先生的传承。

(一)特色动作

亚里士多德有名言:"戏剧的本质是动作。"斯坦尼斯拉夫斯基在《演员的自我修养》中指出:"在舞台上需要动作。动作、活动——这就是戏剧艺术、演员艺术的基础。'戏剧'一词在古希腊文里的意思是'完成着的动作'。在拉丁文里,它和 action 一词相等。"石挥先生特别重视"动作"在表演中的重要性。北京电影学院舒晓鸣教授编著的《石挥的艺术世界》一书,"填补了我国全方位地对个体的电影表演艺术家的深入研究的空白"（北京电影学院教授刘诗兵语），全面深入探析了中国老辈演员"第一人"石挥先生的表演艺术成就和特点。该书数处道及石挥先生的"动作"：

在该书代序《稀有的表演艺术家石挥》一文中，黄佐临说：

> 石挥的创作欲望是极强的，每个角色身上都要找出与众不同的绝招动作。在《梁上君子》里他演个爱摆架子的吹牛律师，他设计了一个大声咳嗽的动作，这并不独特，可他不来常规咳嗽，而是双手捧腹，口里大喊一声："炮儿……"这是非常夸张的，但表现这个人物又是极为合理而有表现力的。

该书第16—18页总结"石挥在塑造人物形象的过程中，有些带有他个人的特点的做法"：

> 第一，非常重视人物造型，包括人物的发式、脸部化妆、服装、习惯动作、语音语调特点等等，每部影片人物造型绝不相同，而且变化很大。……就是同一个人物，由于环境及人物性格的变化，在同一部影片中，人物前后造型也不一样。
>
> 第二，注重小道具的运用。石挥很知道人物手中经常拿着的小道具，可以表现人物的爱好，是人物性格的延伸，可以帮助塑造人物。所以，他在塑造每一个人物的时候，都喜欢同时考虑人物手中的小道具。
>
> 第三，寻找能够表现人物性格的"绝活"。黄佐临导演说："语不惊人誓不休。导演一出戏而无独到之处就不演出，演一个人物而无鲜明的个性表现就别上台。而石挥的创作欲望是极强的，每个角

色身上都要找出与众不同的绝招动作。"……我理解这个"绝活"就是指,为了表现人物性格特色苦苦琢磨,找到的"绝招",包括"动作"和"声调"……"绝活"不可能处处皆是,但在每一个角色的创作中,总能找到那么几处令人叫绝、别人想不到的地方。

该书第169页,曾任前线话剧团团长的老艺术家白文这么评价石挥的特色动作设计:

演戏要朴素,不要花哨,这是对的。但要把朴素变成一张白纸,一块原木,那就不对了。表演艺术家还得细心雕琢,而这雕琢细节(在演员是小动作),便是十分重要的。人物性格是通过一连串细节表现出来的。突出的细节,画龙点睛似的点它一笔,性格便愈见突出。石挥的细节不是一般的,而正是"这一个"。他演戏不光演"我在做什么",同时突出"我是这么做的"。长期生活的积累,丰富的想象,细心的钻研,艰苦的实践,是他能创造个性化人物的基础。

该书第186页,程之在《表演大师石挥》一文中写道:

记得石挥对我说过他的创作思想,大意是:演戏,就是要演出"戏"来,也就是要有动作。角色情绪不能仅仅放在心里想它的过程而毫无动作体现。你想了半天,自己很感动,观众是不会感动的。非得在"节骨眼"的地方,设想能表达人物情绪的典型动作,才能使观众感动,打动观众的心。

该书第194—195页，转引了上海戏剧学院原导演系主任胡导论石挥"形体技巧与造型表现力"的一段文字：

在我看过的石挥演的戏中，一个很深的印象是，他似乎天赋就有一副如雕塑家手里的黏土般可塑性极强的形体造型的本领。在他的舞台人物形象创造中，主要倒不是运用戏曲行当的身段程式来给人物造型，而是像京剧演员那样善于运用服装、化妆、道具，结合着身段的运用来给人物造型。

吴祖光剧作《捉鬼传》（佐临导演）里，他演的一撮毛：光光净净一个秃脑袋，脸上只抹肉色油彩，抹得和秃脑袋的颜色一样，不勾眼圈，也没眉毛，鼻子也都好像塌进去了，脸就成了和秃脑袋一样光光净净平平塌塌带皮的肉板，就在这肉板上长着那么一小撮黑黑的毛。

在柯灵编剧佐临导演的《夜店》里，他演的金不换穿着的一身很瘦很瘦又很长很长的华丝葛长衫，正是金大少当年过着"金马玉堂"日子时最出风头的一件时装，石挥穿着它时，把身子裹得特别苗条，走起路来，侧着身子，微微地斜弯着腰肢，把身子塑成弯月似的，真的是把他那万般无奈而又总忘不了当年风流潇洒的人物气质全展现出来了。

在师陀编剧佐临导演的《大马戏团》中，他演慕容天锡，出场时手里的扇子把足有一尺五寸长的泥金大黑扇子，哗地一声抖了开来。接着唰、唰、唰地那么几下一扇，那造型，那神态，节奏那么鲜明、强烈的扇扇子的动作，扇子又那么大得出奇，只有当年北京天桥的慕容天锡那样的人才会用那扇子和那样扇扇子的……

石挥先生而外，老辈表演艺术家中，再如石挥先生的外甥、著名表演艺术家于是之先生，在《演王利发小记》一文中写道：

> 比如第二幕，王掌柜除了按照剧本的规定接待各种人以外，我为他加了一个动作：把"莫谈国事"的标语一张张地贴起来。我以为这是一个有助于揭示主题和表现人物的动作。尽管他标语贴得那么认真，"国事"还是横冲直闯地进了他的茶馆，终于逼得他开不了张以至活不下去。这样，改良主义是没有出路的这一思想，就表达得更充分了。①

老一辈表演艺术家而外，与陈道明演艺功力与成就相侔的同辈演员譬如李雪健，在电视剧《嘿，老头！》中为角色设计动作：

> 按照剧情，刘二铁是个酒鬼，因此夫妻分离，父子不睦。察觉到自己患病后，他给儿子打电话，对方没有接听。为了演出刘二铁的懊恼、伤心、倔强、无力，李雪健设计了一场戏：二铁想喝酒，却无法把酒倒进酒杯，用酒瓶对着嘴灌也不行，后来他索性把酒瓶倒扣进搪瓷缸——一个精细的动作被下一个不那么精细的动作取代，二铁始终没有喝到酒，他的手不住地颤抖，酒杯磕碰着酒瓶，酒瓶磕碰着搪瓷缸。有一场戏是剧本里没有的，二铁的儿子跟青梅竹马的女友出现感情危机时，患上老年痴呆的父亲突然唱起儿子和女友小时候常唱的儿歌："你伸手指头\我伸手指头\拉拉钩\咱们都是好朋友"。这个让观众飙泪的华彩段落，传递出明确的信息：

---

① 《于是之：情愫》，于是之 / 著，北京：商务印书馆国际有限公司，2010 年。

主人公是一个病人，但他也是一个父亲。①

演员陈道明也是一个"动作高手"，与前辈演艺巨匠石挥大师、于是之先生和优秀的侪辈如李雪健等一样，他同样善于为所演不同角色设计不同的特色动作，譬如《黑洞》中聂明宇用手指打枪，《无间道3》中"沈澄"习惯挠头，《冬至》中陈一平微驼着背、外八字脚，《手机》中费墨喜欢挠头和抖腿，《楚汉传奇》中刘邦痞子般奸笑和习惯下跪……②

且以《一地鸡毛》《手机》为例析说。陈道明主演的《一地鸡毛》（1995），由刘震云编剧。十五年后，仍然是刘震云原著加剧作总监、宋方金编剧的电视剧《手机》（2010），仍由陈道明主演。陈道明在两剧中有两个类似的特色动作：

一是陈道明特色的"鸵鸟政策"——逃遁于吃。

《手机》中费墨有个特点，每次上桌，都是咔咔一顿狂吃大嚼，这是他厌恶人际交往的"饭遁"。费墨一上席面是标准的"食不言"，只顾往嘴里塞菜。笔者分析，他是内心深处不喜欢应酬——推杯换盏、翻来覆去、磨叽些不搭不靠的应酬话，加之自傲，认为这些人哪怕就是认真说话，也到不了我心，所以干脆以"逗萌吃货"这张面具示人——既然填不了心那就填满胃。

《一地鸡毛》第7集，小林一早边啃西红柿边拾掇要去上班，老婆就在那儿叨叨，小林应付几句起身要走，老婆一屁股坐在他面前桌

---

① 《我不是一幅油画，所以要不停变化——演过林彪、焦裕禄、张作霖的李雪健》，石岩/文，《南方周末》2016年1月21日。
② 详参本书中《表演中的形体特征区分》一文。

子上,按住他肩膀不放他走继续叨叨,小林也不很不耐烦,也不毛,也不言语敷衍,也不好言相求,只把啃了半个的西红柿又拿起来不住往嘴里塞……

二是陈道明特色的"色厉胆薄"——只敢腹诽。

《手机》中,费墨和老婆李燕抵靠着身子在沙发上看电视,李燕说了个啥,老费心里颇反对颇反感,但老婆仰着脸儿直瞅着自己呢,怎敢"say no"(说"不"),所以他忙不迭闭目垂首连点几个头敷衍过去;傻老婆胜利地转过脸去了,老费"秒变"——他咬牙凝目,从上往下朝着老婆背后猛做一个鬼脸,嘴皮子喳喳,骂的什么咱们不知,咱们其实也知,不外乎"笨婆娘""蠢女人"啥的。他是老费,他是个"老废物",只能这么阿Q一下捞个没被看见的胜利,捞个没被看见才有的胜利。他还能一耳光甩过、冷哼一声或暴喝一句"滚!你给朕滚!"吗?他是小男人啊。

《一地鸡毛》第8集,妻子在枕边嘀咕"你是不是也想在办公室弄个第三者啊,那小彭倒挺合适的",然后扭过脸去。小林对着妻子的半边脸咬牙咧嘴显然在反击——可这只是腹诽,是无声的吐槽。

(二)特色道具

《石挥的艺术世界》有谢晋导演回忆石挥先生在电影《我这一辈子》里对一件破棉袄的"苛刻"和"痴迷"(第314页):

> 他(石挥)是有名的戏痴,在创作上对自己相当苛刻,有时甚至到了痴迷的程度。他曾经给我们讲过一个故事,说的是在拍

摄《我这一辈子》的时候,他怎样花了九牛二虎之力给角色找到一件沿街乞讨时穿的破棉袄的事情。影片中的巡警晚年沦为乞丐,按照剧情的要求,演员必须穿上一件又脏又破的棉袄。但石挥对服装师为他准备的戏服怎么也不满意,觉得不够破,不够脏,于是他决定自己去想办法。结果到北京看景的时候,他和服装师在大街上看中一件老要饭花子身上的破袄。那可真叫脏,真叫破,里外黑乎乎的,拿在手上臭气熏天。服装师想,这样的服装叫人怎么穿?石挥却一眼看中,就是它了,还死活不让洗。他让服装师找来一个蒸馒头用的大笼屉,把整个棉袄放到里面蒸,消毒。等拿出来晾干,一抖搂,噼里啪啦掉下来一层虱子,就是上海话讲的"老白虱"。现在大家在影片最后看到"我"穿的那件千疮百孔,结丝挂缕的破棉袄就是这一件。石挥穿上它,到前门大街一带追着三轮车讨饭,竟没有一个人能认出来,还真讨到几个铜板。摄影师躲在一边,把这一场景偷拍下来,在影片最后就用上了几个这样精彩的镜头。

《二马》制片人之一曾日华在《〈二马〉中的陈道明和王晖》写道:

　　开拍那天,陈道明又拎着一包行李来到现场,说是给剧组省钱了,自己买来了马则仁的皮鞋、眼镜、小镜子、梳胡子用的梳子,还有烟斗、烟丝等。这些小玩艺,不少是陈道明自己专门逛文物市场,买回来的民国年代的文物呢。他郑重其事地嘱咐跟班的剧务,这些小道具每天都得带到现场,我随时要用。

在《专访陈道明:我目中无钱》中《二马》副导演米铁增说道:

为了演好这个角色（老马），道明先生自己下了很大的功夫，比如说小道具，他自己亲自跑到潘家园旧货市场，找到那个时代的小梳子、小镜子、鼻烟壶、烟斗等等必备的小道具，为了买到正宗的烟斗丝，他跑到燕沙与售货员好说歹说，愣是感动了售货员，把多年前的存货翻出来卖给了他。接着戏，他自己不仅不提钱，还自己花钱做了老式皮鞋，戏中老马第一次到英国坐轮船时，戴了顶当时极其流行的平顶细草凉帽，全北京都买不着，后来道明先生听说天津有，他自己是天津人，就托朋友买，结果还是买不着，他仍不甘心，到处打听，后来听说他一个朋友有，剧组到了天津，他自己去朋友那里取帽子，全剧组的人都在塘沽口等他，那天远远地见他戴着这顶平顶细草凉帽向他们走来，那份得意就甭提了。①

（三）动作重复

《红楼梦》塑造人物，有一妙处：人物的特色动作，写三遍。

如第三十四回：薛蟠……一面嚷，一面抓起一根门闩来就跑。慌得薛姨妈一把抓住，骂道："作死的孽障，你打谁去？你先来打我！"

第八十回：薛蟠更被这一席话激怒，顺手抓起一根门闩来②，一径抢步找着香菱，不容分说便劈头劈面打起来，一口咬定是香菱所施。

又第八十回：那时，金桂又吵闹了数次，气得薛姨妈母女惟暗自垂泪，怨命而已。薛蟠虽曾仗着酒胆，挺撞过两三次，持棍欲打……

——可知曹公写阿呆兄薛蟠打人，趁手家伙事儿必是门闩棍棒。

---

① 《专访陈道明：我目中无钱》，《舞台与人生》1999 年。
② 脂砚斋亦殊为具眼，此句后批曰："与前要'打死宝玉'遥遥一对。"

虽至细微处，而不苟如此。此曹公之能也。

小说如此，戏剧亦然。编剧即或不注意，演员则不可不留意。给人物角色加特色道具，形成动作特征，并"重要的道具用三遍""重要的动作演三遍""重要的特点演三遍"，此优秀演员之所共喻也。

《石挥的艺术世界》载老演员崔超明总结石挥一个重要表演特点（第 407 页）：

> 就表演来说，石挥对影片里的角色特别注重渲染，给观众留下深刻印象。同一个动作，在整个表演中起码要重复出现三次以上，例如，这个角色看见那个女人，他想拉她过来，但怎样突出这个人物的性格特点，石挥设计一个用力摸自己脑袋的动作，表示咬牙切齿，这个动作在戏里会出现多次。

嗣响石挥先生，陈道明同样"对角色特别注重渲染，给观众留下深刻印象。同一个动作，在整个表演中起码要重复出现三次以上"，以在观众心中留下强化深刻的印象。

举《楚汉传奇》为例。

《楚汉传奇》剧作原著王培公。"汉线"导演为沈严、编剧为汪海林，均是陈道明为贯彻其人物塑造意图和想法而"自带"进组的；因此，除表演片段外，不少涉及剧情本身的评析，似也属于评说陈道明表演的范畴。这一点，是下文写作的重要基础和出发点。

老师提到好学生一般有个词"举一反三"，谋士对于好主公的期许亦然。张良对沛公善于领会他所讲兵法，赞许道："沛公殆天授。"（《史记·留侯世家》）那么沛公对张良的话的举一隅反三隅自然不仅仅是兵法一途。

《楚汉传奇》第 24 集，且说刘季愤恨老百姓跟着雍齿反他，要杀这些人；张良指出他们只是"被人赶进田地的羊群，当然要啃食良田"，属于被人裹挟而"附逆"（"被雍齿驱使，被雍齿胁迫"），他劝沛公"慎杀"，只杀首恶雍齿一人，杀一儆百，足矣。刘季若有所思。他第二日召开群众旁听公审大会，列数了雍齿数条罪状，最后竟是图穷匕"藏"，宣布念故旧之情，当场释放，逐出县城。刘季由最初欲杀雍齿和"从逆"诸百姓，到听到张良"杀一儆百"的建议，引申到不但不追究从逆的百姓，更连雍齿都放了。——这就是"起予者商也，可与言诗"！

也许有朋友要说我过度解读，想多了。好吧，孤证不立，让我们回溯前边戏。我们须记得，前边戏，23 集，雍齿反叛，刘季兵力不足，萧何献计，给陈胜写信，说我们在给他守城，向陈王借兵打叛贼雍齿；刘季果断"举一反三"由点到面了："等等，等等，等等，我们既然借兵，干吗不多借些人呢，凡是手里有兵马的，都给他们写信，这信这么写，就说雍齿，在骂他八辈祖宗呢，往狠了写，说雍齿恨死他了！"

再让我们提前剧透后边戏，62 集，汉王在荥阳与楚军相峙，韩信领兵在外，担负北击燕赵的作战任务（"韩信既定魏，使人请兵三万人，愿以北举燕、赵，东击齐，南绝楚粮道。汉王许之"），不断向汉王催要兵员，汉王与萧何、张良、卢绾等商议，卢绾不同意给韩信兵，张良认为当前情势下应坚定支持韩信的要求，汉王集思广益，此时拿定主意了，又是一次"举一反三"的引申："给他。我不光给他兵，我还要给他王。"

再后边戏，65集，汉王给陈平四万金任其对楚君臣行反间计，剧里处理得颇有意思。先看史载。《史记·陈丞相世家》："陈平曰：'……大王诚能出捐数万斤金，行反间，间其君臣，以疑其心，项王为人意忌信谗，必内相诛。汉因举兵而攻之，破楚必矣。'汉王以为然，乃出黄金四万斤，与陈平，恣所为，不问其出入。"剧里演来，陈道明的聪明劲儿真是无风起浪，且看陈平提出他行此计需要钱，汉王问需要多少钱，陈平迟疑着"漫天要价"："一万金！"（天文数目啊！大王您就地还钱吧，我有心理准备！）汉王淡定道："一万金……把握多少？"陈平："两三成吧。"汉王："要是两万金呢？"陈平："两万金……有五成！"汉王继续淡定道："四万呢？"陈平："四万？那肯定成啊！"——说破英雄惊煞人，敢情太史公所记"汉王以为然，乃出黄金四万斤"这一确切数目，竟是刘季，不，陈道明，举一反三的结果！（戏谑一笑。）

我最初以为刘季的这些"举一反三"不过是陈道明"生空"加入人物的，后来蓦地想到刘季称汉王后很著名的一个段子，才颔首暗叹，陈君对沛公是有研究的。《史记·淮阴侯列传》载：汉四年，遂皆降平齐。使人言汉王曰："齐伪诈多变，反覆之国也，南边楚，不为假王以镇之，其势不定。原为假王便。"当是时，楚方急围汉王于荥阳，韩信使者至，发书，汉王大怒，骂曰："吾困于此，旦暮望若来佐我，乃欲自立为王！"张良、陈平蹑汉王足，因附耳语曰："汉方不利，宁能禁信之王乎？不如因而立，善遇之，使自为守。不然，变生。"汉王亦悟，因复骂曰："大丈夫定诸侯，即为真王耳，何以假为！"乃遣张良往立信为齐王，徵其兵击楚。——"汉王亦悟，因复骂曰：'大丈夫定诸侯，即为真王耳，何以假为！'"这句简直状汉王之急智栩栩如在目前，汉王在一秒以内急速领悟到张良陈平建议的真谛并急速引申发挥到"立什么假王，就是真王！"，举一反三的功力可谓千古独步，大丈夫得天下，天命自有定，信然！

然而，高祖最善于举一反三处，还不在此，还不在一时之急智，而在多年后之"回响"。《史记·留侯世家》：沛公欲以兵二万人击秦峣下军，良说曰："秦兵尚彊，未可轻。臣闻其将屠者子，贾竖易动以利。"——此为秦二世三年，沛公西伐秦事。《史记·高祖本纪》：八月，赵相国陈豨反代地。……闻豨将皆故贾人也，上曰："吾知所以与之。"乃多以金啗豨将，豨将多降者。——此为汉十年，高祖讨伐叛臣陈豨。十年过去了，刘邦还记得张良这一招！《雍正王朝》剧中，四爷求得邬思道入幕，主宾初见，他负手临窗，朗诵了邬思道那篇讨伐贪官墨吏的大文"朝廷待其不薄矣，二君设心何其谬也？独不念天听若雷，神目如电？呜呼！吾辈进退不苟，死生唯命，务请尚方之剑斩彼元凶，头悬国门，以儆天下墨吏！士立紫垣，噤口不言。一旦有义士者挺身而起，或刺之阙下，或杀之辇中，四方闻之，独不笑士大夫之无人耶？"邬思道眼红湿润，动感情道："十年了，四爷还记得这篇文章？"四爷："是好文章，自会流传！"——脑补张子房："十年了，陛下还记得这一计谋？"高祖："是好计谋，自会铭刻！"

由此可知，陈道明给刘邦强化的"举一反三"这一人物行动特点，并非向壁虚构，而是"有本而来"，根源于演员对历史人物的深入研究。而陈道明在全剧中让刘邦"举一反三"起码四次以上，"重要的特点演三遍"，这就让刘邦睿智"殆天授"这一特点予观众以深刻印象，给观众强烈暗示——刘邦得天下绝非幸致，他脑瓜子的确好使。陈道明对人物的这一匠心运营，也让他的刘邦，与其他演员的刘邦,鲜明地区分开来。坊间有个惯常的误会:"陈道明演谁都是陈道明。"这个误会的意思是"演谁都是康熙",大概是观众善于总结,提炼了陈道明部分角色的一些共性:譬如康熙、蒋介石、勾践等,都有一种帝王霸气。但须知,这诸人本就是帝王/领导人,霸气不该是共性吗?陈道明还演了不少毫无霸气的普通人呢。譬如《冬至》《归来》等。所以,"陈道明演谁都是康熙",这一批评是毫无道理可言的。事实上,更深层次的"陈道明演谁都是陈道明",我们可以看到,其实是陈道明演谁都有他自己的深入思考和独到设计,譬如他演的刘邦,并非演的还是康熙(刘邦有股市井痞气),但却仍可以说演的还是陈道明(深入研究刘邦性格行动特点,背后显然有陈道明对人物的"陈式"设计)。演的不是陈道明的气质,演的是陈道明的思考。陈道明相较于其他演员而言,更值得"研究"之原由,就在于此。

又,陈道明"重要的动作演三遍",还可参本书中《围城》专文之最后一小节"三处仰卧的细节处理",兹不赘。

(四)情态变化

《石挥的艺术世界》第 17 页提道:

> (石挥)非常重视人物造型,包括人物的发式、脸部化妆、服装、习惯动作、语音语调特点等等,每部影片人物造型绝不相同,而且变化很大。……就是同一个人物,由于环境及人物性格的变化,在同一部影片中,人物前后造型也不一样。

王家卫电影《一代宗师》里叶问有句台词:"如果人生按四季分的话,那么我的家就像春天一下到了冬天。"套用这句话:如果说人生有春夏秋冬,那么在电视剧《梦断情楼》中,陈道明饰演的九条的人生,从第14集开始,就直接从春天跌入了冬天。乔上飞使了条毒计,派人从九条老家乡下接了他老娘来城里"享福"。不明所以的老人家满怀希望颤巍巍登上藏春屋外边的木楼梯,还没等她见到这大楼的"大掌柜的"——"做大买卖"的儿子的面,就被一泼皮伸手一推,滚下楼梯,不瞑而终。其实老太太登楼那一刻,观者如我,是悬着一颗心的,正如前边戏毒辣的乔上飞在被绑上山的九条背后那一问,"你娘知道你干这差事吧……你娘还活着?"(从那刻起乔土匪就盘算着使坏了)——虽大字不识却善良朴实、内心里一直以能干、能赚大钱的孝顺儿子为骄傲的娘,该如何面对儿子干的其实是那断子绝孙的行当这个事实真相啊。我不敢想象。也不敢想象九条得知娘已经得知时该是怎样的心如刀绞。所以,从某个角度来讲,九条老娘不明真相而终,或如鲁迅所说铁屋子里未被唤醒者们"从昏睡入死灭,并不感到就死的悲哀",究竟也算不仁中之微仁。然而天地毕竟不仁。从棋盘上被唤起的九条走上楼来,拨开众人,目睹的竟是老娘白头萧然,横尸当场,那寸心刀割之苦,又岂是他其时那一声撕心裂肺的悲喊"娘!",可尽万一……

他用白毛巾,为娘细细、轻轻地擦拭遗容。他的神态动作如此轻缓精细,生怕惊动了沉睡中的娘。整理毕,系好娘的领口,然后,拿出大洋,放一个在娘的手心,珍珍重重地帮娘攥好;再放一个在娘的另一手心,也珍重地攥好。九条是最爱钱的人。他自己都不讳言,甚至明而示众。[①]但他这么爱钱不是因为爱钱所以爱钱,而是为了让从小穷苦的娘能过上吃好穿暖的好日子。可现在娘都没了。他还要钱做什么?九条看似生活得有滋有味,其实正是无味才在无味中硬要嚼出有味。生活的真滋味往往不在当下,而在彼岸,而在希望。支撑九条活下去、把他如此厌恶的王八生活过下去的彼岸和希望,是他的亲人。干他这行是没身后的。他所有的亲人、唯一的亲人,只有含辛茹苦带大了他的娘。他不能让娘知道自己究竟干的什么,他只想让娘享上他不管干的什么总之能挣来白花花大洋的福。现在,他还要那么多大洋做什么?所以他当着"丧事一条龙"的领班倾囊而下,哗哗哗倒出一桌子白花花的大洋,呆木着交代:"这是,我所有的钱了。让你的兄弟们,把事办好。"

　　陈道明准确抓住并保持了九条在娘惨死之后的基本情态:呆滞疯魔。九条为娘整理完遗容,在遗体前,长跪垂首,久久不言。洋金花来劝慰,赶紧收拾收拾,让老人入土为安。九条缓缓抬眼,目光中是哀痛至极而生的呆滞疯魔之意,他一言不发,缓缓起身,拎着这呆疯的眼神,拖着木然僵硬的步子,一步步走近洋金花……瘆人如此,洋妈妈自然惊悚着步步后退,带着过来凑圈子的姑娘们惨叫一声落荒而去。九条服孝,白巾缠头,白带系腰,拖根长棍,孤身上山,找乔上飞复仇去。他无枪无刀,单人匹马,就这么去,显然是送死。但他此刻的情绪已近乎疯魔,他不管不顾就是要去送死。娘都死了,他活着的全部意义都已经坍塌了。就这么死了还好。乔上飞可也真够毒辣,他捏死九条就如捏死只蚂蚁。要捏死前次抓上山就捏了。他故意躲避

[①] 第5集,九条对乔上飞说:"我九条就是爱钱,从来不沾色。"

不出,任九条寻不着一个人,把山寨砸了个稀巴烂。他要让九条求死不能,留在这世上慢慢反刍老娘惨死的啮心之痛。

在本剧中,陈道明可以说是全方位无死角地演出了九条丧母前后的外形和情态变化。

情态上,由冷容寡语、懒淡孤傲一转而为呆滞不言、似中邪略疯魔。后边戏几次洋金花找九条说事情,洋金花是哗哗说一大篇儿,末了,九条要么是呆痴不语,要么就是神道道来一句要挨边不挨边的(这是新东西)。如洋金花说眼皮跳(第19集),倚着墙根坐在楼门槛上的九条神道道一句"要出事儿啦",缓缓起身,缓缓转身,缓缓而去,边走边缓缓重复这句叨叨"要出事儿啦",统计下共五遍;再如洋金花找九条来说事情,让他卖了老捅娄子的大满(第20集),蹲在地上任黑猫在他肩背"履身如夷"的九条缓缓站起身来,神道道仰天一句"打雷啦",缓缓转身出外,"下雨啦",语调鬼气森然,令人毛发悚然。

外形及服饰上,也展现出可以说是"地毯式"的变化:

头发,不再大背头油光锃亮了,就是个潦倒的中分。

胡子,不再唯上唇有须,髭须修剪有型,而是上唇下颌任杂草丛生。

衣服,不再穿那件蓝色缎面袄子,就是那件不下身的孝服黑褂子,胳膊上一朵白花,一个"孝"字。

甚至连镇日长对的棋盘都歪着了,不再是正对着了。这个细节真是令人发指的周到。

继续当茶壶的九条仍是继续着茶壶的每日"晨课":喊"起床喽"。但与第8集、第11集出现的响亮抖擞的吆喝"起床喽!"迥然有别,这儿(第16集)的"起床喽"已不再有那个响亮的感叹号,而只剩下唤晨起者佝偻着背、拖着缓慢的木木的重重的步子的一声声有气无力的省略号，略带鬼气①。以往，吆喝完"起床喽！"后他是抱着黑猫懒懒坐在木梯子上晒太阳；而今，他仍是默坐在木梯子上，神情却已不是懒淡，而是呆滞似疯傻。

　　如果说象棋之前是九条消闲送日之具，他怀里搂着黑猫摩挲着猫后领子，另一手握着泡着当季上好新茶的小茶壶悠然自得地间或啜一口，楼底黑屋里一个人的小日子倒也闪亮；那么在娘死之后，面前镇日呆对的这局棋，则成为他呆滞疯魔化心绪情绪的一个出气口，或曰玩伴。过新年了，在黑夜里黑楼底他那间黑屋子里，他仍是独对棋盘，怀里无猫，手中无茶壶，发不上油，孝服不下身，垂着头，呆呆滞滞眼神斜往上瞅着棋盘上所余无几的棋子。听得楼板上传下来的过年鞭炮声，人群欢呼声，他缓缓仰起头，呆呆瞅瞅头上楼板，又呆呆傻傻地缓缓低下头来，脸上微带不屑的疯气儿更盛了，他突然冒出一个更"疯气儿"的举动——轻缓伸手，郑重摸起一块棋，突然猛地抬手，"啪"地往"敌阵"一块棋狠拍过去，嘴里嗫嚅念叨着，那叨叨只有他自己听得清，甚或连他自己也听不清②，然后，小心缩回手臂，收过这块被吃掉的棋，重又恢复"呆坐无语对残局"的"常态"。注意一个细节：他缩回来后的呆坐，头已不是之前的侧右边低垂，而是往左侧低垂了。这种细节不说明人物的什么，也不表示演员的演技怎样，但这个细节本身的确值得特为拈出。这个细节是为它本身的变化之美而应拈出表之的。

---

①　这个有气无力的"起床喽"在后边18集也出现了。
②　最后一集亦出现九条疯劲儿拿棋子儿拍棋盘镜头，且不再是"啪"拍一下，而是"啪啪啪啪……"狠命连拍数下，嘴里念念叨叨得也更响更狠。

（五）戏曲身段

裴松之《上三国志注表》有云："窃惟缀事以众色成文，蜜蜂以兼采为味，故能绚素有章，甘逾本质。"曾国藩在其《日记》之"咸丰九年五月二十日"条中写道："读书之道，杜元凯称，若江海之浸、膏泽之润；若见闻太寡，蕴蓄太浅，譬犹一勺之水，断无转相灌注、润泽丰美之象，故君子不可以小道自域也。"——"蜜蜂以兼采为味""君子不可以小道自域"，读书、作文如此，表演亦如此。包括演员在内的文艺工作者一定要提升自己多方面的文化艺术修养，这样在文艺创作中才能源源不断，有丰富多样的艺术资源来源可供借鉴开掘。

石挥先生能在话剧舞台上几乎是"戛戛独造"出"舞台语"这一崭新台词表现理论和实践，颇得益于他的音乐修养。台词而外，演话剧的身段上，石挥也从他的另一表演资源来源——京剧中获益匪浅。正如《石挥的艺术世界》第201页载胡导所言："石挥演文天祥，在人物造型和人物气质创造上，以他熟悉京剧表演并演过京剧的艺术修养为基础，用上了文武老生的扮相、功架和身段造型，当然把它们话剧表演化了。所以演得极为得体，更极有古代将相的气势、文采！"

这一看法殊为具眼。斯坦尼论形体动作，由于不熟中国传统戏曲在功架身段方面的独到成就，是不能为中国演员形体表演的"民族化"提供切实有效的理论资源的。演古装历史人物，特别是殿堂之上的大人物——帝王将相，必须有大气壮阔、动荡流美的身段功架，这一点我国演员只能从戏曲舞台、从谭老板"力拔定军山"这样的传统艺术菁华中获得启发汲取营养。我国老辈演员演历史人物的"身段"，得益于京戏等传统戏曲中演员尤其是武生演员的"功架",石挥先生在话剧《正气歌》中演文天祥即为显例。由于那个年代影像手段条件所限,石挥先生在舞台上的卓绝风采非常遗憾地未能保留下来,笔者今日也就无法"觅广陵散于地下",对《正气歌》中石版文丞相一作"复盘";所幸的是石挥先生还有多部电影在,兹再举一例,电影《宋景诗》(1955)。石挥先生作为一代表演大师,在电影《宋景诗》中演配角僧格林沁,也是出手不凡,可圈可点。本片中石挥所演是古装历史人物,最宜发挥京戏老武生的功架身段;事实上,石挥在本片中精彩的演出其最大特质,便在于肢体语言的匠心处理。"壮观应许好句夸",笔者下试做简析:

譬如开片的戏份便是胜保打了败仗,到僧王马前跪地,僧王扭过头来,对胜保说话,石挥的表演细节是嘴角一咧,这个细节传神出了僧格林沁的凶狠桀骜之气。

又如僧格林沁进京见恭王一段戏,对洋鬼子的态度,僧王是鹰派,主张强硬到底,似乎不满恭王的退让(其时咸丰"北狩",恭王驻京与英法联军媾和),但当恭王说"皇上都答应了",石挥的表演是:僧王脸角拂过一丝惋惜心痛之色,稍一停顿,随即肃立,甩袖,躬身,垂首,以示"恭聆圣谕",奴才遵旨。这一系列连贯动作表示他僧格林沁的桀骜只是对下的桀骜,他是大清朝廷的忠臣,他对上是恭顺的。

再如僧格林沁奉命到山东筹粮剿捻,地方官员赴僧王座船聆训,这批人按惯例总说地方上困难啊,又连年遭灾筹不到粮啊。我们一般的观影思维多半以为这位强凶霸道的"天下第一"武勇亲王立时便会勃然大怒厉声斥骂,谁知高手的套路每每出其不意,石挥的表演是:

在语言上是"少语";在动作上是有节奏地给出了三个重复的动作。他先是坐在座船的虎皮座椅中的,听到这帮庸吏这番小九九做戏,他心里自然洞若观火,陡地紧拽了下黑披风大氅,这个动作不发一言,但感觉气势就出来了,下边的庸吏们迫于气势,好似都颤抖后退了一小步似的;接着,僧王"腾"地站起身来,等于是将刚蓄之势再做提升,正在庸吏们以为他终要爆发了时,僧王仍不语,只是更紧地拽了拽氅子,头一侧看向另一侧;他再回过头来①,陡然开口,却不是暴雨如注不绝,而是惊雷一闪即住——俩字:"开船!";旋即侧头侧身,正当这帮子战战兢兢的官员们以为这煞神终是要走了,他却一个停顿,再第三次紧拽了拽披风大氅,乃迈步而去……

这段戏,石挥的表演精彩粲然,其特点有二:

一是少语,所谓"言多必失",真正懂得威压驭下的上位者一般都是无声胜有声,譬如《开国大典》中蒋中正突击检查江防,看到将士们竟在船舱里打麻将,于是乎一言不发坐下玩儿了一局,果大胜,他站起身来,准备离开,临了一句:"打牌,诸位不如我;打仗,我不如诸位!长江防务,就拜托诸位了。"

二是重视动作细节的表现力,在肢体语言上下功夫,"重要的动作演三遍",三次紧拽黑披风大氅,逐层深入,一层一层把场中的官员、场外的观众的心往深里紧拽,艺术表现效果大赞,实可谓"以肢体之多言,补口舌之少言"。

陈道明在《康熙王朝》中的表演也有同样的妙处。

《康熙王朝》原著者二月河其人,似乎有很深的"致君尧舜上"

---

① 这一侧一回头,立体动荡的"戏味儿"就出来了。

的士人情结。一介布衣，得遇明主，运筹帷幄，鼎定天下，这样的情怀，透过他笔下的伍次友、周培公、邬思道、方苞等人物，贯穿了他整套"落霞三部曲"——《康熙大帝》《雍正皇帝》《乾隆皇帝》。

《康熙王朝》剧在平三藩这段戏里，最浓墨重彩的人物，第一个自然是康熙，第二个就是帝师伍次友所荐、集张良之运筹与韩信之攻伐于一身的能臣周培公。二月河《康熙大帝》和《康熙王朝》电视剧中的康熙平三藩，与史实出入颇多。历史上，康熙平三藩主要还是靠满臣，特别是近亲王公大臣[①]。其次靠汉将"河西四将"张勇、王进宝、赵良栋、孙思克，在西北战场上起了决定性的作用，在四川战场以至最后消灭吴三桂残余势力中也建功甚多。

据史实，上述诸臣乃是康熙平藩乱的凌烟功臣；小说、电视剧里，则"夺诸人之功"以予二三子。小说涉笔还没放过全国各战区，对东南战场，对耿、尚二藩，对孔四贞，都有不少笔墨；电视剧则更进一步简化省并，将全国各战场归拢集中于一个焦点——平凉，将天下安危所倚系于一身——抚远大将军周培公。按照电视剧的人物设定，看康熙平吴三桂这段戏，就是看康熙与周培公的君臣际会。

周培公蓬首垢面，食不果腹，破衣烂衫，衣不蔽寒，潦倒街头，偶逢圣颜，数言立谈，遽蒙青眼，简在帝侧，入侍枢要。于是乎有清一代宰臣凭空多出一周某，电视剧演来，明珠、索额图几乎皆成摆设，无大谋长策可佐君父，唯是以谄媚事君。周培公则反之，唯是以

[①] 中路军：率兵与吴三桂大军对峙湖南的是顺承郡王勒尔锦、贝勒尚善；左路军：经略关陕先为莫洛，后为图海，皆满臣，小说、电视剧中平三藩的主要人物周培公，特图海帐下一文士幕僚耳；右路军：统兵对敌另两藩的是安亲王岳乐、康亲王杰书；简亲王喇布率兵作为机动力量，策应各军。

直道事君,颇有魏徵之风。且看他入相出将,以"本朝第一汉将"钦誉挂帅西征,智勇兼备有胆有识,先平察哈尔叛乱,再拿下骑墙的王辅臣,为平定三藩立下最关键的大功。昔人论天水一朝史事,高宗朝有恢复之臣,而无恢复之君;孝宗朝有恢复之君,而无恢复之臣。汉文帝更思颇牧于前代。是明君名将,遇合为难。但名将功成,却又多不免黯淡之局。天子北巡盛京,看望重病垂危的周培公,感慨道"朕把你撂在这冰天雪地里,有八九年了吧",并直言"也有监视你这个汉人的意思",可谓君臣无私言。一直到这里,他对周培公都并没有太深的愧疚。直到周培公赠皇上"一幅小画":"皇上,臣的屋子太小,展不开,皇上,带回宫里去看吧。"

康熙开始以为周培公只是寄情山水而已①,所以不大在意,回到盛京行宫大殿,奴才们将图轴抬到殿上到他身前,他随手一个简单手势,示意打开便是。然后转过身朝殿上龙座拾级而上。他作势要坐,顺便侧首一望,发现博大的皇舆全图随着卷轴在宫墙上缓缓展开,双目登时放出吃惊的光芒,嘴微张,不由自主地朝向图卷趋近几步,要看清楚点,还是不清楚,于是他步下台阶,走到阶下,全程目光直指墙上未改(并未有低头看阶),右手顺手抄起陛阶尽头小柱子上那一支大红蜡烛,走到图前,先仰头一观全貌,然后原地一个转身旋转,旋转开去,就势退后两步,旋身中顺手解下外披风,一旁侍立的李德全赶忙躬身接住,他就势往前再走两步,再回转身来——他这才能够一览全图!可见此图之雄壮,大清版图之宏伟!在端凝全图之际,他命明珠速去看望周培公,问其临终遗言。此前,他还问周培公,可否

---

① 康熙:"培公啊,你什么时候又寄情山水啦?"周答:"山水有情,生生不息呀。"

再举荐一个周培公？

　　览全貌有顷，天子缓步走近，站立图前，右手烛交左手，左手一伸，烛交小监，他伸出右掌，轻抚图面，似由这图面的纹路，感知这一代贤臣十年的心血。周培公的画外音响起："皇上，微臣穷十年之功，遍阅古今各族史料及图谱，终于构成此图。臣，死也瞑目了。"随着周培公的字字句句，皇上的掌缘沿着江山起起伏伏，他缓步凝定，躬身细看，驻足久久。周培公画外音继续："微臣自信，此图不但是大清最精最全之图，也是中国自古以来，最精最全之图。臣以为，台湾郑氏孤悬海外，只是大清的疥癣之疾，大清的心头巨患不是台湾，而是蒙古准噶尔王葛尔丹（康熙的手指恰在此刻移到蒙古准噶尔部）。在朝廷平定西南三藩时，葛尔丹也在一步步收复蒙古诸王（镜头里，康熙游走图面的手已由右换左），臣料定，他的最终目的是统一全蒙，虎视中原，与大清争天下。葛尔丹之西，有西藏之达赖喇嘛暗中支持；之东，有俄罗斯彼得大帝重兵压境。三方一旦联手，大清无宁日。但，欲平葛尔丹，朝廷却不得不先收台湾。因为东南各省乃大清财赋之地。东南不稳，大清无力西征北进……"周培公此番临终遗言，是说图，不止于说图，乃按图说话，说天下大势，军国大略。其剖判形势为朝廷定先后方略，令人思及韩信"汉中对"、武侯"隆中对"，真大才也！这时，索额图来报："禀皇上，周培公去世了。"陈道明此际的表演很精确，康熙听闻"禀皇上，周培公"时手指还在图上游弋，"禀皇上"三字由左至右，"周培公"三字从右到左，待到"去世了"三字，顿时凝住了，连同全身一动不动，少顷，左手左臂缓缓滑下落下，他无声片时，吐出三字："知道了。"然后吩咐李德全："告诉晚朝的大臣们，周培公死了，朕，停朝一次，为亡灵守夜。"然后缓缓举起两臂，伸展双掌，轻按在图卷上，双臂缓缓伸展，头背缓缓埋下，手臂缓缓滑下……这一下下的背部动作，就是康熙皇帝心中那一声声怅然长嘘。

老辈而外，即陈道明那辈演员，几乎没有不懂京戏的。就现有报道资料看，陈道明热爱京昆，尤其是著名昆曲女演员王芳的"粉"：在看完一出昆曲《长生殿》后，著名演员陈道明曾由衷赞叹："这才叫艺术，这才叫表演。"①

陈道明演出中用"京昆"，有唱腔（《二马》《寇老西儿》）与身段（《江山风雨情》《康熙王朝》）。

身段又分为二：一是水袖飘转、妩媚凄美的"阴柔"身段，陈道明有可能获益于梅兰芳《霸王别姬》《贵妃醉酒》等戏；二是大气壮阔、动荡流美的"阳刚"身段，陈道明有可能获益于谭鑫培《定军山》、杨小楼《长坂坡》等戏——如上所析《康熙王朝》中康熙看《皇舆全图》一段戏。

对于康熙看《皇舆全图》一段戏，友人"诗酒醉洛阳"表示：

  这场戏是经过精心设计的。除荞麦兄所言，尚有二处值得注意。一是康熙本来准备坐在龙椅上观看"山水图"，而且已经快坐上去了，待发现展开的竟是皇舆全图，又下阶近距离细看，并用手勾览，是康熙从"漫不经心"到"震惊"再到"急欲一览究竟"这一心理情绪转变的外化表现。如果康熙一直站在原地不动，想要表现情绪恐怕只有脸部特写了，而且这种心理转变过程是无法表现得

---

①《旦有芳华》，沈梅/文，《现代快报》2014年6月5日。

如此充分的，至于步下台阶、顺手抄烛（为了表现康熙此时被地图完全吸引）这样的身段动作更是无从谈起。康熙只能喊："李德全，快拿蜡烛！"艺术效果就打了折扣。再深一点说，这一段还有一个暗示：对康熙而言，一幅详尽的地图比山水画对他的吸引力大得多，十分符合他掌握全局的帝王身份（准确地说，十分符合本剧对他的定位），如果一开始就十分好奇地站在那里准备看，只怕就更像道君皇帝了。这一段是先抑后扬。

二是康熙正凝神览图，突然传来周培公的死讯。周培公的死讯早不来晚不来，偏偏在这个时候来，康熙顿住手指（震惊）、垂下手臂（悲痛），又是一个情绪转变过程，通过动作完整、流畅地展现出来了，从心潮澎湃到受当头一棒，再到因为意识到如此勤于王事的忠良之臣去世、再也不能起用引起的无尽哀痛、追思和自责。

周培公之死可以说是这一整段的最高潮，从之前的送地图就开始铺垫（伏笔），而后看地图（渐入高潮），最后达于顶点，同时急转直下（周培公之死），周培公若不送地图，康熙虽也会震动于他的死，但不能有如此强烈、饱满的情感，同时，周培公公而忘私、志虑忠纯的人格品质也得到了淋漓尽致的展现，往大处说，这段戏是全剧对周培公人物形象刻画的一部分，还兼及康熙，前面极尽铺陈，中间还有一小处先抑后扬，如长江叠浪排山倒海而来，一泻千里，快哉快哉！古人云"不着一字，尽得风流"，陈道明之康熙，在这一段也近乎"不发一语，其情益彰"了！

（六）背影演戏

《石挥的艺术世界》第327页，老艺术家白沉导演评"话剧皇帝"

石挥先生:"他背对观众不动,背上也有戏。"

《唐山大地震》中,陈道明饰演的养父去女儿大学宿舍看女儿一场戏:他洞若观火,女儿是为躲养母而远考外地,也是有避嫌养父那么一丝若有若无的意思,这不能不让他内心难过;女儿两个暑假没回家了,妻子卧病在床,她的病情加重恐怕与女儿的远避也不无关系,这也让他难过;看到了这一切却无能为力,这不能不让他更难过。这几层难过郁结蓄酿的隐忍内伤,特别需要表演特质隐忍内敛的演员来诠释。

演员技艺的精湛在于细节动作的节奏区分,这里,背对女儿也背对观众的父亲打开箱子把给女儿带的吃的一件一件往外拿,当女儿问道"我妈身体好吗?",他动作明显缓下来,慢慢直起腰来,仰起头来,一个停顿,似乎轻吁了一口气,道出仨字"不太好"。善用节奏和背影演戏,中国男演员中陈道明可谓佼佼者。接过女儿递过来的毛巾,他坐在床沿上,听闻女儿问道:"我妈为什么住院啊?"他陡地抬头看定女儿,皱纹包围的老眼射出两道"你也知道问"的光,这是爸爸对女儿的谴责,以陈道明的王德清的温然,以王德清对女儿的温然,他也只能以目传语了,长镜头里,他的眼眶渐渐红了,就在我们观众以为他要"怎么着"的时候,他王德清的"怎么着"就是自失地低头一笑,咬咬牙关,腮棱凸露,脸部眉周的肤纹颤动,一侧头,没回答女儿"我妈到底为什么住院啊?"的动问,侧回头,再垂下,举手用毛巾深深捂住脸,"你还是,回去看看你妈吧。"这个紧紧捂脸缩肩的动作影片给了一个长镜头,显然,他捂住的是泪眼。

陈道明的背影戏,《唐山大地震》片子后边还有三个:

一处是大校寻女不着,独坐校园榕荫,久久起身,缓缓而去,那个坚毅硬朗的军人背影,那个瘦削孤独的父亲背影,也渐渐远去……

另一处,暮年,灰白的发,佝偻着背,托着外孙女儿给姥姥的遗像敬酒,用缓慢低柔的调子教着外孙女儿叫"姥姥""姥姥",慨叹一声"姥姥要是在,该多好啊",镜头拉远,给我们一个他穿着灰色毛线衣的老年背影,越发令人觉得老景凄凉……

还有他接受《南方周末》专访谈到的最后成片删了的一场戏:"最后方登走了,一个孤零零的老头站在门口……"

陈道明演这种女儿的父亲的角色,用"父亲的背影",真是入骨的好。《我们无处安放的青春》剧举两例:

6集,深夜待女女未归,瘦削肩背伴孤烟。周爸爸就一个独自凭栏抽烟的瘦削虚弱(脑病)的背影,深夜等女儿归家,那种隐忍孤寂渐渐老去无所依的感觉就全出来了。

8集,从北京检查回来,周德明的病体虚弱日甚一日,屋漏逢雨,又赶着蒙蒙跟李然闹别扭,女儿"现在的情绪让我很不放心",他送走上学去的女儿,独自回屋给女儿叠完被子,无力地"跌坐"在床沿,以手支头,只留给观众一个背影,病深的父亲的背影,那么无力,那么虚弱。

(七)人物关系

《石挥的艺术世界》第49页解析石挥对"完美的演出"的追求时写道:"他不仅要把握自己的角色,而且要把握与其他角色之间的关系。"

《唐山大地震》中,陈瑾饰演的妻子临终时,丈夫王德清在病房外转过身去，背靠着窗子，全身抽动泪流满面，全然不能遏止。办完丧事后回到家中坐在椅子上，呆滞地微张着嘴，双目尽是悲伤和空洞。暮年，灰白的发，佝偻着背，托着外孙女儿给姥姥的遗像敬酒，用缓慢低柔的调子教着外孙女儿叫"姥姥""姥姥"，慨叹一声"姥姥要是在，该多好啊"。年夜饭上女儿问道："爸，您怎么没想着，再找个伴儿呢？"父亲朝着侧后妻子遗像不失爱恋地努努嘴："你妈天天陪着我。"

简直可以说，是陈道明细腻准确的表演，拓展了他妻子的角色空间，使陈瑾演的妻子竟让观众咂摸出了那么一些更丰富的内容；同时，也让养父与养女之间的感情在观众看来更为纯粹深厚。

陈道明重视对角色心理的挖掘，重视人物间关系的研究，他曾说："演员职业的魅力，在于其 50% 是一个心理学家。好演员每天都在研究人、人与人之间的关系。"① 在角色与角色间的关系上用功，譬如足球比赛中的做球和喂球，浑一配合牵连无间，为观众奉献出味长耐咀嚼的戏。谢晋导演回忆石挥先生曾对他说："剧本上印的一行行字，固然很重要，但行与行之间的空白，才是我们演员创作最重要的地方。"② 不妨可以说，陈道明的演出创作，用心于填充剧本上行与行之间的空白，用心于在人物与人物之间关系的空白里勾勒点染。

（八）乐章台词

《石挥的艺术世界》一书载上海戏剧学院原导演系主任胡导一篇

---

①《演员还是心理学家，两种不同人的标准》。
②《石挥的艺术世界》：第 328 页。

文章《论石挥的表演艺术》，文中提及，石挥先生在所撰《舞台语》一文中，告诉人们：他孕育过一个美好的创作理想——"舞台对话应该像动听的歌唱"。论文提出了基调、变调、主音、装饰音、颤音、呼吸运用等若干技巧，在这基础上石挥论述了他在《正气歌》的文天祥形象创造中对自己"杜撰"并命名为"乐章读法"的这项技巧的运用；最后，展示了他借鉴交响乐乐谱符号——以此为基础，并进行增添、丰富——而创造出的"舞台语符号"。

陈道明是一个难得的兼擅生活化和话剧化两种不同表演风格的演员。他生活化的戏如《一地鸡毛》中小公务员小林，人浑圆，词儿也浑圆，没有他在《康熙王朝》《长征》中那种棱角骨鲠之味，譬如第7集，下班回家的小林撞见小保姆（朱媛媛饰）偷偷给自己下鸡蛋面开小灶，他顺手拿起桌上还没吃的或是吃剩的黄瓜塞进嘴里，又像是数落又像是抚慰混杂着无奈憋屈、"我无语了"的百般滋味对小保姆嘟囔："小雯儿啊，你总得让孩子先吃了吧！不是说不让你吃！等她吃完你再吃也饿不着你呀！"这段戏的要点是脸墩儿浑圆，眼镜框浑圆，胳臂也浑圆的小林，连教育小保姆也没忘了嘴里包口食儿，生怕落下了不吃白不吃，不吃也是保姆吃，然后就听见这一连串台词车轱辘似的在嘴里转，似乎也跟人似的"浑圆"起来——这一刻的包子脸小林，配合那贼无语还要耐下心来嘟囔的表情动作，别提多可爱了！

但本部分要说的重点是陈道明铿锵澎湃的一段经典的"非生活化"台词戏：《康熙王朝》中康熙帝"正大光明殿"怒斥群臣。

康熙在乾清宫正大光明殿怒斥群臣腐败一段戏（50集版本的第45集5分30秒开始），完整台词如下：

当朝大学士，统共有五位，朕不得不罢免四位；六部尚书，朕不得不罢免三位。看看这七个人吧——哪个不是两鬓斑白？哪个不是朝廷的栋梁？哪个不是朕的儿女亲家？他们烂了，朕心要碎了！祖宗把江山交到朕的手里，却搞成了这个样子，朕是痛心疾首，朕有罪于国家，愧对祖宗，愧对天地，朕恨不得自己罢免了自己！

　　还有你们，虽然个个冠冕堂皇站在干岸上，你们，就那么干净吗？！朕知道，你们有的人，比这七个人，更腐败！朕劝你们一句，都把自己的心肺肠子翻出来，晒一晒，洗一洗，拾掇拾掇！

　　朕刚即位的时候，以为朝廷最大的敌人是鳌拜；灭了鳌拜，以为最大的敌人是吴三桂；朕，平了吴三桂，台湾，又成了大清的心头之患；啊，朕收了台湾，葛尔丹，又成了大清的心头之患。朕，现在是越来越清楚了，大清的心头之患不在外边，而是在朝廷，就是在这乾清宫！就在朕的骨肉皇子和大臣们当中。咱们这儿烂一点儿，大清国就烂一片！你们！要是全烂了，大清各地就会揭竿而起，让咱们死无葬身之地呀！想想吧，崇祯皇帝朱由检，吊死在煤山上才几年哪？忘啦！那棵老歪脖子树还站在皇宫的后边，天天地盯着你们呢！

　　这段戏可谓《康熙王朝》全剧第一华章，从话剧演员具体的表演艺术分析，这大段台词戏总体上有一特点，那就是有平有兀，有收有纵，蓄势待发处如大江平铺，陡然震怒处如怒海澎湃，而神妙莫测令人醉心处尤在其波澜非止一叠，而是如长江三叠浪，浪浪叠更高，一段壮阔汹涌的交响大曲乃由几段有抑有扬的段子曲共同谱成。以下分段细析：

第一小段——自责。

这小段戏演员的肢体语言是坐在龙座上，语言的总体基调是平顺下抑，是为稍后的雷霆爆发充分蓄势——有抑乃见扬。陈道明用平缓低沉的声调体现康熙自责的沉痛，如发起凌厉总攻前拿好桩、站稳下盘、沉身前驱的步兵前锋线，如即将掀起澎湃巨浪前黑压压涌来的"低"潮。但总体的平、沉之中又自有细微波澜：康熙平稳说完"当朝大学士，统共有五位，朕不得不罢免四位；六部尚书，朕不得不罢免三位。"然后陡插一句"看看这七个人吧！"，振起语势提领全场。这句之后的亮点是一个长停顿，这个长停顿结束之后，才开始"哪个不是……"表示确实留出了时间让你们"好好看看"这七个人。

"哪个不是两鬓斑白？……祖宗把江山交到朕的手里，却搞成了这个样子，朕是痛心疾首……"这段台词有高有低，但并无明显的快慢疾徐的区分，一直到："朕有罪于国家，愧对祖宗，愧对天地，朕恨不得自己罢免了自己！"这句，突然加快语速，这四小句从句子语势来听简直是机关枪似的连成一串喷涌而出，在我们观众听去自然是精神为之一提一振，相信殿下躬听圣训的臣子们此感必然更为强烈。

果然，圣上以疾风暴雨之势破入第二小段，也由自责进入本场圣训的主题：责人。但闻陛下接着暴风骤雨"还有你们，虽然个个冠冕堂皇站在干岸上"，然后猛地一个跑马立桩收束得斩截："你们！"（猛地从丹田提气沉声吼出），"就那么，干，净，吗！"[①]值得注意的是陈道明配合台词表现的肢体表现——皇帝怒而起身离座，迈着沉厚有力

[①] 一字一顿，精悍酷烈，令人想到陈道明在电影《我的1919》中饰演顾维钧第一次和会发言那句："算不算是，盗，窃！"

的步伐走（冲）下陛阶，道及"你们"时伸臂手指殿下群臣。……第二小段算是整个"长江三叠浪"的第二个浪头，皇帝已站起身来，皇帝的语调也已站起来，但虽风狂雨暴，仍尚未霹雳雷霆。

第三段是整个交响大曲的主曲部分，也是由风平浪稳进入波翻浪涌终至怒涛振海的雷霆霹雳阶段。但这雷霆主曲开篇儿，却又是一段扬前之抑：康熙先一段自述伟业"擒鳌拜、平三藩、收台湾、亲征葛尔丹"，语音也平顺，一直到"就是在这乾清宫！"一句开始赫然发帝王之怒，声若洪钟，雷霆崩裂，嗡嗡回荡大殿之上。接下来一句"就在朕的骨肉皇子和大臣们当中"又平顺下来，"咱们这儿烂一点儿，大清国就烂一片"的重音在"一片！"，分贝提升20，"你们，要是全烂了"分贝再提升20，"大清各地就会揭竿而起，让咱们死无葬身之地呀！"分贝再提升20——可谓负重拾级，步步登高。

接下来本场"黄钟大吕"的最高潮前边几经铺垫蓄势终是来到了："想想吧，崇祯皇帝朱由检，吊死在煤山上才几年哪。"语重心长，"才，几，年，哪"，语气尤为缓重，一字一顿，拉开间隙，似乎用尽全力挤出这四字，挤出每个字都那般艰难不易，凝眸弯腰直要把心窝子掏给臣子们——一个短暂的停顿，接着一声炸雷也似的狮子吼："忘啦！"伴随着雄浑的底气从胸腔中爆出，在肃静的大殿上滚滚碾过，康熙振臂一挥，手指全殿，"那颗老歪脖子树还站在皇宫的后边，天天地盯着你们呢！""老歪脖子树"，这五个字由陈道明咬牙切齿地吼出来，凌厉又澎湃，如黄河之水竞进壶口。如果换作"那棵树"，则味道大减，显得刻板、呆滞、没有生气，出不来康熙对臣子们恨铁不成钢的爱之深责之切的难以言传的况味。

话剧台词功力深厚的演员，台词戏共同特点是注重阴阳张收高低抑扬。我们听唐国强演的诸葛亮骂王朗、斩马谡等精彩经典台词戏便可知。但陈道明台词更有两特点：一是棱角，二是疾徐。如陈道明康熙正大光明殿痛斥群臣、"千叟宴"敬酒辞（《康熙王朝》），顾维钧巴黎和会两次发言（《我的1919》）中那种高低抑扬的铿锵棱角，在中国男演员中比较罕见。就笔者有限的观影范围，中国"现役"演员中似乎鲍国安的台词有此类似特点。

而且鲍国安与陈道明还有一"似"：台词里较为刻意制造的快慢疾徐特别明显。这是指演员在说台词的时候，有意造成一种语速渐变（或渐快或减慢），以此在观众的感受里形成一种跟其他演员及整部戏的疏离，凸现一种略微生新突兀的艺术效果，不妨称之为"违和的美感"。

再从表演实践深探一下表演理论：斯坦尼对于演员如何体验角色的心理技巧方面提出过具有巨大说服力的见解；但是，他对于舞台台词的"体现"技巧，却似乎关注甚少。也就是说陈道明在《康熙王朝》《长征》中以抑扬顿挫、疾徐快慢为特色的独特的台词念白，很难从"话剧正宗"斯坦尼体系中寻求表演资源来源。陈道明、鲍国安这一路台词风格，可能另有滥觞。

石挥在《舞台语》一文中谈及他在话剧《正气歌》中演文天祥所用"乐章读法"的构成：全剧九章分三个顶点，三个介绍段，三个进行段。笔者读后不禁联想，陈道明在《康熙王朝》"正大光明殿"一段台词戏在艺术美感上与之颇有同趣，如上文所写"一段壮阔汹涌的交响大曲乃由几段有抑有扬的段子曲共同谱成"。

陈道明历史剧演出中除了注重话剧台词基本特点"阴阳张收"而外，复有特别强调的顿挫抑扬、快慢疾徐，后一特点尤"特殊"，似乎难以在老辈或同辈演员中找到表演资源来源；然而中国表演界第一人石挥，这位"话剧皇帝"，他曾有那么卓越的"舞台语"话剧表现，故而，若说陈道明从石挥的表演遗产中获益，似乎不无可能？石挥提出话剧舞台的台词需要有音乐的乐章美，陈道明音乐修养也较好（会很多乐器，钢琴弹得尤好），他对石挥这一"舞台语"理论的领悟自必能深。陈道明友人、著名演员李诚儒有段话，可为陈道明从音乐（钢琴）中要"演出"之"旁证"：

> 陈道明钢琴弹得非常好，钢琴的灵魂也是节奏，如果一个演员既不会京剧又不会弹钢琴，那你的节奏从何而来。演员与京剧的关联性就是节奏，节奏包括形体、语言等。在这里举个拍戏案例，王铁成在演周恩来的时候，当他在演贺龙追悼会这场戏时，节奏就是京剧的哭头，不能哼出来，只能在心里根据节奏慢慢抬起头、落下泪，这就是京剧节奏与现实拍戏节奏的完美结合。

当然，我们也不能否认文艺上这一现象的存在：后辈并未沾丐前辈艺术巨匠的经验遗产，而是自个儿琢磨、无师自通最后竟与前贤暗合。但不论哪一种情况，我们都不妨说，陈道明在如《康熙王朝》中"正大光明殿"一场戏的煊赫台词表现，实在可以算是石挥先生卓越舞台风采的当代嗣响——这是石挥先生"乐章读法"在当代表演界的成功实践。

上文从"特色动作、特色道具、动作重复、情态变化、戏曲身段、背影演戏、人物关系、乐章台词"八个方面细说了陈道明在演出中对石挥大师的传承。以上列举了陈道明从艺近40年来总的50来部影视剧中的八九部,从 1990 年《围城》到 1994 年《梦断情楼》,到 1995 年《一地鸡毛》,到 1998 年《二马》,到 2001 年《康熙王朝》,到 2007 年《我们无处安放的青春》,到 2010 年《唐山大地震》《手机》,到 2012 年《楚汉传奇》,可以看出,前后 20 多年,陈道明的几个演艺特点在其演出中的展现是颇为成熟、一以贯之的。

2019 年 6 月 27 日写毕于成都
2019 年 9 月 17 日改毕于成都

表演中的形体特征区分

演员塑造不同角色间的区分,不是随便一句"一人千面"便可交代了事,而实在是一个属于职业演员的技术活儿,应是服装、神态、语调、动作、造型、道具等的全方位"360度"立体区分。上海戏剧学院原导演系主任胡导论"话剧皇帝"石挥先生的表演艺术,"形体技巧与造型表现力"是重要一环[①]。大雅久不作,古调早凋零:老辈之后,嗣响难觅。综合一个演员的各角色形象分析,可以说一句"大话":李雪健、陈道明两位,应该是现阶段中国男演员里尤为重视"形体特征"区分的了。本文将以"脚"(站姿步姿)和"手"(抄手、搭手与抱手)分为析说,以管窥陈道明"形体特征"区分之全豹:

站姿步姿

《末代皇帝》里溥仪是急匆匆快步走,好似一溜小跑,就是烦太监们整天"跟着我!"。

---

① 详见《对石挥先生的传承》中"特色动作"一节,兹不重出。

《围城》里方鸿渐是留洋知识分子慢悠悠摇摆踱步，爱把手斜插在吊带裤的口袋里。

《二马》里马则仁是腆着肚子两手叉开神气活现。吃喝玩乐无所不会就是不会置产营生，酷爱装大，尤其是在五姨太等他喜欢的女人跟前——马则仁那撑着两臂、臂与腋成45度角、腆着肚子、两手攥拳掖在长袖子里一摇一摆晃荡着走道儿的形态神气非常经典。

《少年包青天》里八贤王是富贵蕴藉抄手缓步，宋代王爷文华贵重。

《魂断秦淮》里多尔衮同是王爷，却不同于宋代八贤王的端雅清俊，陈道明以摄政王闲居时的辫发披散加意凸显满洲王爷马背豪雄之气。

《北洋水师》《长征》《建国大业》里军人是峻挺峭拔健步流星（《我的1919》里外交官顾维钧这点类似）。忘不了《北洋水师》里伊东将军海军学校训话握拳振臂的热血沸腾，《长征》里蒋委员长戎装披挂一言不发与军士同抬战死士兵的身教"示范"，《建国大业》里阎锦文大步流星走进走廊伸臂推开企图阻挡的卫兵竟是看也不看一个侧眼也不给——叉开一把大手抹住扣住卫兵满脸，上身挺直端凝不动，一个向前大力推开，都是军人范儿。

《黑洞》里阴郁黑老大聂总是抄着风衣轻脚"猫步"，穿过寒冬里灰黑的城市和世界，他自身的黑暗世界不愿人打扰，这个厌世至极的人也不愿自己打扰进别人的世界。对此他毫无兴致。

《江山风雨情》里病重将崩的天启帝是"颓唐如玉山之将崩"（《世说新语》），醉酒般颓然欲倒，颇具女态妩媚阴柔之美。

《手机》里费老不摸书的时刻简直是一活宝，尤其是例行晨练时吊吊胳膊压压腿儿,老不忘盘着外八字步装模作样的小跑一会儿。关于这个滑稽感,笔者感觉是与陈道明塑造《二马》里马则仁腆着肚子神气活现同一滥觞:以略微的滑稽感凸显人物身上某些可爱可笑又复可叹或可悯的性格特质,更进一步,是以漫画卡通手笔"偷师"卓别林,背后是深刻的时代荒诞感。

最值得注意也是最引人注目的,无疑是《冬至》里脚步虚浮、外八字脚、微驼着背的陈一平陈老师了。"外八字脚"和"微驼着背"这一人物形象特征之鲜明言者已多,这里单道少有人谈的陈一平虚浮无力的文弱感:《冬至》剧中大部分时间陈一平脚步虚浮看上去确乎是文弱无力,真可谓是手无缚鸡之力的。开头几集有个片段戏是陈一平用自行车接女儿幼幼放学,接到之后回家的路上父女俩是"以车为媒"各种逗乐,陈道明演出来的动作是你看得出陈一平真是一两肌肉也无,虚浮文弱。比如他对自行车只是把住方向不使其跑偏,但绝对没有能够摁住车身的那个力道。观众真能看出这个斤两。但我们对比《中国式离婚》里宋建平骑车逗乐儿子当当,甚至远一点《上海人在东京》里祝月做木工活或弹琴时逗乐儿子东东,都是力感十足的,袖子挽起来看得到小臂肌肉的棱角线条。更不用说我们前文已提的陈道明塑造的几个军人的力量感。这里要絮叨一句的是,陈道明的陈一平,在脚步虚浮之外,也有步子拖重之时:全剧开篇不久有场戏,被冤枉的陈一平从公安局放出来,首先是回银行看看,那时正是下班时分,银行里没几个人。陈一平的步子是疲沓而松弛,外八字脚拖着地走路,拖地声在日暮的冷清中听来尤为清晰。而陈一平平时的外八字脚并不拖地。就这几下拖地的脚步,将获释"归来"的陈一平的疲沓和松弛,完全传达出来了。

但陈道明并非是他演的每一个人物都有明显的站姿步姿特征。更大多数的角色,如祝月、小林、宋建平、林啸民、吴家祺、刁德一、潘雨亭、周德明、王德清等,并无较为明显的包括站姿步姿在内的特色形体特征。而另一方面,陈道明善于在站姿步姿上凸显人物的个性化和角色间的区分,还表现在他"突破"常态,而出以"非常态"——残障人士:《茉莉花》土豪顾爷、《无间道3》卧底"沈澄"、《我心飞翔》画家旭,都是瘸子。

演员陈道明最令人赞叹的还不是他不同人物间站姿步姿的区分,而是同一人物在同一作品内部,在不同特定场合下,站姿步姿的区分。举《归来》为例。细细品味,陈道明在片子里面的每次走路是有区分的,都是特别具体的"当下"那一次:

(1) 最开始逃归是机警、谨慎、敏捷、矫健。

(2) 获释归来哪怕扛着一身的家当也走得轻快,欣喜,雀跃,因为马上就见到婉瑜了。

(3) 陆焉识归来后,使出"念信"之计,搬箱子上楼,念完第一封"小马驹"的信,走时,婉瑜"果然"又请求他:"同志……还来吧?"焉识:"念信吗?"婉瑜腼腆点头,焉识:"明天行吗?"婉瑜腼腆点头,焉识:"好,再见。"这儿陆焉识还是早就埋伏好了的"挺身而出":"明天行吗?"今天妙计得售,满载而归,他下楼的步伐都是轻快又响亮的一溜跺脚小跑。

(4) 在楼下空地的几步走,略凝重,步子里带着思考,下一封信念啥呢?或迟疑,再这么念下去我真成念信的了?

(5) "父亲"归来后拉板车带女儿"回家",一路上喜洋洋"嘚瑟"得都快要扭起秧歌来。

（6）走近方师傅家是小心翼翼微带文人的怯意。

（7）被"泼妇"骂走悻悻而退，是快靠近侧边小巷子小步子就快起来……

编剧史航在某次节目中说，《归来》中真正体现陈道明演技的地方就在于几处走道。我很赞同这个观点。因为人物的台词、服化道、表情这些或多或少都还有导演编剧的因素在里边，而走道的不同步子的区分，几乎就处于导演退场演员上场、完全需要演员"补白"的空白地带，对这些空白地带的补白，才真正体现出演员的自我用心和表演功力。

"抄手""搭手"与"抱手"

陈道明曾这样解说他的表演构思：

（给所演角色）加点色，人物就丰富些。那部《北京人在纽约》，我就想过，王起明[①]最初就得让他吹小号、长号或是黑管什么的，气质可以粗犷些，不该是拉提琴的。在乐队里，搞什么乐器，人就会有什么样的气质，这是很细微可又很明显的区别，可是不该忽视。[②]

不仅在道具上，类似的，陈道明在造型上，在特色动作上，都没有忽视不同气质人物角色间"很细微可又很明显的区别"。

[①] 后来陈道明因故退出剧组，没演此角色。姜文入组接演。
[②]《我是半瓶子醋晃荡》，1995年《上海人在东京》片场专访。

造型上：譬如同是雄才大略，摄政王多尔衮（《魂断秦淮》）不同于康熙（《康熙王朝》），陈道明以摄政王闲居时的辫发披散，加意凸显八旗初入中原时不脱北亚蛮族剽悍劲气的满洲王爷马背豪雄之气。

特色动作上：《少年包青天》中八贤王，抄手；《卧薪尝胆》中勾践，搭手；《楚汉传奇》中刘邦，抱手。一字之差，判然有别。

八贤王是"抄手"，配合缓步，人物慵懒宽大舒缓闲雅之气，文华富贵①；越王勾践是"搭手"，一手搭于另一手背上，颇有武士坚忍之气，传达春秋精神；刘季是"抱手"，市井痞子、底层老大之痞气②。抄手、搭手与抱手，一字之别，一为握手腕，一为搭手背，一为把手肘，人物的情态身份气质特征是确然不同的。

演员陈道明的演出，的确值得观众细品、深品。

2016 年 6 月 9 日写毕于成都
2019 年 9 月 5 日改毕于成都

---

① 陈道明其他角色中只有《黑洞》中聂明宇有类似于八王的"抄手"。但八王抄手于春秋常服，只是闲适雍容；聂总抄手于锦缎棉服，或有畏寒怕冷。异之外，同则是——慵懒贵气，自在从容。聂总与八王，一高干子弟一贵胄王爷，都是上位秉权者，宜其异中有同。

② 需要注意的是单独的抱手动作无法完成痞气的传达，要配合陈道明造型上飘散不羁的一缕头发，半敞开的毛毛胸怀，嘴角挂着的痞笑，跐脚抖腿的洋洋嘚瑟，口里嚼着吐着的枣沫儿，以及陈特为设计的特色"动物道具"，土狗"虎子"，而综合传达。

妙用贯串道具[①]

即于情事截然绝不相关之处,亦有连环细笋伏于其中,看到后来方知其妙,如藕于未切之时,先长暗丝以待,丝于络成之后,才知作茧之精。

——李渔《闲情偶寄·词采第二·重机趣》

《末代皇帝》中的草棍儿

《末代皇帝》电视剧有一作为情节贯串线的象征性道具——铜罐子装的草棍儿。这是皇权的象征,"还我三大殿"的象征,溥仪一生念念不忘的"恢复大清祖业"的象征。

第4集,老太监张谦和手捧内盛一束草棍儿的铜罐,向小皇帝跪下,神色郑重而含悲:"万岁,这是乾隆爷留下的,这叫'寸草为标'。……有道是'普天之下,莫非王土;率土之滨,莫非王臣',这天是老爷子的,这地是老爷子的,这宫里宫外的东西都是您的,就连

[①] 本文所称"贯串道具","贯串"一词意为起到情节前后发展贯串线之用,其意不同于戏剧表演学中斯坦尼体系里通常的一个概念"贯串动作",特强调说明。

奴才我，也是您的奴才。乾隆爷就是为了让后代记住这个理儿，他老人家才拿了这三十六根儿草棍儿，放在这罐儿里。老爷子，每天您，必须数一回。"溥仪把草棍儿拿在手里，一根儿一根儿地数："我的……我的……我的……"

第6集，小皇帝一根一根地数着草棍儿："我的！我的！我的！……陈师傅，高宗纯皇帝真的说过，一草一木都是皇上的吗！"太傅陈宝琛含泪坚定道："说过。"溥仪："那'普天之下莫非王土'这句话到底对不对！"陈宝琛："天经地义，至理名言哪！"溥仪："这天底下，不是只能有一个皇帝吗！"陈宝琛几乎被泪噎着，他一字一进："天无二日，国无二主！"溥仪："为什么袁世凯又当了皇帝？！为什么！为什么！为什么！！"

第7集，张勋复辟失败，小皇帝惊惶之下，把铜罐儿碰到地上，草棍儿散落一地，他爬在地上，一根，一根，一根地，捡起，装入罐中，口中不住念道："我的……我的……我的……"

第11集，冯玉祥逼宫，青年皇帝手捧铜罐儿，踯躅徘徊，他独自来到大殿，站在殿下朝向龙座，他望着殿上方高悬"中正仁和"四字匾额，满脸长泪，他抬起手中草棍儿，再望一眼……

第12集，1925年2月，废帝溥仪避进天津张园，满清遗老们跪了一地，荣桂口道"恭请皇上圣安"，双手捧起盛放三十六根草棍儿的铜罐儿，"恭迎皇上圣驾！"皇上转头过来，缓缓接过铜罐儿，双眼凝视草棍儿，脸上挂满热泪。

第13集，在天津几乎是做寓公的溥仪为着恢复祖业的光荣梦想，件件变卖祖物而却日见寥落，他的目光凝注在铜罐儿中的草棍儿上，他的耳边又回响起张谦和那番话："这天是老爷子的，这地是老爷子的，这宫里宫外的东西都是您的，就连奴才我，也是您的奴才——"他又一根一根地数着，只是已不再倔强地喊出："我的！我的！我的！——"

第24集，苏联遣送战犯溥仪回中国，老年溥仪四处藏他那个铜罐儿那束草棍儿，最后竟抱着这箱东西要扔掉，下边人大惊："皇上，您干什么？"溥仪："我到了共产党手里，连命都保不住了，我还要这身外之物干什么！"……虽然最后还是没扔，但溥仪其人之无气节，于此昭然可见也。"天子死社稷"，当清祚不传袁氏发难，溥仪可死；当清祚难复冯氏逼宫，溥仪再可死；其不死也，欲苟存世间恢复建州祖业，乃不惜认贼作父，投日作奸，其人为中华之罪人，可论定矣；然自小处论，亦不失为爱新觉罗一姓一族之孝子贤孙，人格未全堕地也。乃今欲抛弃祖宗法器，以苟全此一耄耋首领——呜呼！觉罗氏劲起东北，定鼎中原，三百年来最后一丝血性，随之荡尽，吾辈虽谓其"皓首匹夫，苍髯老贼"，不亦宜乎！甚矣，"老而不死是为贼"！

第26集，溥仪被遣返中国，作为战犯收监改造，代号981。一个深夜，监房内躺着的他仰天突道："完啦，完啦。"身边的弟弟溥杰翻身问道："上边儿，你怎么啦？"溥仪："共产党绝不会饶过我们——我要立嗣。我要立嗣！"溥杰："这都什么时候啦你还立什么嗣啊——"溥仪翻身而起，口中不住念叨着"我要立嗣"，翻开箱子，把伴他一生从小到老的那个铜罐儿拿出来，把草棍儿抓在手中，对着身边几个爱新觉罗仅存的血胤说道："我死之后，你们一定要同舟共济，恢复大清祖业，不然，就对不起祖宗！对不起祖宗啊！"说话间捧起手中罐儿，摇着里面的草棍儿对着弟弟语音发颤，然后，就在监房内找了近支"皇族"小瑞为"嗣皇帝"，"继承大统"，"给祖宗磕了头"。

这束盛在铜罐儿里的草棍儿，无疑是全剧最主要、最重要的"贯串性"道具。与之相配，尚有一"辅助性"道具，就是溥仪到了东北就任伪满皇帝后，手中时常把着的一本算卦书和一串铜钱。他为恢复满洲一族之祖业，不惜做整个中国之罪人，这本就是前途未卜的孤注一卜；他到了东北，发现处处掣肘，十足是日本人的傀儡，不甘心的他时不时为自己、为贵人、为大清的祖业，卜上一卦，最后却卦卦落空；最后日本天皇宣告投降，傀儡"亲邦"皇帝溥仪再次在退位诏书上签下自己的"御笔"，手一松，一枚铜钱落在地里——可见此物他随时在握——溥仪的筹算，他代价天大的步步筹算，终是落了一场空。可悲也欤！

《末代皇帝》一剧制作严谨扎实，剧组对有关历史资料下了很深的功夫，溥仪自传《我的前半生》无疑是最基本最主要的参考资料。

笔者查了该书，自天津张园开始，特别是在伪满时期，溥仪的"迷信思想也更加发展，终日吃素念经，占卜打卦，求神佛保佑"，"我还常常给自己问卜算卦，而且算起来就没完，不得上吉之卦，决不罢休。后来我日益害怕关东军害我，发展到每逢吉冈找我一次，我要打卦卜一次吉凶。避凶趋吉，几乎成了支配我一举一动的中心思想。弄得行路、穿衣、吃饭，脑子里也是想着哪样吉，哪样不吉。"由此可见，剧组为溥仪安排的不离手的算卦书和铜钱，可谓是忠实地执行了人物的自传。

自传中还提及了"寸草为标"：

> 据说乾隆皇帝曾经这样规定过：宫中的一切物件，哪怕是一寸草都不准丢失。为了让这句话变成事实，他拿了几根草放在宫中的

案几上，叫人每天检查一次，少一根都不行，这叫做"寸草为标"。我在宫里十几年间，这东西一直摆在养心殿里，是一个景泰蓝的小罐，里面盛着三十六根一寸长的干草棍。这堆小干草棍儿曾引起我对那位祖先的无限崇敬，也曾引起我对辛亥革命的无限忿慨。①

整本自传提及"寸草为标"仅此一次，但剧中将"寸草为标"做成了贯串全剧，贯串溥仪幼年、青年直至中老年的最重要的轴线性质道具。如前所析，在不同剧集不同场景中前后出现凡八次，小小一个罐儿一把草棍儿，串构情节推衍剧情，寓托了无限的家国梦迷、兴亡遗恨，这不能不说是剧组创作上的重大亮笔。

《北洋水师》中的模型锁

《北洋水师》剧中也有一多次出现的道具"模型锁"。

第5集，丁汝昌率北洋水师访日，刘步蟾将一把黄灿灿的模型铜锁，赠送给日军舰队司令官，也是中国将领们在英国皇家海军学院留学时的同学伊东祐亨，并道赠言："各守国门，永不相犯。"

第7集，日本海军会议，军官们争论对中国和战。持重的伊东反诘："如果我们战败了呢？"军官："那我们就去切腹尽忠！"伊东手中把玩着刘步蟾所送黄铜锁，道："你们死就死了，"把手中锁在桌上重重一顿，陡地站起，"可日本怎么办！"

第13集，日本海战初胜，陆军也出兵了，战事扩大，舰舱内作战会议上，伊东一边听着下属军官发言，一边拨弄着手中的黄铜锁，

---

① 《我的前半生》。

旋转着锁链，"谁坚持到最后，"他说道，说话间将手中黄铜锁猛地往桌上一顿，"谁，就是胜利者！"坚定部下们的作战决心。

第14集，伊东回入舱内，目视墙上挂着的那把黄铜锁，锁身随着船体的晃动，也摇晃不休。

《末代皇帝》剧中道具"草棍儿"兼具情节贯串和主题寓托之用，与之相比，《北洋水师》剧中道具"模型锁"，也有寓托之用。对日本舰队司令官伊东祐亨来说，这锁既寓托了中国同学的和平愿望"各守国门，永不相犯"，它本身又是同学情谊的"物凭"。但就"情节贯串"方面的作用来说，就相当淡薄甚至可以说几近于无了。锁在16集剧中前后出现4次（第4次出现实在是可有可无）：第1次出现最重要，是表明此物在全剧中寓托之意。第2、3次出现，严格考察，于剧情情节本身的贯串、推衍或转折，都谈不上，但似乎也不是毫无用处，演员在结合道具的动作细节处理上，两次都是最后"一锁定音"，将铜锁往桌上重重一拍，以沉实有力的语句表达内心坚定的声音。

这让笔者联想到陈道明对与本剧中"拍锁"类似的摔书本、摔杯子等动作细节的处理①，形象而富于视觉冲击力，给人印象深刻，实在是巧思善为。因此或许可以这么说，本剧中的黄铜锁，严格说来不算起着情节线索作用的贯串道具，还是主要起寓托之用，它在剧中的多次出现，表明伊东这个人物心中时常念叨着同学情，念叨着同学那句"各守国门，永不相犯"的赠言②，这同时也是念叨"兵者，国之大事，死生之地，存亡之道，不可不察"的慎战之意（第7集中伊东反诘好

---

① 详见笔者《陈道明在〈长征〉中表演赏析》一文：https://www.douban.com/review/10296839/
② 第16集，彻底打败北洋水师后，伊东对部属喃喃："他们都是我的老同学啊……降旗，放礼炮……"

战狂热的同僚:"如果我们战败了呢?")。如此看来,本剧中"黄铜锁"这一道具,虽不起情节贯串之用,而另辟蹊径,以前后多次出现强化心头寓托,起到了深化人物塑造特别是心理塑造之用,也可算是"念念不忘,回响悠长"了。

《二马》中的玉镯

《二马》剧中贯串道具有二,一为"一线到底"的主要贯串道具"玉镯",一为在局部戏份有情节贯串之用的次要贯串道具"钻戒"。正如《红楼梦》所云"因小巧玩物上撮合"[①]男女情爱也。《二马》主体故事框架为"马氏父子伦敦求爱记",求爱就要有戒指,粗略统计,老舍先生原著中提及戒指至少有 9 处,戒指如一根线,串起了全书情节的前后发展。电视剧中涉及戒指的情节(有 4 处)基本上是忠实于原著的——除了最后一处:原著中写马威伤情远走,给李子荣留下纸条:"子荣兄,谢谢你! 小钻石戒指一个祈交温都姑娘。再见! 威。"剧中则处理为马威远走,马则仁把马威留下的戒指给玛力,面对伤悔哭泣的玛力,马则仁告诉她马威对她的"默言之爱":"你可能不会懂我们中国人,我们有些话,宁愿憋在肚子里永远不会说,直至带到坟墓。"细味这一改编,是减弱了马则仁予人"一无是处"的形象观感,给这个可悲可笑可怜可厌的人物身上增添了些许可喜、可爱、可亲、可敬的亮色。

---

①《红楼梦》第三十二回"诉肺腑心迷活宝玉 含耻辱情烈死金钏":近日宝玉弄来的外传野史,多半才子佳人,都因小巧玩物上撮合,或有鸳鸯,或有凤凰,或玉环金佩,或鲛帕鸾绦,皆由小物而遂终身。

中国古代文学、旧戏曲传统中,"以物寄意""以物传情"是一种典型手法,锦帕、同心结、玉镯等"信物",往往起到了贯串男女主人公命运情感之路的重要作用。老舍先生在原著中,剧组在剧集改编创作中,自觉不自觉凸显了一枚小钻戒的"情节链"作用,可说是其来有自,旧瓶善装新酒。

再看剧中"玉镯"这件道具的妙用:

第3集,马则仁排出十块大洋买了只翡翠玉镯,想献给五姨太,但见到五姨太却窸窸窣窣,玉镯是终于没能送出手,最后悻悻而归。

第4集,马氏"族长"三大爷对四叔五叔动家法,马则仁不凑巧也被"顺道儿"逮了去,身上的银圆连同镯子都被搜了去。事儿了了,临走,平素最胆小的马则仁竟破天荒地最大胆朝无人不畏惧的三大爷要回那镯子,由此可见这玉镯在他心中的分量。

第4集,马则仁去车站送要去英国做买卖的哥哥唯仁,却意外撞见了五姨太也来车站相送,眉眼间对哥哥唯仁表露出无限情意。马则仁好不懊恼,在回家的巷子里,不禁发狠扔掉玉镯;转念一想,又捡回来,又发扬无可救药的乐观精神(自我麻痹),自己对自己表示,这是块"名山之玉",以后要另送佳人,"说不定给我带来好运气。就她?不配!"

第5集,马则仁"寻爱"终获"良缘",玉镯送给玉凤,老马终有佳人。谁知却遭了骗局——玉凤卷光了他的财物却毕竟不失为"侠盗",留下了玉镯及一张字条,上写四字"下世回报"。

第9集,马则仁决定献上玉镯以报答女房东温都太太,却发现玉镯不见了。第10集,马则仁气急败坏地审问马威,结果在自己口袋里找到玉镯,十分尴尬。

第16集，马则仁向女房东献上玉镯，在厨房里二人狂吻。这段异国之爱修成正果。第二天，玛力追问玉镯的来历，使马则仁异常尴尬。

第17集，温都太太追问玉镯的来历，马则仁急中发誓，使其转怒为喜。

第20集，温都太太将玉镯还给马则仁，了断了这段感情，并表示爱永在心中。马则仁热泪盈眶，以友人的身份再献玉镯，并言明此生不再送第二个女人。

纵观全剧，这个玉镯与那枚钻戒，有一相同之用，即是爱人间传情达意之物凭。但若其用完全相同，则只设置一件道具即可，何必叠床架屋反而累赘臃肿？那就是还有不同之用：

一是国情不同。在英国求爱是洋玩意儿钻石戒指，在中国求爱就得是传统物件儿翡翠玉镯。原著中二马出国前在国内的生活只是一个背景，老舍先生仅用了几段笔墨以为补叙，①马则仁在国内的事情并不构成有情节发展线的"故事"，难以如在伦敦时那样，以一件道具来贯串情节。而电视剧则不然，二马出国前的故事有5集之多，足够施展手脚。所以笔者严重怀疑这个玉镯是剧组由原著中钻戒自然而起的创作思路延伸。

二是主人不同。钻戒是马威伯父送给侄子的，马则仁打这钻戒的主意属于名不正言不顺；而玉镯，则从头至尾就是马则仁一人之物。

三是阶段不同。这一点最重要。马威最后没能把钻戒送给玛力，

---

① 类似钱锺书先生在《围城》里，只是把方鸿渐留学那段经历放到他回国船上这段书里穿插一下，并无专章介绍。

马则仁最后没能给温都太太买下钻戒，这只表示，父子二马对母女两人的单恋失败了，这并不等于他们的全部恋爱失败了。但玉镯则不然，玉镯于老马，是一生求爱而未果无果的象征，第一次送五姨太未果，马则仁狠心扔掉又捡回；第二次送玉凤，这个骗子新娘还算盗亦有道，最后把玉镯留下了；第三次是送温都太太，终于送出去了，但哪知最后终于还是被退回来了——这三次求爱挫败，表示的是马则仁全部恋爱的失败，是他整个人生的失败。钻戒是马则仁人生里的一个小悲剧，玉镯是马则仁整个人生的大悲剧。此玉镯与钻戒同中之异、此玉镯作为道具在全剧中之用非钻戒所能及者也！马则仁含泪对温都太太表示，以友人的身份再献玉镯，并言明此生不再送第二个女人。这表示马则仁在此把这个玉镯划为句号了，而不再把这个圈圈划为继续往后的一串串句号——省略号了。吾人睹此，曷胜唏嘘！

《楚汉传奇》中的钱袋子

陈道明主演的三部剧集《末代皇帝》《北洋水师》《二马》中，我们都能看到"贯串道具"的妙用。笔者未看到这三部剧的剧本，无法比较"对勘"剧作原作与剧集演出的同异，资料所限，一分证据说一分话，不能遽作结论：这贯串道具的设置出自谁的手笔。

陈道明2012年剧集《楚汉传奇》，文学原著为王培公，改编剧作为汪海林，这两本书笔者都看到了，对比之下发现，剧中贯串道具"钱袋子"为王、汪二书中无有——这就很有可能是出于陈道明的匠心设计了。且看下析：

《楚汉传奇》最后一集（第80集），高祖还乡，老刘邦独自一人，出得老屋，不由自主，来到曹氏的小酒馆边。他入得酒馆，与曹氏一番长话。当曹氏说"忘了我"，老刘邦道："忘了你？"然后从怀中掏出那个钱袋子，带着笑对着已是泪流满面的曹氏虐人地道："看见了吗？忘得了吗？"他轻晃着手中这旧物，贯串了他和她一生情的那旧物，同样潸然道："忘得了吗？忘不了啊……"一个小小的钱袋子，贯串了刘季与曹氏的一生情。

我们记得（第4集），当初，决定弃曹氏选吕雉的刘季，雨中别旧爱，他来到曹氏小酒馆，倚门柱低垂头，扔下一串铜钱一个钱袋，就等于是交割清了赊欠的账？（曹氏流泪道："你欠我的何止是酒钱？"）

第76集，项羽释放刘老太公、吕雉和曹氏等汉营人质，曹氏却未跟随吕雉来到汉营。吕雉给丈夫带来了刘季曾"交割"给曹氏，而曹氏又托她带给刘季的那个旧物——钱袋子。吕雉对刘季道："曹氏说，这一次就不跟我回来了，她让我把这个交给你。"说着把钱袋递给刘季。刘季接过手中，览物生慨："这钱，是我还给她的。我在她那个小酒馆里喝酒，从来不付账。后来我一并还给了她。没想到，她保留得这么仔细。"珍而重之地放入怀中。

这里（第80集），他在迟暮晚景，又一次，也许是最后一次，来到曹氏小酒馆，山河无恙，故人依旧，可是他再也回不来了，故人，也是终也忘不了的——

金庸极赏他笔下的清雅温和女子程英，"纵然是一物之微，也莫不用了心思。"观陈道明对此钱袋子"贯串道具"之用心，真亦不得不喟然再三！

这一"贯串道具"很可能出自陈道明：王培公《楚汉传奇》剧作原著中不见此钱袋，汪海林再创作的《楚汉传奇》剧本在这最末一场戏提到了"绣囊"(汪剧不作"钱袋"),但细翻汪剧,之前并无刘季与曹氏雨中断情一场戏,故自然也无"绣囊"("钱袋")这一"道具角色"在全剧的第一场戏;汪剧写刘项和约后项羽放回刘家人质,其中也并无吕雉带给刘季曹氏托她转交的那个钱袋,"钱袋"角色在全剧的第二场戏也不见于汪海林改编剧本。如果说王培公剧作原著是《楚汉传奇》剧第一度创作,那么汪海林的改编剧本可称作是二度创作,陈道明最后展现出来的各处令人叹赏的细节处理就是三度创作。细绎陈道明对如"钱袋子"者"贯串道具"的设置运用,真如妙手为文,千里伏线;正如圣手作画,处处勾连;确如国手布局,步步可观!

2017 年 3 月 25 日初稿
2017 年 12 月 3 日再稿

活用唱腔道具

电视剧《梦断情楼》(1994)第3集,陈道明演的大茶壶九条载了仨丫头,吆喝着马车返城。马车荡荡悠悠,黄土起起伏伏,他嘴里不紧不慢唱喝着一首民歌小调,不尽苍凉:"一匹马踏破了铁甲连环哪,一杆枪击败了天下的好汉,一碗酒解下了三代的冤仇哇,一文钱难倒了盖世的英雄啊,一条河隔断了牛郎织女呀,一颗星划破了万里长天哪,一声笑颠倒了满朝的文武哇,一句话失去了半壁江山啊……"

《红楼梦》第一回跛足道人唱《好了歌》:"世人都晓神仙好,惟有功名忘不了!古今将相在何方?荒冢一堆草没了。"曹公借方外人之口道尽这人世的轮回沧桑,恰如大梦一场。整部《梦断情楼》俨然也是一本章回说部,说书人在书中的化身无疑便是我们的九条,老九,九爷,九条兄弟,大叔,大茶壶,故事从他载着大满入城而起,到他孤零零地载着大满归乡而终。耐人寻味的是,大茶壶九条在全剧临了之前还啰啰唆唆不厌其烦颇有耐心微笑着轻缓地给老鸨子洋妈妈把他们身经的这个故事从头到尾讲了一遍,这正是说书人怕读者(观众）不解其中味而特为拈明的一手用心。由此一回味，最开始九条边挥着马鞭边吆喝出的这么几嗓子苍凉无奈的《一字调》，也就是这一场《青楼鸳梦》（《梦断情楼》别名）的梦中痴言，也就是这一出青楼大戏的警幻判词，也就是这一部《青楼鸳梦》的《好了歌》啊！

后来笔者在网上搜索这首调子，发现"底本"或许是刘欢所唱的《一字调》：

> 一匹马踏破了铁甲连环，
> 一杆枪杀败了天下好汉，
> 一文钱难住了盖世英雄，
> 一把火烧光了长江两岸，
> 一声笑颠倒了满朝文武，
> 一句话失去了半壁江山，
> 一面旗聚集了一百零八，
> 一支笔写尽了人间恩怨，
> 一股烟忙乱了十路人马，
> 一首歌唱走了大军百万，
> 一张大字报蒙了他整十年，
> 一碗高粱酒红了他半张脸。

剧中九条唱词与之略有出入。笔者不知这首显然是北方的小调是陕北民调还是山东小调，细细听后，应该是陈道明本人所唱，不像配音。在此强烈推荐，非常有腔调有味道。

这不禁让人联想到陈道明另外两部"嵌入"了陕西民调的作品：电影《桃花满天红》和《刺陵》。《桃花满天红》中满天红从芦花荡扬长而去、为救师父师弟被姚老爷施刑"上碾子"、祭奠师父，这三处都冲口而出皮影唱腔。离开芦花荡唱腔得意，受刑时唱腔洒脱，祭奠师父唱腔悲怆。细细听来，一、三处是配音，二处或可能演员原音。

《刺陵》中华爷数次出口"兰花花"，或是口哨，或是唱词："青线线那个蓝线线，蓝个莹莹的彩，生下一个兰花花……"

满天红在皮影戏之外有几段唱腔，因他是皮影戏人，故用皮影唱腔表达情感释放情绪，是自然而然的。那几段戏外之腔的设计，是出自编导，还是陈道明，不易断言。

1994年的《梦断情楼》与1995年的《桃花满天红》大致同时，剧中九条嘴里爱挂着的陕北民调"一字调"，是否是陈道明的点子，也无法推断。且《梦断情楼》与《桃花满天红》原著者为莫言和贾平凹两位名作家，他们也可能对改编后的影视剧中的唱段有所贡献。

为着弄清楚《桃花满天红》片中皮影唱腔的确切来源，笔者买来贾平凹的《美穴地》看，发现电影与原著小说几乎毫不相干。所以几乎可以排除满天红皮影唱腔是贾平凹贡献的可能。然后查到《桃花满天红》编剧原来是芦苇，后从芦苇的专著《电影编剧的秘密》，并且确实在书中发现了答案：《桃花满天红》片中满天红的身份——皮影艺人，完全是编剧芦苇的贡献。芦苇原话摘录如下：

> 他（张艺谋）听曹久平说我在1989年拍了一批有关陕西关中皮影艺人的生活纪录片，他一看就上瘾，人都不走了，我们俩谈了一晚上。他看了以后说：哟，我们陕西的民间艺术家这么富于激情，这么生动而富于表现力，可外面的人并不知道他们，我们要拍就拍这个。那时候艺谋是一个热情洋溢的人，但他拍完《菊豆》以

后处境不太妙,说能不能拍一个陕西皮影戏艺人的事儿,我就写了《桃花满天红》,就是写陕西关中皮影的戏。……应该是1992年左右吧。可是这个剧本没有给他立项,这个事儿最后没弄成。1993年春节过了不久,天还很冷,他说你赶紧来北京,咱们来开会讨论关于《活着》的事情,我就去了。①

我和艺谋很愿意把陕西关中的皮影搬上银幕,这是一个情结。再说《活着》原小说主人公缺少动作,刚好利用皮影可以填补。中国电影编剧里头对皮影下功夫最多的,可能就是鄙人,拍过陕西关中的皮影专题片么。(话题主持人王天兵问:为什么张艺谋偏偏选中皮影呢?)《桃花满天红》不是没有拍成么,壮志未酬,他就想在《活着》里把关中皮影再展示一下。因为我对皮影戏比较熟,皮影怎么往情节里插入,怎么穿引它,怎么发挥它,我很有把握。后来写出来以后,大家都觉得不错,很自然,没有卖弄之嫌。②

据以上可知《桃花满天红》中皮影唱腔这一特别的"道具",是出于编剧芦苇的匠心。陈道明对音乐一直深深喜好。他年轻时录过流行歌曲专辑,唱过多支单曲。作为一个爱挖空心思全方位为角色为演出"添置道具"生怕错过一件儿的演员,陈道明是不会放弃音乐这个心头好和拿手活儿的。如其自述"加点色,人物就丰富些",他"用音乐于演出"之例俯拾即是。

从乐器来看,有钢琴(《上海人在东京》《我的1919》《一江春水

---

① 《电影编剧的秘密》,芦苇、王天兵/著,上海交通大学出版社,2013年:第81页。
② 同上:第90页。

向东流》《我们无处安放的青春》《归来》）；有二胡（《沙家浜》）；有口琴（《一地鸡毛》）；有手风琴（《黑洞》）；有洞箫（《绍兴师爷》）；有横笛（《大汉天子》）。

从音乐类别来看，有西洋经典（《冬至》中莫扎特《魔笛》）；有中国经典（《我们无处安放的青春》中《送别》；《刺陵》中陕北民歌《兰花花》；《归来》中《渔光曲》）。不难看出这些曲子都是陈道明那个年代生人熟知的现代经典。

由上可知，陈道明借用的"音乐道具"，以乐器居多，唱腔为少。

如前所析，我们已"侦"知《桃花满天红》中的唱腔并非出自陈道明的设计；我们不能断言《梦断情楼》中的唱腔是否出自陈道明的设计，有可能是莫言的想法，也可能是导演的点子，当然也不排除陈道明提供妙招这个可能[①]。但可以推测，为人物添置"唱腔"这一音乐"道具"，应该甚为热爱音乐喜好民调的演员陈道明所赞赏。这一表演妙思甭论最早是谁提出（是莫言或陈道明在《梦断情楼》中提出，还是芦苇在《桃花满天红》中写入），一定如种子般种进了他的心底，遇有合适的机缘便会萌发迸发。

后来的《刺陵》（2009 年）导演、来自台湾的朱延平在接受采访时透露，陈道明在讨论剧本时磨掉了他三个编剧。甚至可以说，成片中华爷这一人物的"第一编剧"就是陈道明本人。

我们可以有很大的信心推测，片中华爷口中"兰花花"这一陕北

[①] 举例：《归来》中《渔光曲》是陈道明的贡献。导演张艺谋说："我和陈道明还有作曲陈其钢在一起讨论了很长时间。就是我们要弹什么曲子，我们都知道这个曲子很重要。后来陈道明提议说要不弹弹《渔光曲》? 陈其钢第一反应说可以，这个旋律还不错。"（《对话张艺谋：归来其实比活着难》，张莉 / 文，《北京青年报》2014 年 5 月 20 日。）

民调，很大可能是出自陈道明的构思。"兰花花"与华爷这条线的剧情乍一看来无甚必然关联，去之不伤逻辑。其他道具比如常挥高尔夫球杆是缅怀教他挥杆打球的同伴，对着小背包喃喃叨叨有可能是包里装过他作为口粮的同伴的血肉因而他对着忏悔，但"兰花花"则似乎"效用"不明。细细咀嚼，"兰花花"可以是考古探险队中来自陕北的队员常哼唱的调子，可以是考古探险队一路上遇到的善良憨厚的陕北羊倌高唱的令人难忘的调子。"兰花花"是底色，是浪花，是经历，是伙伴，是回忆里无法分割的一个部分。而且，"兰花花"调子的悠远苍凉正与片中黄沙无际的大漠环境相搭相配，"兰花花"那悠远苍凉的意蕴韵味更为华爷这个久久不能走出过往的人物打上了一道款洽相接的古黄底色。其味悠醇，钻之弥深。非言语所能尽道。

而且，跟陈道明影视剧中的其他道具"前后一贯、数次出现"一样，作为"唱腔道具"，九条的"一字调"、华爷的"兰花花"，也并非"一现即逝"，而是在各自剧片中皆出现数次。而最值得啧啧称赏的是，出现的"形态"并不重复、富于变化：

华爷的"兰花花"有扯开嗓子唱出曲词飘扬消散于大漠长空，也有夕阳下对着漠漠黄沙悠悠吹出口哨，也有暗夜里对着雪茄火光幽幽吹出口哨；

九条的"一字调"有驾着马车荡荡悠悠不紧不慢唱出曲词，也有搂着黑猫跷着腿坐在藏春屋楼梯上呼呼啦啦嘟囔着调子。演员陈道明深于细部变化如此。

值得注意的是，《梦断情楼》中九条"一字调"唱腔作为"贯串道具"，在后边戏里除了九条坐在楼梯上嘟囔调子外还有两次重大出现，皆为"变态"：9集、18集。现分别做详析，以见陈道明"变化之妙"。

第 9 集之"变态" 大满"大喜"（被警察局长老爹竞得高价"开青瓜"），发酒疯吵着还要喝酒，在木梯子上自饮的九条被洋妈妈喊下来"救场"，大满和九条两个醉人纠缠着倒着酒敬着酒说着酒话，大满冷不丁冷笑一声，猛地将杯中酒泼到九条脸上，九条一愣，却并无反应；接着，大满问九条常哼那个小调怎么哼的，九条"哦"一声，积极接口，"一杯酒解下了三代的冤仇哇……"（这词儿也应景，表达九条心声），这大满猛地又一抖手，杯中酒又泼到九条脸上。这一左一右两杯酒泼脸上那也就等于是两个大耳刮子啊，这回不等到九条自己自扇耳光，受害者亲自动手给他左右开弓了。换作其他龟公自然早就如狼似虎把作案者一顿暴打了，可这是九爷，这是良善未泯内心有愧一直纠结的咱九爷，所以他被连泼两杯酒后居然是两声"痛快"，"我给你斟满——"这等于是当着洋妈妈反洋妈妈、身在曹营心在汉了嘛！洋金花还没怎么想明白呢但她看明白了，扭腰走过来，猛地一声断喝，"九条！"然后抬手一个响亮的耳光，"你他娘的凑什么热闹！"九条这回总得发飙了吧？看他凝眉前趋，瞪着眼睛往面前的洋金花靠，这架势是要雷霆爆发了？还是没有。他腰弯过去，突然"嗨"一声轻轻一笑泄了气，双手摊开，"今儿大喜——我不，在意——"然后伸出食指头，向前平推到洋金花鼻尖前，郑重对刚大发雌威的洋金花重宣"九条原则"："我！不让女人，碰我！"然后像所有酒后话唠的酒疯子一样，重复一句："今儿大喜我不在意——"然后转过身来对着在场的姑娘们"洒然大度"一笑，"不在意！"然后"哈哈哈"一声，"不在意！"转身出外，边走边大声喊道，"大喜嘛！我不在意！不在意——大喜！我，不在意！"

第 18 集之"变态" 九条在过年给娘烧纸钱之时又被乔上飞派人逮上山。原来乔上飞同时还逮了冷团座。他是要把这俩凑一块儿,让"最知根底"的大茶壶亲口给冷团座说清楚整件事的来龙去脉,说清楚小百合的真正身份——她就是他冷团座的未婚妻,大满。可九条软硬不吃,笼袖蹲下,不发一言。乔上飞对九条来了句,"老九呢?干吗蹲着呀。"然后说了一大堆"你娘的事都怪我"的赔不是的话。九条面无表情,笼袖不言。听了有顷,蹲着转了个方向,屁股朝着"热脸"贴过来的乔上飞。乔上飞终于憋不住怒火,一巴掌兜头打过去。九条根本是不会照他乔上飞画下的道道走,他仍是面无表情,笼袖不语,愣头愣脑看定乔上飞,少顷,鼻孔里轻喷口气,神道道咧嘴笑一个,站起身来,随意地抬脚踢翻了面前地上乔上飞敬上来的酒碗,抬步便走,乔上飞喊,"站住!"九条站住,回转身,"呸!"地往地上啐了一口唾沫,竟是大哼其"一字调",摇摆而去。请注意令人不得不击节的是,这段"一字调"改版了:"一匹马踏不破呀,铁甲连环哪;一杆枪杀不败哎,天下的好汉哪;一碗酒哇解不开呀,三代的冤仇哇!一文钱,它难不了,盖世的好汉哪!……"身出山门,余音渐消。将"一字调"原调中"踏破了"等句中的"了"字改为"踏不破"等句中的"不"字,那就是九条身经大难,实已看破了人世,这世上之事,千难万难,哪是洒脱地唱一声"了"就能了得了的。他这儿看似更洒脱地唱着"不",更见绝望,更见苍凉。这个由"了"到"不"的改动妙手,如此"聪明"地展现了人物命运和心态的转折变化,真绝了!

2015 年 11 月 15 日写于成都

融文化底蕴于表演

内地影视界老戏骨大多出于话剧舞台，男演员尤其极一时之胜，以生年而论，二十世纪二三十年代生人朱旭、郑榕、王冰、苏民、英若诚、蓝天野、焦晃、许还山、马精武、修宗迪、杨在葆、王铁成、戈治均、郑天庸……诸位老前辈德艺双馨，功力深湛；四十年代生人则有李保田、鲍国安、王庆祥、王学圻等大牛；五十年代生人则更是群星璀璨，蔚为壮观（随手拾掇，挂一漏万）：李雪健、陈道明、陈宝国、唐国强、李幼斌、孙淳、张国立、马少骅、陶泽如、葛优、刘佩琦、张志坚、濮存昕、张丰毅、李诚儒（排名不分先后）……可称是中国中年男演员的中流砥柱。另，王志文、姜文两位虽是六十年代生人，但其演艺生涯与二陈等人同期，也可算"演艺史"意义上的五十年代人。笔者尝以"五十年代男演员"（"五十年代男演员"主要成就领域为电视剧，仅姜文、葛优两位主攻电影，故姜、葛不纳入讨论）为界域，戏排了一个中国内地影视界"天下五绝"：东邪陈道明、西毒王志文、南帝陈宝国、北丐张国立、中神通李雪健。本书主题攸关，兹专论"东邪"陈道明。

金庸《射雕英雄传》"天下五绝"之中，最"文"者为桃花岛主；一般认为，中国演员中比较代表"文化人"的，是陈道明。① 五绝之中，骨子里最忠孝节义的，不是其他，正是外表非汤武薄周孔的黄药师，盖其人鄙薄世人以礼法为表欺世盗名，故特以非圣无法之面目示人，观其痛呼狂歌，哭笑由心，其实骨子里正是嵇康、阮籍一类魏晋风骨之真人物；陈道明多被世人误读为一"客爷"，其不配合之真性情令很多媒体发怵，但其实他不过是厌烦被俗人纠葛利用懒与周旋罢了，其内心"三观"再端正不过。

君不见，时下微博微信上各种真真假假冠他名下的鸡汤人生哲理段子；君不见，他在综艺节目《一年级》教学生以正确的表演理念、在《传承者》怒斥一帮青年团评委对传统文化没有敬畏诚恳平恕之心；君不见，他在两会期间屡次疾呼影视界文艺圈需有文化责任、文化自觉，等等，都很正能量。

五绝之中，黄老邪最为博擅众绝，武学而外，天文地理、五行八卦、奇门遁甲、琴棋书画、算数兵略，无不精擅，允为当世第一大家。陈道明文体特长虽必不及黄岛主之深，然单论一个"广"字，或亦不遑多让：陈于运动则有高球、篮球、足球、麻将②，于书画则双擅，于音乐则众乐咸长，譬如"用乐器为道具"于影视演出中，粗略统计，则有钢琴（《末代皇帝》《我的1919》《一江春水向东流》《我们无处安放的青春》《归来》），有二胡（《沙家浜》），有口琴（《一地鸡

---

① 详参本书中《文化深度与表演高度》一文。
② "1998年1月18日，在北京钓鱼台国宾馆举办了'98迎春竞技麻将邀请赛'，影星陈道明成为被媒体公开报道的竞技麻将的第一个'全国冠军'，这项'中华第一大运动'终于从民间暗流中浮出水面，呼吸到了一缕高雅、文明、健康的新鲜气息。"（《打麻将的中国人》，《杭州日报》1998年4月。）

毛》),有手风琴(《黑洞》),有洞箫(《绍兴师爷》),有横笛(《大汉天子》),等等——脂砚斋批《红楼梦》第二十二回,赞黛玉曰:"可谓才人百技也。"陈君此之谓欤。

陈道明"用乐器为道具"自非"炫技",而是为表现特定人物的特有气质的一记妙手。如《绍兴师爷》中方敬斋的洞箫:"虚负凌云万丈才,一生襟抱未曾开"的方敬斋,倚人作幕,孤苦落寞,最贴心的知己就是那一支洞箫。竹林边,流水旁,风日里,他往往吹箫。箫声里既有仕途不通年华空老的不甘,也有功业未立家室何成的伤情。王褒《洞箫赋》:"知音者乐而悲之……闻其悲声,则莫不怆然累欷,擎涕抆泪。"马融《长笛赋》:"听声类形,状似流水,又象飞鸿。"如果说横笛声悠远清旷,状似"流水飞鸿",适可发东方朔高士逸气(《大汉天子》);那么,洞箫音孤寂低沉,令人"怆然抆泪",正为表方敬斋穷士心音。蒋雯丽曾评她搭档过的男演员:陈道明"清雅""精致"——精致,即是细腻,功夫下在纤毫之分。最见这纤毫之分的,就还以《绍兴师爷》之洞箫、《大汉天下》之横笛而论:

《绍兴师爷》里,方敬斋让出心爱女子秀梅,在秀梅与董瑞新婚之际,独处斗室独吹洞箫;《大汉天子》里,东方朔让出心爱女子念奴娇[①],在念奴娇与皇帝新婚之际,独处斗室独吹横笛。同一类似情节同一匠心处理,然而还是有细微之不同,这正是:不变中有变,变中有不变。

陈道明在《传承者》节目里透露,当初演《大汉天子》中的东方

[①] 为了天下,为了朝局,东方朔要念奴娇耐心等他;念奴娇祭出"倒逼机制",我不求一世,只求一时,要么今夜你娶我,要么明朝我嫁给皇帝。

朔时，他为角色设计的道具本来是七弦琴，为此还专门学过，因为档期比较近，没来得及学好，才作罢改为横笛的。但东方朔的道具改为横笛，却"意外"地增多了两个妙处：一是和念奴娇弹琴合奏，就类似令狐冲、任盈盈"琴箫合奏"，心音相知，心意相通；二是横笛有"变体"——叶笛，剧中东方朔与念奴娇归隐成亲后，东方教夫人以叶为笛，也能吹奏出好听的音调，这样，在东方为天下苍生不得不重出江湖远离家后，剧里就有这边厢念奴娇吹叶笛、那边厢东方朔吹横笛的"蒙太奇"画面切换，不言一语、已得风流——东方和夫人是如何的天涯相望、寄念在心。正是：一轮明月，两地相思；盼君无恙，安然早归。

最妙的妙用是：东方朔拒不附逆助淮南王称兵作乱，被刘安软禁；念奴娇念夫心切，来淮南寻夫君；军卫森严，消息隔绝，念奴娇灵机一动，拾起一片绿叶吹起，清亮的笛声穿透而入，东方朔在屋内听得真切，他眉峰一凛，拿起横笛也吹了起来，夫妻二人以此为"密电"，通信畅通啊。

演员陈道明的独特性在于，他是一"表达型"的演员，他的演出兼顾了角色塑造和自我表达。盖陈道明之为演员，与其他名角如李雪健先生等人不同，其他好演员之好，在于按照导演编剧指令完成得好，如李之老好人宋大成、黑老大冯敬尧、病态暴戾之秦王、耿耿孤怀之宋江。所谓"放空自己，供导演取舍"。

陈道明之好，在于他在完成人物塑造（如冷酸之方鸿渐、贵重之八贤王、庸懦之陈一平）之外，复有自身文人风骨的强烈灌注、人文精神的一贯表达：方鸿渐别唐晓芙，在钱锺书先生笔下不免萎弱，陈道明演去，自有不为外力所夺之傲然；八贤王为国为民不惜牺牲自己,哪怕在刑场临刑前帷帐四垂空无一人之际,都不肯为自己的傲骨流下一滴泪,却为自己伤了朋友(包拯)的心、"利用朋友是一件多么痛苦的事情",那么轻易地流下一行泪;陈一平那么庸懦,也只在作案后哭了那么一次,自那以后,即便到疯,他也没再流一滴泪。我之写陈道明,最深处,就是要把陈道明潜藏于他那些或伟岸或卑微或高位或庸凡的芸芸众生骨子里那一根不变的傲骨打磨出来,让观众看到他傲然不屈的熠熠闪光。

敦敏赠友人曹雪芹诗:"傲骨如君世已奇,嶙峋更见此支离;醉余奋扫如椽笔,写出胸中块垒时。"苏轼诗有句:"空肠得酒芒角出,肝肺槎牙生竹石。森然欲作不可回,吐向君家雪色壁。"——原来,曹雪芹、苏轼作画,何尝是为画,不过借以画出自己高傲不屈之个性风骨。愚意,陈道明演戏,何尝是演戏,不过借以表达自身高傲不屈之个性风骨。"森然欲作不可回""写出胸中块垒时",苏轼在中国画史中是"文人画"的开创者——不妨说,陈道明在中国演艺界中是"文人戏"的开创者。

这个"文人戏"不是指演文人,而是他基本上所有的演出都贯注了一个真正文人的风骨与傲然。哪怕庸懦胆小一身如藏如陈一平,还是有居然公然对测谎说不。这是陈道明演出最令人啧啧称叹之处。"傲骨如君世已奇",这根傲骨是陈道明和他的角色最深入腠理的灵魂底色。海明威说:"人可以毁灭,但不能屈服。"(《老人与海》);陈道明说,他最欣赏的人物是《白鹿原》中那个哪怕被打折了腰还是挺着腰杆的白嘉轩。

又,苏东坡诗:赋诗必此诗,定非知诗人。——愚意演艺亦然。演一个人物就只是这个人物(大众普通视角下这类人物"应该是"的样子），可以说是一个好演员，但未必称得上是一个"艺术家"。

　　《冬至》里，陈道明演陈一平，如果只是演一个庸懦胆小的普通人的转变，其实也不过如此，或者说，这样的演出，哪个演员都可，何必陈道明？陈道明演，这个人物最后就透出陈道明的独有理解和思考，陈道明的独有底色和风骨，他有他作案后只那一次流泪的孤傲，他有他内心深处的目无余子，他有他深夜旷野魔笛里浩淼深藏的魔念——这是专属无他的，这才是"陈"一平，塑造人物到此境界才真能称"艺术"。这是陈道明入骨沁髓的味道。2017岁末某代言广告片中，靳东问："你演过最难的角色是哪个？"陈道明："我想，怕是自己吧。"按此语妙谛，表达型演员，一辈子表达的都是自己。自己对人生的认识、理解和感悟，是一直向前推进、一直向下拓深的，表达自己，也是永无止境。友人"优雅于形优越于心"曾言道明先生："他让你的期待不是走向广阔，而是走向深刻，就像钻一口井，一直向下向下，直到泉涌。"所谓的走向广阔，不过是皮相。譬如大人物康熙，老来也有凡人的悲苦；大人物刘邦，起事也有凡人的惧痛；小人物陈一平，也有目无余子的深藏傲然，也有大人物的内心。固然，他们有形体区分（龙骧虎步、抱手斜睨、微驼的背外八字脚），是不同的人；但他们的灵魂，是同一个人。这就是"走向深刻"真正意义之所在。

2016 年 1 月 20 日初稿
2018 年 1 月 20 日二稿

赋予人物诙谐幽默

《康熙朝满文朱批奏折全译》载,圣祖爷颇爱跟臣下开开玩笑:

杭州织造孙文成在奏折中请罪,自陈"奴才无言以对,唯叩万次耳"。康熙怒批:"该死,奴才说谎,叩万次需几日!无一实话!"

康熙对武英殿总监造赫世亨批旨:"闻赫世亨已大愈,未尽报朕言,待朕回宫,断不宽宥,必将赫世亨交与其妻掐死。"赫世亨心领神会,配合皇帝玩游戏,上折称怕妻子看到此旨得意忘形,故而暂且"匿旨不传"。康熙趁势"发怒",呵斥赫世亨:"匿旨不告诉,该当何罪?"等回宫后"再交付其祖母杀之"。

赫世亨之弟、继任者和素也常被皇上调侃。他上奏称自己连日腹泻,身体虚弱,"惶恐楷书时,心慌手颤,双目发烧如冒火,笔落何处看不清矣"。康熙朱批道:"若双目冒火,必由口鼻烟气缭绕,俨然小说之火眼金睛兽矣。"

《康熙王朝》剧中,陈道明饰演的康熙也爱开玩笑:

第30集(50集版本),明珠奉旨赴台,招安不成,险些丧命,回朝领罪。康熙先是斥责明珠有辱君命,着李德全拔去其双眼花翎;然后又奖赏其成功离间郑氏君臣，策反了海霹雳施琅，赏三眼花翎。于是乎，李德全又滴溜溜把刚摘去拿在手里还没焐热的花翎重又插在跪地惶惶、一脸"囧囧"的明珠顶子后……

皇帝对大臣已然如此"萌"，对身边熟不拘礼的太监就更是技痒难禁了。皇帝爱跟李德全时不时开个小玩笑，以为枯燥严肃的宫禁生活之一乐，且看以下对话：

第30集，康熙看完奏章，从炕上下地，舒舒胳膊做个扩胸，对一旁侍立的李德全说："李德全啊，你知道做皇上最难受的是什么？就是坐着不动。"李德全一脸诚恳认真："皇上，当奴才最难过的就是站着不能动。"

回想起前边第24集李德全也有一段呆萌表现：

康熙："朕让你找的那本《仕林轶语》你找到没有啊？"李德全一脸笨笨："奴才找了半天没找着，皇上——"康熙看了他有顷，头一侧，凑过去问："你知道你将来是怎么死的吗？"李德全继续忒无辜忒实诚真心请教"圣训"："皇上，不知道——"康熙温和微笑："不知道啊？笨死的。"

无独有偶，陈道明演的另一个帝王刘邦，也是一言谈诙谐的主啊。且举两例（均引自《史记·高祖本纪》）：

单父人吕公善沛令，避仇从之客，因家沛焉。沛中豪桀吏闻令有重客，皆往贺。萧何为主吏，主进，令诸大夫曰："进不满千钱，坐之堂下。"高祖为亭长，素易诸吏，乃绐为谒曰"贺钱万"，实不持一钱。

未央宫成。高祖大朝诸侯群臣，置酒未央前殿。高祖奉玉卮，起为太上皇寿，曰："始大人常以臣无赖，不能治产业，不如仲力。今某之业所就孰与仲多？"殿上群臣皆呼万岁，大笑为乐。

刘邦既有此诙谐豁达的个性，无怪乎《楚汉传奇》剧中，陈道明演的这位时不时对臣下冒出点机智的"戏谑之辞"，比如，夏侯婴领着新婚妻子喜滋滋来给大王报告："大王，我成亲了！这是我媳妇儿，人长得不好看，但是心善。"大王："不好看？比你好看多了！"

以上两例，可谓演员对历史人物的"神演绎"。有可能是演员做的案头功夫深，从史料中获知所演帝王有幽默感，故而有意加入幽默；也有可能是误打误撞竟成神笔。演员陈道明本人在生活中比较幽默，可以推测，即或是没去挖掘史上康熙、刘邦身上到底有否谐趣逗乐因子，也不妨碍他"以己度人""想当然耳"，将陈道明的幽默转换为康熙、刘邦的幽默。

印证笔者这一推测的最好的例证莫过于与康熙、刘邦同为雄猜帝王的勾践。先秦史料稀少，我们无由知晓历史上勾践在日常中到底是怎样性格的一个人，由他的卧薪尝胆，可与共患难不可与共富贵，想到的自然是隐忍坚毅阴狠这一路性格特质。而且"旁参"众多其他剧版本的勾践，强调的也都是四个字"苦大仇深"，好像从不会笑。

但《卧薪尝胆》中陈道明版勾践竟然有了如下逗趣瞬间：第7集，为保幼子稽会顺利继位，越王允常更下一道王命，将废太子勾践贬往荒天僻壤孤悬海外的海岛甬东。

分析人物处境和心理：

勾践太子之位被废，等于是跌入谷底了。废太子心情不免郁郁。

他与夫人谈论自己被废后的局势,说幼弟如继位,自己可能被杀,也可能被流放。这段局势未朗。

王命终于下来,废太子被贬到甬东,这一王命对于勾践来说是两点:第一,局势终于明朗了。不管是好(相对较好)的处置还是坏的情形,明朗总好过混沌,是好是坏终于有个结果了。第二,相对于他之前跟夫人分析的幼弟即位自己被赐死的结局,流放算是相对较好的了,可以留此有用之身力图东山再起。所以废太子勾践长久以来的抑郁心情不说是一扫而空,至少也应是稍为轻松舒惬了吧。更何况还有一点,苦成愿意随主同贬,这位主人心里定必欣慰。

当苦成说:"苦成虽不能为太子分忧,也要追随你们,效犬马之劳。"李森祥剧本原作这里写的是,勾践:"苦成啊,有你这份心,也不枉了我们相处一场。"(剧本第89页)剧中陈道明的台词则是:"什么话!什么叫犬马之劳,你是人。"此话被勾践一本正经说出来,兀地里颇有几分谐趣色彩。从勾践的角度看,此话一则表现这个大王有人性光辉,叫奴才挺直了脊梁做"人";二则也是侧面透示给观众这个消息:大王的心情是欣慰而相对轻快的,所以才有心开开玩笑。

尝读曾国藩书,常人眼里严肃的理学宗师文正公却每爱一本正经讲冷笑话,据弟子李鸿章回忆,老师即便在军务倥偬大战在即时,与幕僚们集体吃饭时也要讲两个冷笑话,大家笑得噎气他老人家绝不笑,只是一本正经捋胡须……

笔者认为,幽默差不多是一切杰出人物的共有特质,李森祥原著似乎太一本正经,他笔下春秋晚期的楚吴越三国人物几乎没有稍微放松的瞬间;陈道明给勾践加点活泼的调色,就让这个历史人物更丰富亲切鲜活生动。

不独此处，再举一例。第 8 集，勾践继位为王后办的第一件大事，就是接受皓进劝谏，截下被楚王逮回问罪的楚使文种。越王在大殿上问文种是否愿意留在越国为臣，文种领命跪谢。越王接着提要求："但是如果你留在越国……"文种果断打断大王，截口道："须得一心向越，不可有贰臣之心。"大王："文种，你记着，虽说你能言善辩，但是以后寡人说话请不要打断。"此处大王一本正经却富有喜感，让人怀疑这是平时就爱开玩笑、说话多幽默的陈道明自制台词。查剧本原作第 110 页，很有意思的是，"须得一心向越，不可有贰臣之心"这句话不是文种截断大王的话的自表忠心，而本就是大王自己提的要求："……只是……"勾践顿了一下，文种忙将身子伏得更低。勾践又道，"你须得一心向越，不可有贰臣之心！"

陈道明赋予他所演三个不同帝王角色康熙、刘邦、勾践同一特质——诙谐幽默，虽多半出于他"以己度人"的简单主观故意，但深溯其根源，却不得不说他这一演绎处理暗地里竟接通了我国历史文化深处丰盈的源流："善戏谑兮，不为虐兮。"且"君子之德，不常矜庄"，非仅中土为然。林语堂先生有《论东西文化的幽默》一篇演讲文，高标"幽默是人类心灵开放的花朵"，遍举维多利亚女王、佛祖、基督、苏格拉底、林肯、老子、庄子等古今中外圣哲名王大人物的幽默，结以孔子的幽默"形状未也，而似丧家之狗，然哉然哉"。林先生并有《论孔子的幽默》一文专道"圣人在人间"。——信乎鄙上文语："幽默差不多是一切杰出人物的共有特质。"

2016 年 8 月 11 日写于成都
2019 年 9 月 11 日改于成都

逆转平庸之笔

笔者认为，1990年代的《胡雪岩》《绍兴师爷》，2000年代的《尚方宝剑》《魂断秦淮》《一江春水向东流》《茉莉花》《沙家浜》《浪淘沙》《北平往事》等，皆为陈道明的平庸之作。这些作品里，陈道明仍然有他自出手眼的东西，如《魂断秦淮》里多尔衮的辫发披散，《茉莉花》中顾爷的瘸，《沙家浜》里刁德一的拉二胡，这些都能看出鲜明的"陈道明印迹"——特色造型、特色形体、特色道具。但是，就剧集情节和人物塑造整体来看，确实较为平庸。

《胡雪岩》剧本薄弱，没有把笔墨放在人物商战传奇一生上（譬如多汲取高阳那本经典小说的东西，多好啊。遗憾没有），如后来侯勇主演的精良经典大剧《大染坊》一样；而是搞了一出商业王国版的"宫斗戏"：剧里演来，胡雪岩一代豪商，几乎是全靠女人上位，吃他几个姨太太的软饭。几个姨太太还整天窝里斗。如此一来，胡雪岩商业上的本事何在？！陈道明的自出手眼既未能突破这个局限，故而整剧作品、陈道明塑造的这个人物，就并未改变平庸之质。

但是，陈道明主演的《冬至》、友情出演的《江山风雨情》这些剧，细究剧本，也是问题不少，漏洞多多，我为什么不说陈在其中演出是平庸手笔呢？那是因为，这些演出能令人眼前一亮，尔后还能令人深深回味。或是作品立意高，或是演出风格新，或是人物挖得深。

作品立意高 譬如《冬至》，是从心理角度透视一个平凡人的堕落与疯狂，颇具人文深度，首先从"立意"上就高其他剧一筹。如前面举例的《尚方宝剑》《魂断秦淮》，是普通的古装剧（根本谈不上"历史剧"），陈道明也就是普通的拍戏挣钱，没有什么人文立意、历史厚度可言；《一江春水向东流》《沙家浜》是经典翻拍，剧作既注水，桥段也硬凑，情节复生硬，格局未突破——陈道明即便自出手眼，又能自出到哪里去？

演出风格新 突出例子是陈道明所演两版八贤王：《寇老西儿》和《少年包青天》。这两个剧显然也只能算"古装剧"，不能算"历史正剧"。但陈道明在《寇老西儿》里的八王，夸张诙谐，是卡通剧人物演法[1]；在《少年包青天》中的八王，文华贵重，举手投足蕴藉端雅，一举一动、一招一式显见得是借鉴了京昆等戏曲表现手法的演法[2]——这两种演法，非但在陈道明个人表演史上，甚且在中国电视剧表演史上，都可算得求变创新。《江山风雨情》从历史正剧这个角度看显然是比较失败，至少不能说成功，但，陈道明所演天启帝，阴

---

[1] 详参拙文《活泛表演中的绝活儿——陈道明在〈寇老西儿〉中表演赏析》：
https://www.zhihu.com/question/41623895/answer/91707610
[2] 详参拙文《大贤无我：〈少年包青天〉中陈道明饰演的八贤王》：
https://zhuanlan.zhihu.com/p/26544897

柔凄美，据我研究，是演员对"女态化"表演的一次"慰情聊胜无"的"退而求其次"，这就是突破，这就是求新。所以陈道明的天启帝，我就视之为一个不平庸的非凡之作。①

人物挖得深　突出例子就是《刺陵》中华爷。我多次言之，论人物塑造的深度耐嚼、艺术质性，陈道明在《刺陵》中所演华爷，不逊他从艺近四十年来所演 50 余个角色中其他任何一个（包括实验题材、广受好评、深入刻画小人物犯罪心理的《冬至》陈一平）。②——这话反过来说的意思就是，论往人物内心世界开掘的深度，陈道明所演角色中堪与"生而向死、向死而生"的华爷一战者，可以说数不满五个指头。照我来数，我甚且只能数出两个：《梦断情楼》（1994）中母丧后之九条③，《黑洞》（2002）中聂明宇④。此二角色可谓之曰"生而如死"——"生无可恋"的"行尸走肉"。

2017 年 1 月 18 日写于成都

---

① 详参拙文《玉山之崩——陈道明在〈江山风雨情〉中演出天启帝之赏析》：
https://www.zhihu.com/question/39010281/answer/79219059
② 详参拙文《无挂无碍，到现在才明白——陈道明在〈刺陵〉中表演赏析》：
https://zhuanlan.zhihu.com/p/24619699
《向死而生——陈道明在〈刺陵〉中表演赏析》：https://zhuanlan.zhihu.com/p/27507765
③ 详参拙文《从春天到冬天：随九条梦断情楼——陈道明在〈梦断情楼〉中表演赏析》：
https://movie.douban.com/review/7125634/
④ 详参拙文《他用犯罪完成弑父——陈道明在〈黑洞〉中表演赏析》：
https://movie.douban.com/review/8105752/

第二部分

陈道明演艺作品专论

此部分为笔者所费时间（2013—2017年共五年）、所下心力最多最大部分，专论陈道明30多个演出，总字数77.8万字，因出版实体书字数规模所限，最后仅选取《围城》《手机》两剧中演出评析入书，读者谅之。这两次演出，一在1990年，为陈氏演艺生涯早期，一在2010年，为陈氏演艺生涯近期，一前一后，应可代表、涵纳陈道明整个演艺周期。

　　【更多陈氏影视剧评、表演评析专文，请读者移步笔者知乎专栏"陈道明表演艺术赏析研究"：https://zhuanlan.zhihu.com/qmhkxcdm】

似与不似之间
——《围城》表演赏析

本文的写作有两个特点：一是注重《围城》剧集与原著的"对勘"，二是以情节推进为贯串线，以品赏陈道明表演为"主轴"。

《围城》电视剧向来为坊间所重，被誉为中国名著改编剧、文人剧的"神作"；但严苛地说，该剧也并不是完美无缺，少数地方的处理失之于粗，失掉了原著的精妙之味。

主演陈道明对主角方鸿渐的塑造，几十年来也是好评如潮，论者誉为"陈道明就是书中走出来的方鸿渐"；但客观考察演员演出实际，此话并未到点，待发之覆尚多。

陈道明对方鸿渐的表现，有深有淡。深，即是某些处理，在原著的白描勾勒简省笔墨之内，通过深具匠心的表演设计，综合运用表情、眼神、肢体语言等表演技术手法，更为丰富、立体、深入地凸现出原著中方鸿渐身上的酸腐、无用等性格特质，这一点，就是坊间历来赞赏陈道明的"演活了"方鸿渐的一面；淡，即是陈道明并未"墨守"钱先生原著雷池而不敢越一步，在有些地方，这位个人表达诉求和个人风格强烈的演员，淡化甚至是摒弃了"钱鸿渐"的一些东西，而替换为了"陈鸿渐"自己的东西①——譬如，剧中数次替换"钱鸿渐"的猴急性躁为"陈鸿渐"的气凝神定。也就是说，"陈道明演的方鸿渐就像是从书中走出来的"一语，对于陈道明，并不是"挠到痒处"的赞语。鄙见，陈道明演方鸿渐最大的"胜处"并不在对原著人物"完成度"高、"还原度"可达"百分百"；而在于他一方面"演活了"原著中方鸿渐，多棱深刻地凸现了人物若干性格特质，某种程度上他演得比原著写得"更深"，另一方面，我们看到，在演艺生涯的"早期"，陈道明便毫不掩饰、毫不"客气"地在人物身上加入了演员个人的理解和性情底色，为人物角色烙上了鲜明的"陈氏出品"印记。陈道明对方鸿渐的塑造，既有刻画入骨深入"榨出"原著人物个性深处的"油"来这一"似"的一面，又有凸显演员陈道明本人性情特质和理解表达的"不似"的一面，如齐白石论作画的至境"妙在似与不似之间"，贡献出一个融铸了原著精神与演员自我的独一无二、不可替代的"表演艺术结晶品"，值得观众深入品赏反复品啧，在中国电视剧史里也必然留下了一笔不容忽视的浓墨亮彩。

第1集　活泛生动的即兴表演　方鸿渐出场，从船舱里上到甲板，一身热带运动装束，白色鸭舌帽，白色短衣短裤，白色鞋袜，两条细背带，勒着矫健结实的肌肉线条。

他悠闲微笑着与甲板上的人打着招呼，走到面朝大海躺在躺椅

---

① "钱鸿渐""陈鸿渐"的命名灵感，来自陈道明对记者解说《手机》剧集中他所演费墨与影版的不同："我只能说，这个费墨叫陈费墨，（张国立）那个是张费墨。"（《陈道明谈〈手机〉：我演的是陈费穆不是张费墨》，胡晓/文，《华西都市报》2009年10月22日）

里的鲍小姐身旁——鲍小姐身旁已有旁的男人,他只好走开;再跟另一个人打打招呼,看到了仰坐在帆布椅里摊着书看的苏小姐,点头微笑致意,苏小姐也报以微笑。方鸿渐回过头去,看鲍小姐身边的男人似乎没有即刻要走的迹象,他便又回过头来对着苏小姐笑笑,踱步过来,跟正与苏小姐叨叨丈夫赌钱的孙太太打打招呼,顺手摸摸小孩头,拿起小朋友放在桌上的小玩具伞,帮他撑开,唤声"小朋友"逗他,孙太太知趣带小孩离去,方鸿渐自然坐下。

他与苏小姐话天气:"这海上走了一个多月了,天气真热。是'兵戈之象'!"

原著里这句话是开篇的作者题外话:

> 这是七月下旬,合中国旧历的三伏,一年最热的时候。在中国热得更比常年利害,事后大家都说是兵戈之象,因为这就是民国二十六年(一九三七年)。(《围城》[①]第1页)

原著里描写方鸿渐的开头较简略,未提及他的衣着:

> 那时候,方鸿渐也到甲板上来,在她们前面走过,停步应酬几句,问"小弟弟好"。(6页)

这短短一幕戏体现了陈道明表演的两个特点:
一是台词里话剧的根子,他说到"兵戈之象"四字,台词陡然转

[①]《围城》,钱锺书/著,北京:生活·读书·新知三联书店,2002年。

为铿锵顿挫的强调重音。

二是松弛即兴。由原著里"小弟弟好"而为"顺手摸摸小孩头,拿起小朋友放在桌上的小玩具伞,帮他撑开",自然活泛,生动丰富。

接下来俩人的谈话是苏小姐看方先生拿出来擦脸的手绢儿太脏,就主动递出自己的手绢儿,还说要帮方先生洗他的手绢儿。这段在原著里已是第二章了,是方鸿渐被鲍小姐甩了之后的事儿。剧里合二为一、挪作此用了。

方鸿渐手里绞着苏小姐的手绢儿,耳里听着苏小姐的话,眼神儿却直勾勾地朝着船栏杆边鲍小姐的方向。这时,鲍小姐身边的男人离去了,她侧起身来跟方鸿渐示意他可以过来了,方鸿渐竖起右臂右掌,微微点头,也做示意。接下来陈道明又有一个很妙的即兴处理:苏小姐目光从书上收回,朝他看来,他为掩饰,顺势把手势变为掏耳朵。

类似此处方鸿渐顺势变化手势巧为掩饰,以及上文提到的顺手摸摸小孩头打开小玩具伞,这样的活泛生动的即兴表演,本剧还有许多。[1] 这出于主创们的主观有意识。下引导演黄蜀芹和主演陈道明的两段"创作心得":

导演黄蜀芹在《让我们更崇尚直觉更轻松些吧——谈〈围城〉的表演》[2] 文中写道:

---

[1] 譬如同样是随意自然地"妙用"手势,3集,方鸿渐赵辛楣初见于苏文纨家里,赵辛楣误认方鸿渐为情敌,醋劲大发起身而去,方鸿渐为着起码的礼貌伸手去握以示道别,赵辛楣如若未睹侧身径去,方鸿渐伸出的手尴尴尬尬凝在半空,陈道明的处理是略停而回收,顺势提到鬓角敲敲头扣扣脑袋,以饰尴尬。——这段表演不同于原著所写:"方鸿渐站起来,原想跟他拉手,只好又坐下来。"
[2]《电影艺术》1991 年第 5 期。

> 我们提倡直觉、即兴、鲜活、灵巧的表演。……这种讲究直捷尽兴表达人物的创作方法,是具有天然吸引力的,是最能释放演员天性,帮助他们呈现表演魅力的。[①]……主角方鸿渐更是个被动型主角。他总是面对别人的主张做出各种反应,内行人都知道,这种角色是最难演的,电影演员尤其最怕拍"反应镜头",怕导演把大特写对着你,请你一抬头做惊讶状,说:"什么?"像上述举孙柔嘉与苏文纨的几个例子,对手都是方鸿渐,对苏小姐的两次一提一放,他心软不忍拒绝,既有小小的感动,小小得意又怕沾上甩不掉,真是进退两难,如果呆板地一个个拍意念十分明确的反应镜头,肯定难以准确、生动,只有靠双机一整段戏连续地拍,靠演员领悟戏眼后即兴地多变灵活地表演。陈道明在这个角色创造上最大难度就在这儿,最成功的也在这儿,说他把一个被动型主角演活了,就是说,所有的反应表演都是只能意会,不能言传的,形成了鲜明个性特点。在这儿,我还要强调的是他有良好的创作心境,有对待角色的真诚,有演员的童心,有进入现场后的尽兴游戏感,总是兴致高涨,开开心心。不端空架子或到处找别扭,这是一种很好的主角意识。我们提倡的整体表演风格:即兴、灵巧、轻松、鲜活得以兑现,他起了带头作用。

陈道明在田小蕙对其专访《陈道明访谈录》[②]里说道:

> 导演强调解放演员的天性,强调创作过程中的游戏感,刚才讲

[①] 下划线非原文就有,是笔者所加,为提醒读者注意。下同。
[②]《电影艺术》1991 年第 6 期。

了我们的案头工作很细，但不是程式化的呆板的。有时导演问我们这场戏怎么拍，大家提出方案，包括调度，有时甚至是镜头。导演根据我们的建议从总体构思出发做些调整。我们是双机拍摄，演员可以整段地演戏，没有任何景别负担，摄像机可以捕捉最佳瞬间。有时导演满意，演员不满意，导演二话不说，重拍。导演对原著吃得比较透，有高屋建瓴的气势，在总体把握的基础上充分相信演员的创造力，相信演员，就是相信自己。新演员进组，导演就提醒我们老组员"帮助帮助"。人家有的是很有表演经验的老演员了，其实就是让我们帮助他适应摄制组的现场气氛。李媛媛刚来时不太适应这种拍摄方法，她是学院派的习惯，按比较严格的程序工作，我就跟她讲，丢掉剧本，想说什么就说什么，想怎么演就怎么演。她的悟性极高，很快就适应了。演员进组，我们都有意识地用各种方法调节，对创作特别有好处。与黄导合作非常轻松，她极了解演员，知道在什么样的环境中能使演员放松。……我事先向导演打了招呼，在拍摄现场我可能会开些玩笑，调动一下情绪。过去一说演悲痛的戏，就爱讲某某从早到晚不说话，如何就此晕进去，入戏了，专等着拍那个镜头。这当然也是一种方法。我认为真正有生命力的人物形象还是要充分调动，使全身细胞都活跃，然后再沉淀下去。演方鸿渐最后离家出走在寒风中茫然踽行那场悲情戏前，我还在和别人开玩笑，情绪很松弛，一说开拍，很快便沉下去了。那场戏拍得很动情。如何调节与对手的现场关系呢？也许就是我打他一拳，他踢我一脚，或者是开几句玩笑。

这种从质上的渗透，比故作深沉状要生动得多。刚开始拍戏，我比较胖，希望人物形象瘦削些，不用和导演打招呼，我直接和灯光师讲把灯拔高些，灯光师开玩笑说"就让你胖"，然后"哗"地把灯拔上去，不管有没有灯架，他们都想尽办法去做。电影是综合艺术，演员是要别人帮助的，我尊重他们，尊重他们就是尊重创作。《围城》摄制组的特点是演员和其他创作人员的关系非常融洽，使创作心态特别轻松。这样做，一是为了创作，二是出于友情。我不相信一天到晚绞在紧张人事关系中能把戏拍好。要把这种和谐当作艺术创作的先决条件。例如有些所谓感情戏就怕出岔声，在我们摄制组里，拍摄现场根本没人维持秩序，演戏真像做游戏一样，演员很投入，即兴的东西特别多。大家围着看我们演戏，有时忍不住乐出了声，导演也不批评。这些同志对我的支持帮助对我创造方鸿渐起码起了 50% 的作用。这种创作方法，创作环境，奠定了《围城》必定是现在这个样子。

于是之先生论表演艺术有句名言："演员之道，或即在于用他一辈子（包括吃奶）的功夫，来创造那一刹那的、而又永远是无比新鲜的即兴。"[1] 我想，黄蜀芹、陈道明等《围城》主创，是用自己成功的导、表演实践，印证了于是之先生这一论述的精辟。

按，关于"即兴"，在 2014 年《三联生活周刊》的专访《表演的分寸》[2] 里，采访者问："你演戏还有一个特点就是会当场有一些即兴的发挥。这部电影（《归来》）里有这样的片段吗？"陈道明回答说：

> 有。我不是照方抓药，也不是刻月饼模子。这个行业对我最大的诱惑力就是它的不确定。要是确定了，我就觉得可能没意思了。

---

[1]《于是之论表演艺术》。
[2]《表演的分寸——专记陈道明》，丘濂、周翔 / 采访，《三联生活周刊》2014 年第 21 期。

让我照着走三步，然后往左走半步，再往前挪两步，那我就不干了。就是你给我提你的极致要求，你的底线，然后这中间的空间你交给我。因为是我演，不是你演。不管导演还是编剧还是摄影，你把这个空间给我。好的导演一定会给演员很大的空间，我认为张艺谋是好导演，最起码的一点是他给演员很大的创作空间。

陈道明所谓"这个行业对我最大的诱惑力就是它的不确定。要是确定了，我就觉得可能没意思了"，可参黄佐临评石挥："一九四二年我们演出《大马戏团》，四十天里演七十七场，几乎每天都是日夜两场，他演的慕容天锡，虽不是主角，却演得活脱神似。每场演出他都保持着新鲜感，即兴创造，赋予角色新的光彩。"[①] 这就解释了为什么不少话剧演员觉得，相较于演影视剧，还是演话剧过瘾。因为影视剧给演员展现的可能只有一次，而不同场次的话剧演出，演员是可以有不同的新鲜的即兴创作的，是可以有细节上的细微差异化处理的。这点，很迷人。所谓"生书熟戏"，戏迷老饕爱看爱品的，其实到后头往往就只是不同场次同一演员同一角色同一处处理的细微差异。这点，观众和演员，都很享受。

第1集 "借烟接吻"的渊源 观众提到陈道明演的方鸿渐，惯常的一句称赞是"就跟从原著里走出来似的"——其实我们细细看去、品去，此"陈鸿渐"还不全然是彼"钱鸿渐"。譬如接下来这场"借烟接吻"戏。钱先生原著写道：

---

① 《石挥谈艺录》，魏绍昌／文，上海：上海文艺出版社，1982年：序。

> 方鸿渐正抽着烟,鲍小姐向他伸手,他掏出香烟匣来给她一支,鲍小姐衔在嘴里,他手指在打火匣上作势要为她点烟,她忽然嘴迎上去把衔的烟头凑在他抽的烟头上一吸,那支烟点着了,鲍小姐得意地吐口烟出来。苏小姐气得身上发冷,想这两个人真不要脸,大庭广众竟借烟卷来接吻。……苏小姐骂方鸿渐无耻,实在是冤枉。他那时候窘得似乎甲板上人都在注意他,心里怪鲍小姐太做得出,恨不能说她几句。……方鸿渐那时候心上虽怪鲍小姐行动不检,也觉兴奋。(6—15页)

钱锺书学术研究者、新浪网友"视昔犹今"论方鸿渐、鲍小姐"借烟接吻","渊源深远"(引自"视昔犹今"新浪博客):

> 也不能怪苏文纨无中生有、乱吃飞醋。香烟与性,毕竟渊源深远。康乃尔法国文学教授 Richard Klein 即有《美哉香烟》(*Cigarettes Are Sublime*, Durham: Duke University Press, 1993)一书,对于香烟在文学艺术史上作为性的隐喻,多所著墨。书中《卡门之魅》(The Devil in Carmen)一章,将烟视为肉体的延伸:"烟草的蒸气,在包藏你最私密内部的洞穴中经过浓缩,然后化作原子,渗入氛围,成为你外在形体的光晕。"(105页)
> 英国作家 Iain Gately 的《淡巴菰》(*Tobacco: A Cultural History of How an Exotic Plant Seduced Civilization*, New York: Grove, 2002)一书,对香烟在社会文化中作为性的诱惑,从古时巫师向女子私处喷烟以增强其生育力,到近代女子向男子讨烟或对男子喷烟的强烈性暗示,也有详细描述。以电影为例,1930年好莱坞制片公会推出《海斯规章》(*Hays Code*),对于热吻场景等有伤风化者,要求

业者实行自律,尽量避免。于是电影中以烟代吻的镜头,诸如男女分享一支烟,或男子先在嘴中点燃两支烟再将其一交给女子,或如此处方鲍二人之借烟卷接吻,乃屡见不鲜。

又钱氏《手稿集·中文笔记》第一册《残页(B)》节录谢堃《春草堂集》卷三十三《雨窗记所记》"夷娼"一条,记浪荡子"江右郑某"与澳门夷娼初见,以玻璃钟相撞,行敬酒之礼,"饮讫,吸菸数口,妇含烟喷之,郑接咽之,竟作亲唇贴舌之戏。郑情不能禁,妇遂与接。"并评曰:"Toast 见吾国记载中始此。"但以喷烟为撩拨,是否还有较十九世纪初叶此书更早的本国记载,则尚待考。

细看陈道明的表演:"方鸿渐正抽着烟,鲍小姐向他伸手,他掏出香烟匣来给她一支,鲍小姐衔在嘴里,他手指在打火匣上作势要为她点烟"——一直到这里都是按原著演的,而当鲍小姐"忽然嘴迎上去把衔的烟头凑在他抽的烟头上一吸",这时陈道明演的方鸿渐并不是原著里写的"窘得似乎甲板上人都在注意他,心里怪鲍小姐太做得出,恨不能说她几句",而是毫无惊讶、很自然地迎上去、凑过去,烟头对烟头娴熟地点起来。点完之后,当鲍小姐十分坦然松惬地躺下吐出烟圈时,他这才似乎回思过来,好像这样不大妥——这个不妥,陈道明用两个细节表达了:一是眼神眨巴带着回思,二是猛地做一个大口吸气的夸张动作,表示回过味儿来了。

细细比较"钱鸿渐"与"陈鸿渐":似乎钱先生笔下的方鸿渐要羞涩一些,毕竟还不是娴于此道的花丛老手,羞耻之心尚存未泯;陈道明演的方鸿渐,则那一瞬的"膝跳反射"是很享受,不以为异不以为非——少顷,回过味儿,才觉大庭广众之下如此这般似为不妥,而且,一定是被背后的苏小姐看了去了。如果从"高精准刻模原著"这个角度来看陈道明表演,也许这几帧戏似乎欠准确。

第1集 不乏矜持的接吻戏 但钱先生前文才写方鸿渐羞耻心尚存未泯的窘态——"窘得似乎甲板上人都在注意他",后文又写其放诞无耻的嘴脸,殊不可解:

> 方鸿渐和鲍小姐不说话,并肩踱着。一个大浪把船身晃得利害,鲍小姐也站不稳,方鸿渐勾住她腰,傍了栏杆不走,馋嘴似地吻她。鲍小姐的嘴唇暗示着,身体依顺着,这个急忙、粗率的抢吻渐渐稳定下来,长得妥贴完密。鲍小姐顶灵便地推脱方鸿渐的手臂,嘴里深深呼吸口气,道:"我给你闷死了!我在伤风,鼻子里透不过气来——太便宜你,你还没求我爱你!"
> "我现在向你补求,行不行?"好像一切没恋爱过的男人,方鸿渐把"爱"字看得太尊贵和严重,不肯随便应用在女人身上;他只觉得自己要鲍小姐,并不爱她,所以这样语言支吾。
> "反正没好话说,逃不了那几句老套儿。"
> "你嘴凑上来,我对你嘴说,这话就一直钻到你心里,省得走远路,拐了弯从耳朵里进去。"
> "我才不上你的当!有话斯斯文文地说。今天够了,要是你不跟我胡闹,我明天……"方鸿渐不理会,又把手勾她腰。船身忽然一侧,他没拉住栏杆,险些带累鲍小姐摔一跤。(15页)

此刻的方鸿渐吃相如此难看,一副色中饿鬼的尊范几乎可与猪悟能元帅并世瑜亮。而陈道明演来则是不乏矜持:剧中场景设定与原著有异，方鸿渐从舞会溜了出来，一个人靠着船栏杆吹晚来海风。鲍小姐袅袅婷婷走过来："方先生，你让我好找。"然后拉着方鸿渐走上舷梯，还是她采取主动——借着或真或假的一不留神步伐不稳，跌入方鸿渐西装革履的怀抱，方鸿渐略错愕地搂住温热软体，脸上竟还是"慢一拍"的表情；当他接下来主动再搂紧这温热黑甜熟肉铺子，翩翩有礼凑过嘴去要吻，鲍小姐伸食指竖着封住了他的唇，自己嘴里却荡出一句更勾人的欲迎还拒："有话，斯斯文文地说……"于是乎我们的有礼君子方先生竟是不解风情没有霸王上硬弓，竟是微微一笑："好，我送你回船舱。"真是"怨死个妹啊也么哥"。陈道明的方鸿渐，带有陈道明特有的不被外力所夺——哪怕这外力是钱老先生——的儒雅自矜：往深了说，他陈道明总不会为了个把方鸿渐就失身丧节吧。大言一句，我觉得这里也许陈道明对方鸿渐的处理才是不失分寸的（扛住四面飞来的"钱先生的书你也敢挑理！"的"板砖"）。

方鸿渐是江南诗书人家的子弟，所谓世家。哪怕是乡绅，也有门风吧。清华学生回忆老师陈寅恪有一个细节，学生们拜访诗坛宗主、陈父散原老人（没错，就是书后边董斜川对着各位不懂诗的"不通"的伙伴大肆推挹的"五六百年来"旧诗第一陈散原老先生），学生与散原翁对坐，寅恪先生全程默立乃父身后，这一细节给学生们留下极其深刻难忘的印象。这种书香门风是浸染到血脉中的。说句粗话，再烂的船也有三千钉，很难想象书中方鸿渐会猥琐到这地步——这是后边书里李梅亭干得出来的好不好。多说一句，陈道明祖父是国文教授，父亲是英文教授，演员陈道明与角色方鸿渐有着同样的至少是类似的文化血脉。

第1集　受讹也气定神闲　一夜黑甜乡，三钗遗后患，原著写道：

阿刘不先收拾桌子上东西，笑嘻嘻看着他们俩，伸出手来，手心里三只女人夹头发的钗，打广东官话拖泥带水地说："方先生，这是我刚才铺你的床捡到的。"

鲍小姐脸飞红，大眼睛像要撑破眼眶。方鸿渐急得暗骂自己湖涂，起身时没检点一下，同时掏出三百法郎对阿刘道："拿去！那东西还给我。"阿刘道谢，还说他这人最靠得住，决不乱讲。鲍小姐眼望别处，只做不知道。出了餐室，方鸿渐抱着歉把发钗还给鲍小姐，鲍小姐生气地掷在地下，说："谁还要这东西！经过了那家伙的脏手！"（18页）

这一段写出了方鸿渐的猴急性躁；但陈道明的演出则与之全然不同，更多带有陈道明本人的气定神闲，镇定如恒——这种凝神定气的情状情态在他其后20多年的演出里时能见到。且看：当阿刘笑嘻嘻凑过身来摊开钗子敲诈时，方鸿渐是眼里还是有乍然一惊，随即侧目一视对坐鲍小姐，然后目光里自然有气愤懊悔暗骂自己等种种情绪，但还是不失分寸地克制，略作思忖，不急不慌地从右裤袋里摸出几张票子，淡淡看下一脸嬉笑的阿刘，冷冷垂下眼皮，把钱扔在阿刘手端着的餐盘里（这略带冷傲的神情真是太陈道明了）。向阿刘要回发钗，微笑着不失方寸地把钗子递给鲍小姐，口说："把它收拾好。"仍是一派优雅自矜淡淡微笑的风度作派，嘴上半句"对不起"都不肯说，毫无原著里写的"抱着歉把发钗还给鲍小姐"。陈道明赋予方鸿渐的这种东西，是独属于陈道明的——原来，即便是在演艺生涯的早期，哪怕在《围城》这样的组里,他已是憋不住要流泻自我,表达自我。

接下来的对话是钱先生书里第一次展示方鸿渐的"好口才"——刻薄促狭的"医生是职业化的杀人"之论。原著写道:

> 鸿渐替鲍小姐面前换焦豆皮的咖啡里,加上冲米泔水的牛奶,说:"基督教十诫里一条是'别杀人',可是医生除掉职业化的杀人以外,还干什么?"
>
> 鲍小姐毫无幽默地生气道:"胡说!医生是救人生命的。"
>
> 鸿渐看她怒得可爱,有意撩拨她道:"救人生命也不能信教。医学要人活,救人的肉体;宗教救人的灵魂,要人不怕死。所以病人怕死,就得请大夫,吃药;医药无效,逃不了一死,就找牧师和神父来送终。学医而兼信教,那等于说:假如我不能教病人好好地活,至少我还能教他好好地死,反正他请我不会错。这仿佛药房掌柜带开棺材铺子,太便宜了!"
>
> 鲍小姐动了真气:"瞧你一辈子不生病,不要请教医生。你只靠一张油嘴,胡说八道。我也是学医的,你凭空为什么损人?"方鸿渐慌得道歉,鲍小姐嚷头痛,要回船休息。(19—20页)

这段陈道明演来,并无原著里"有意撩拨"的可恶心理,而是类似《贫嘴张大民的幸福生活》里张大民的天生贫嘴,心中并无损人恶意,说这事儿就当逗一乐。逗完乐之后鲍小姐生气了,完全出乎他意料,并非原著里的有意撩拨后"该有"的幸灾乐祸,他也不曾"慌得道歉",唯是一句"我不是这个意思啊,鲍小姐"。鲍小姐不听,拍拍屁股走人,他也唯是淡淡垂下眼皮了事。

第1集　妙用照片道具　方鸿渐到上海后住进岳家，有两场戏值得留意。

一是接风晚饭。钱先生对方鸿渐的举止并无描写，陈道明演去，是几乎两耳不闻长辈话，一嘴只顾埋头吃。方鸿渐应该是一来跟这挂名丈人丈母说话多少尴尬，加上对死去未婚妻淑英的抱愧（自己活着，花周家钱，"学成"荣归），不如就"饭遁"——以吃来掩饰、躲避①，二来四年在外国洋面包也啃得胃泛酸了吧，道地祖国家常菜（上海菜还是江浙家乡菜）满满一桌子真是看着就眼馋嘴馋啊。

二是照片。原著写道：

> 周太太领他去看今晚睡的屋子，就是淑英生前的房。梳妆桌子上并放两张照相：一张是淑英的遗容，一张是自己的博士照。方鸿渐看着发呆，觉得也陪淑英双双死了，萧条黯淡，不胜身后魂归之感。（30页）

方鸿渐对他为"孝子贤婿应有的承欢养志"而违拗本心弄到的"方博士"这个文凭头衔，可说是不失羞耻羞愤之心。这也是他与韩学愈之辈的分野。后来去三闾大学不曾开列这个博士文凭，并非仅仅因为唐小姐当面戳了他这个羞痛之处，书里写得明白，他弄学位之初，便心下有誓"反正自己将来找事时，履历上绝不开这个学位"。所以他看到跟淑英遗像并列的自己这张博士照，羞耻心必不免；再加

---

① 方鸿渐的"饭遁"后边还有：与董斜川褚慎明赵辛楣苏文纨同席那次；最后一集父母来他和柔嘉的新居视察，鸿渐说漏了嘴自己的薪水竟比柔嘉低，父母愕然，鸿渐赶忙头埋得更低勺子舀汤圆忙不迭赶趟着往嘴里塞……

之自感年华荒度，愧对淑英遗容，羞耻之上不免加以羞愧，于是乎，他先扣倒这个相框，然后抽出相片，捏成一团，紧紧拽拳头，起身出到阳台上去，在夜气里凭栏，缓缓撕掉照片，伸手一撒，碎片纷纷而下……这一撕一撒，是原著里没有的，而却精彩地形象化传神出原著这句"萧条黯淡，不胜身后魂归之感"。方鸿渐也以这一撕一撒，表示他可以或者说他以为他可以跟那张耻辱的博士照、跟那思之愧恨无地的四年来一个切割，彻底划清界限撇清关系。逃避主义者懦夫方鸿渐，这是他。

善借道具设计细节动作，是陈道明表演上一大亮点。演艺前辈举一例，于是之先生在《演王利发小记》[①]一文中写道，"比如第二幕，王掌柜除了按照剧本的规定接待各种人以外，我为他加了一个动作：把'莫谈国事'的标语一张张地贴起来。我以为这是一个有助于揭示主题和表现人物的动作。尽管他标语贴得那么认真，'国事'还是横冲直闯地进了他的茶馆，终于逼得他开不了张以至活不下去。这样，改良主义是没有出路的这一思想，就表达得更充分了。"

第2集　"一惊一乍"表演法　方鸿渐听长辈说话心不在焉，老处于一种才惊醒过来回到现世的"后一拍"状态。譬如刚回国周家接风晚宴上挂名丈人丈母说了一大堆，每次问他话，他都有一个从专注地往嘴塞菜撤回来停顿几拍才反应过来的错愕的"啊？"表示"您说什么？——哦！这个啊！"再如返乡归家他老太爷谆谆教诲了一大篇儿"嫁女必须胜吾家，娶妇必须不若吾家"的方家娶妇经，孝顺儿子

[①]《于是之：情愫》。

看似微笑谛听句句进心,老太爷看在眼里,欣慰而起,拍拍儿子肩,温言问句:"鸿渐,你说我说得对不对呀?"乖儿子却是微笑着问老子一句:"您说什么?"——方鸿渐的这个行为"特征"是原著里没有提供的,据陈道明说,这是他为方鸿渐这个"尴尬的局外人"特为设计的"一惊一乍"表演法:总是神情落寞地游离于周边环境,每被旁人问到和提及时,都先是吃一惊,才回过神来。

第2集 藏在钟里的伏笔 原著书末要出现的那口方家"传家宝"——"每点钟走慢七分钟"的祖传老钟,在电视剧里早便有不动声色的伏笔点染了。鸿渐返家,方老太爷道完"嫁女必须胜吾家,娶妇必须不若吾家"之后,镜头单给了壁上挂着的那只钟,当当响了几下;接下来,许家提亲——鸿渐讲演——许家退亲,当方老先生夫妇正与许老先生客堂说话,方家一个男仆作为背景,轻手轻脚站上凳子,打开钟的玻璃镜面,伸手进去反拨钟的指针——我们须记得书后边方老太爷郑重告知鸿渐:"这只钟走得非常准,我昨天试过的,每点钟只慢走七分钟,记好,要走慢七分钟。"电视剧这些细部用心确是深微。①

第2集 麻将桌上的戏 中日战事全面爆发,方鸿渐回到上海租界,进丈人的点金银行做事,仍住周家。受丈人之命,去"我你他"小姐家相亲,当张太太阿弥陀佛完一大篇儿上海战事,方鸿渐礼貌地表示:"不得了,不得了。"拿捏着江浙口音道出这六个字,酸腐之

---

① 此一"仆人拨钟"伏笔后边剧还有"复笔",且由男仆换为一女仆,真是精细入骨。

味淡淡而出。这句是这段书里没有的（但在书里其他场景却有几次出现），却是陈道明的库存：十多年后他演《冬至》，陈一平坐在家里沙发上看报纸，小舅子戴崴来了，嘚瑟某件事，陈一平眼皮也不抬，用最经济的口部肌肉活动吐出仨字儿："不得了。"大抵这冷酸之味，确是陈道明所诠释的江南小文人骨髓深处的颜色。据说黄蜀芹最初找陈道明演方鸿渐时，陈惊异不解：我是北方演员啊，演方鸿渐你们应该找上海演员啊。其实他自己都没注意，他陈道明这个北方演员北方人的底色，也许不是工作地北京的贫嘴，不是生长地天津的油嘴，而是籍贯地绍兴的酸嘴。

话说张太太说道"上海打仗最结棍的时候啊"——"结棍"，上海土话，意为"厉害、激烈、紧张"等，剧里给张太太用上此词，可谓神笔。且看原著：

> 张太太上海话比丈夫讲得好，可是时时流露本乡土音，仿佛罩袿太小，遮不了里面的袍子。张太太信佛，自说天天念十遍"白衣观世音咒"，求菩萨保佑中国军队打胜；又说这观音咒灵验得很，上海打仗最紧急时，张先生到外滩行里去办公，自己在家里念，果然张先生从没遭到流弹。（46页）

书里既提到张太太"时时流露本乡土音"，那么用着乡音说"上海打仗最紧急时"，岂不就是"上海打仗最结棍的时候"吗！剧集冰寒于水，一词传神，妙哉！

接下来张太太为试方鸿渐而安排的打麻将一场戏，陈道明演得精彩。书里对各人打牌时的情态无具体描写，这需要演员用理解和表演

"补白"。据报道，陈道明日常生活中是麻神，有"麻技"做底，"麻态"自然也好，凝神定气，声色不动，手底翻覆自有神通，好像仅凭这气场就稳赢不输。但电视剧里的方鸿渐则是个"赌术极幼稚"（原著语）的麻坛新人；"赌术"既幼稚，"赌态"也就不见得好——果然，这厮打个麻将全无仪态，先是弓背作虾米状勾着脑袋眼神往上瞅牌；轮到他拿牌了他凝气摸一张牌到眼跟前猛地一捏一翻，嘴里还不顾（或曰忘却）旁人观感地念叨一声"哎！"，看这张牌是不是要的；对照面前竖着的长城观察计算几下，再如乌龟般伸长脖子俯视桌中间已打出的牌；再缩回脖子深深勾头瞅瞅没打出的牌；计算有顷，"啪"的一声响亮夸张地把手中牌往桌中央打去……最后一句眉花眼笑的"我胡了！……不好意思！"其小利熏心、仪容全失的丑态嘴脸，真是活脱脱一个"屌丝小男人"！以赌态笃定的"麻神"陈道明而演赌态可憎的"菜鸟"方鸿渐，真是完全的逆转演出，必须是高纯度的演技啊！

方鸿渐赢钱后志得意满，随手抽起书架上一本书，《怎样去获得丈夫而且守住他》——看到书名他果断露出了可恶的微笑。原著写道：

> 一本小蓝书，背上金字标题道：《怎样去获得丈夫而且守住他》（How to gain a Husband and keep him）。鸿渐忍不住抽出一翻，只见一节道："对男人该温柔甜蜜，才能在他心的深处留下好印象。女孩子们，别忘了脸上常带光明的笑容。"看到这里，这笑容从书上移到鸿渐脸上了。再看书面作者是个女人，不知出嫁没有，该写明"某某夫人"，这书便见得切身阅历之谈，想着笑容更廓大了。抬头忽见张小姐注意自己，忙把书放好，收敛笑容。（47 页）

可是电视剧演来留洋博士方先生似乎还没有这点留欧绅士应有的教养克制（好吧，哪怕是虚伪的克制，但得意而不失态仍能克制内心的鄙薄，这难道不是一种深刻的教养吗），他竟是直接问推门过来的"我你他"小姐："这本书就是你平常看的？"——这简直好比对着裙子掀起的女人大笑而问："你的腿就这么粗啊？"方先生，嘴太欠了！志得意满而深藏若虚，才是君子啊绅士啊！咱能不因为就添件皮外套就放肆到这般吗……

关于打麻将，有则拍戏趣事——导演江平在《我所知道的陈道明》一文中写道：

《围城》中，星光熠熠，而最有特色的是"方鸿渐"的岳父岳母的扮演者，竟是当时上海市电影局的局长吴贻弓和夫人张文蓉。吴贻弓是导演出身，虽有《城南旧事》《巴山夜雨》等经典作品，但演戏却是大姑娘上轿头一回。别看吴导拍戏时方寸不乱，可临时被抓差当演员，而且戏份特重，那真是难为他了。

那天拍一场搓麻将的戏，吴贻弓要么牌出错了，台词说对了，要么牌出对了，台词又说错了，弄得黄蜀芹导演急不得哭不得，只好重拍几条。吴导夫人张文蓉向来心直口快，直接"开销"老公"戆是戆得嘞"，"哪能介笨，这几句台词也讲不拎清？"不想一遍遍搭词配戏的陈道明却极其谦和，不厌其烦。他还幽默地对"岳母"说："老丈人被您骂傻了，这戏咋拍呀？"只见陈道明不慌不忙地和吴贻弓聊着天，然后开始搓麻将。

圈子里的朋友都知道，陈道明是"麻坛宿将"，而张文蓉则是上影"牌桌大咖"，棋逢对手，一边打牌，一边顺词，吴贻弓老师本来就是绝顶聪慧之人，稍一放松，更有"女婿"体贴入微的关照，顿时状态到位。于是，一场戏酣畅淋漓演完。

第 3 集 戏里戏外"做鬼脸" 方鸿渐第二次去苏家，座中雅谈，沈太太的味儿可是让他遭罪遭大发了。原著里钱先生几乎在泼墨：

> 鸿渐孤零零地近沈太太坐了。一坐下去，他后悔无及，因为沈太太身上有一股味道，文言里的雅称跟古罗马成语都借羊来比喻："膻。"这暖烘烘的味道，搀了脂粉香和花香，熏得方鸿渐要泛胃，又不好意思抽烟解秽。心里想这真是从法国新回来的女人，把巴黎大菜场的"臭味交响曲"都带到中国来了。自己在巴黎从没碰见过她，今天偏避免不了，可见巴黎大而天下小。（62 页）

然而因祸得福，沈太太的味道让同罹其难的方鸿渐与唐小姐成了"患难之交"。原著写道：

> （唐小姐道：）"我问你，你那时候坐在沈太太身边，为什么别着脸，紧闭了嘴，像在受罪？"
>
> "原来你也是这个道理！"方鸿渐和唐小姐亲密地笑着，两人已成了患难之交。（64—65 页）

电视剧里演来，二人这个"患难之交"更成为不语而会心的"莫逆之交"。方鸿渐坐在苏小姐和沈太太座后，唐小姐隔着不远看他"别着脸""紧闭着嘴"，方鸿渐抬眼与唐小姐目光"邂逅"，他顺势自然做一个苦笑无奈的小鬼脸，接着变换而为微笑善意的点头示意——唐小姐显然收到方先生这张"大家都是同船人"的船票，于是乎抿嘴低头也是一笑。

后边戏（第 5 集）去三闾大学船甲板上，方鸿渐对着孙小姐大吹"鲸鱼吞舟"大法螺，赵辛楣看不下去，以"赵叔叔"的身份把孙小姐"撵"回舱去，孙小姐转过背去，两个大男孩，这个（赵辛楣）挥着老拳作势要捶，那个（方鸿渐）啜一个鬼脸表示"我就要我偏要！"，原著写道：

> 辛楣乘孙小姐没留意，狠狠地在鸿渐背上打一下道："这位方先生最爱撒谎，把童话里的故事来哄你。"（151 页）

可见原著并没写鸿渐"被打"的反应，方鸿渐做的这一个鬼脸是书里没有、陈道明为他"生造"的。

再后边戏（第 10 集）鸿渐柔嘉婚后回上海，老父特为送来祖传老钟为贺，小夫妻斗嘴时柔嘉取笑道："你来照照镜子，你看你那样子，这张脸拉这么长，脖子又这么长，像不像那只钟！"然后伸指头压丈夫的鼻尖，"你呀，就是那只钟变出来的妖精！"鸿渐气呼呼拉长的脸在镜子里变形，他趁势作怪，鼻子努着劲逆着柔嘉的手指头往镜面去凑，眉毛夸张地翘起张开，做出变形搞怪的鬼脸……

演员陈道明好用"做鬼脸"这一细部小动作增强人物面部表情表现力，丰富人物形象。以下旁及 5 个例子。

（1）《一代妖后》中的同治帝：

年青贪玩的同治皇帝一边装模作样恭听母后训示，一边跟小太监挤眉弄眼大作手势。

(2)《上海人在东京》中的祝月:

陈道明演绎的知识分子又臭又硬的脾气,混入了中国传统的大男人主义,凝铸在上海人祝月身上,倔拧又凶狠。这个只有业余夜校文凭的能干律师,以前是个木匠,刻薄拜金势利的丈母娘看不上他,他自然更如方鸿渐瞧不上孙柔嘉的姑母,你娘家人看不上我一分,我还看不上她一丈。出国前的祝月一家三口到丈人丈母家吃饭,儿子淘气敲木头条子给姥姥的盆栽君子兰"打桩子",外婆气急败坏奔过来指着外孙子骂,"你这孩子是遗传吧,外公给你买那么多小人书你不看,偏爱摆弄这些刨子啊榔头啊,怪不得人家说,三代才能培养个贵族,这孩子准没出息!"这话已经不只是指桑骂槐了。果然,那边厢这臭硬臭硬的木匠女婿淡定递过来一句,"谁叫他爸爸是木匠出身呢。"老丈母已经走远,他装模作样好歹也还是要"教训"一句,"儿子,干吗呢!"儿子东东怯生生答话,"搭小房子。"背着丈母对着儿子的祝月刚还装着板出的脸秒变鬼脸抿嘴笑,抬手就给儿子竖了个大拇指!

话头回过来,祝月咬着牙,腮帮子棱线凸显,狠劲儿撕扯手里的木工活儿(纱窗的纱),继续发泄心中对丈母娘的不满和怒火,妻子从身边走过去,他叫住了:"哎,我跟你讲啊,别跟你妈借钱(他出国还差钱)。"妻子轻声:"看你,我妈又没说你。"这时祝月凶狠的眼光直接就射过来,吓阻了妻子接下来要进一步劝他的话。这个眼神真心凶狠,不是2000年以后戏如康熙的霸气,也不是如聂明宇的阴狠,就是一瞬间透出来的凶光,那种常见的年轻男人摆大男子威风粗暴吓唬老婆那种凶光。看剧的我们不由在心中"哦"了一声:陈道明,也是有过简单粗暴的,也是有过凶狠蛮霸的,也是有过"戒之在斗"的"壮年"的。

（3）《二马》中的马则仁：

气哼哼的老马要在李伙计面前装大，李伙计赔笑"掌柜的，我去给您沏壶茶"，李伙计离去后，老马做个鬼脸："这还差不多。"——算是消气了。

（4）《中国式离婚》中的宋建平：

老宋惹到了老婆小枫，一边盛饭一边跟儿子挤眉弄眼做鬼脸，"又生气了！去，叫你妈吃饭！"

（5）《楚汉传奇》中的刘季：

刘季起事，攻占沛县县衙，次日大块吃肉大碗喝酒，就在摁平了雍齿欲待接着大快朵颐之时，前女友带着儿子找上门来了：看那曹氏倚着门眉眼带嘲仍是风情如昔的一声"富贵啦！"。且说刘季此刻的反应，仍是这老小子不见兔子不撒鹰，事不三思不后动的老套路：等等看，再反应。他先看看弟兄们，再看看曹氏，再看看那领来的儿子，再看看起身欲去"正面迎战"的老婆（这是关口，先看看老婆如何对小曹）。可你看刘季这老小子真是个贼，贼精，就正室把外妇的庶子拉到他跟前了，柔声教他喊"爹"，儿子也喊了"爹"，他仍是事不三思终有悔似的，眼望着老婆很是望了一阵儿，看不会有假了吧，她不会是做足前戏马上就翻脸发飙了吧，这才瞅着儿子，脸纹舒缓绽开一个慈爱的笑，把小犊子轻拉过来；两手揽住了，猛地一个啜着嘴翻着眼的大鬼脸；再一个灿烂无比的笑……大家都乐了，可我们的小刘肥可被他这无赖老爹给吓坏了，登时呜呜呜哭起来，哈哈哈。

"做鬼脸"这一好的灵活的即兴表演，属于陈道明表演"点子库"中一员，概无可疑。《围城》一则花絮为我们提供了一点蛛丝马迹——"做鬼脸"，很可能是陈道明从生活中带进戏里的：

三闲大学戏份拍摄地春晖中学坐落在白马湖畔，三面环山，与市区相距较远。业余生活，非常单调。剧组的男士组队，与学校的篮球队比赛。篮球队的小伙牛高马大，衬得178cm的陈道明也相当的娇小，更不要谈身板单薄的葛优了。剧组队落花流水。陈道明急了，死死抱住篮球队的大高个，不让他转身投篮。我们在四边轰然大笑，葛优瘪着嘴笑，陈道明冲着我们做鬼脸。

第3集 在"逗号"上下功夫 方鸿渐约了唐苏两位小姐晚上吃饭，这天早上，他在周家吃早饭，饭桌上心思里不用说也全是唐小姐，全是有唐小姐的今晚晚宴。女用人来报："方先生，你电话，姓苏的小姐打来的。"女用人这句话倒是平常无奇，可在方鸿渐这儿竟是平地生澜，旋又波平浪静：当她说到"方先生，你电话"，满心里是唐晓芙的方鸿渐一厢情愿地以为满世界也都是唐晓芙，所以这个电话必也是晓芙打来给他的，于是乎他脸上立马绽开一个幸福洋溢的微笑，忙不迭搁下手中的碗筷，屁股迅疾抬起离座，看这架势已是兜不住要以百米冲刺奔向楼梯边电话机了。没承想女用人还有下句"姓苏的小姐打来的"，方鸿渐脸上的笑登时淡去，一个停顿，慢慢重又落座，神态恢复如常，对桌上周太太效成等礼貌道："你们慢慢吃啊……"眼神里生出思索（苏小姐打电话来做什么呢？），缓缓起身大步走向楼梯话机。原著写这段：

女用人下来说："方少爷电话，姓苏，是个女人。"……鸿渐想不到苏小姐会来电话，周太太定要问长问短了，三脚两步上去接。（69页）

陈道明没有按原著写的演他"三脚两步上去接",而是把功夫用在女用人话里的一个"逗号"上,把"方先生,你电话"与"姓苏的小姐打来的"中间这个"逗号",化常为奇地演成了立体饱满的"破折号",表示平地突起峰峦、峰峦突又沉下的情态瞬息两番陡变的"破折号"。真演技妙手也!非演员心思灵动表演状态松弛活泛,而不可出此难以事先设计、观之唯有赞叹的传神妙手!

陈道明表演细节之活泛丰富,常常于原著"无中生有",还可见接下来方鸿渐接电话。电话那头苏小姐道:"晚上我不能去了,很抱歉。"方鸿渐接话:"那唐小姐能去吗?"说话间陈道明又做了一个原著里没有给出的表情——一个翻白眼的自做鬼脸。

第3集　一场令人唏嘘的爱恋　电视剧里晓芙对鸿渐的感觉和感情,比原著里写的纯真诚挚。譬如晓芙赴鸿渐那晚晚宴,烛光映照之下,她眼睛里看鸿渐,已是波光盈盈,满蕴爱悦之意。

又如原著写道"明天方鸿渐到唐家,唐小姐教女用人请他在父亲书房里坐",然后告知鸿渐大批特批的王尔恺那首歪诗其实是苏小姐做的;电视剧里场景却不是书房,而是春色清新的绿草坪,鸿渐与晓芙并肩散步,俊男靓女语笑盈盈,说到这首"文纨小姐旧作"的乌龙,也并不如原著中的严重[①],鸿渐只是低眉勾唇浅浅一笑,全不系怀,晓芙也不以为意,这颗掷入池塘的石头并不惊波溅浪,只是如绿塘里飞入一片柳叶,只泛开浅浅涟漪,全不曾影响到恋爱中的这对璧人轻快活泼的呢喃情语。电视剧里史兰芽演的唐晓芙,比原著里写的

---

① 原著写道:鸿渐跳起来道:"呀!你别哄我,扇子上不是明写着'为文纨小姐录旧作'么?"

唐小姐更讨人喜爱，除了自然真率不作态矫饰是书里所谓"摩登文明社会里那桩罕物——一个真正的女孩子"外，还减弱了原著里写给唐小姐的那些聪明与"高冷"（譬如"我们程度幼稚，不配开口"等冷冷拒人之话），而格外增染了她纯真可爱、热情活泼的色泽。书里她的出场，平常无奇：

> 苏小姐领了个二十左右的娇小女孩子出来。（52页）

剧里她的出场，是方鸿渐初到苏家，在客厅等用人通报小姐，往窗外草坪望去，一个纯真欢笑的女孩子在绿草坪上忘我无忧地逗狗玩耍。原著里写唐小姐的心理活动，不免有些令人气馁而生厌：

> 自己决不会爱方鸿渐，爱是又曲折又伟大的情感，决非那么轻易简单。假使这样就会爱上一个人，那么，爱情容易得使自己不相信，容易得使自己不心服了。（74页）

电视剧里演来却是没有这个，而是草坪上散步笑语的一对璧人越走越近，自自然然地，晓芙伸手挽住了鸿渐的手臂；鸿渐呢，也没有失态狂喜，也是自自然然地微笑着轻轻揽住晓芙的肩背。当男人爱上女人，当女人爱上男人，又当春暖花开，绿草如茵，软风拂面，情意萌发，大抵一切都是那么水到渠成、顺遂自然的刚刚好。

原著里写方唐吝于笔墨，除了撷述方鸿渐那些"慰情聊胜于无"的情书情信的只语片言外，别无他笔，几令读者疑心这段恋爱遮莫只是方鸿渐这边的单相思。电视剧增加了鸿渐晓芙俩人林荫道手挽手漫步,鸿渐为博伊人一粲跳起摸树叶,晓芙格格欢笑、俩人在草坪上快乐地打网球休息时候情话逗趣的情节,丰富了"方唐之恋"的细节。欲抑先扬。欲哀之深,先乐之甚。春花是如此迷醉,秋雨方那般凄凉。且说苏小姐恼羞成怒先下手为强把方鸿渐在归国船上与鲍小姐一夜黑甜的"秽史"向唐小姐和盘托出,方鸿渐的噩运已被注定。同原著写的一样,方鸿渐"冒雨到唐家"。这个雨,正如林教头山神庙大开杀戒那夜的雪,不下简直不行。

窗外是雨声,屋内是决绝。这场室内决绝的分手戏码,大致是照着原著来演的。唯是最后方鸿渐起身离去的戏,略有不同。原著写方鸿渐听毕唐小姐这些句句诛心的话语"两眼是泪":

> 鸿渐身心仿佛通电似的发麻,只知道唐小姐在说自己,没心思来领会她话里的意义,好比头脑里蒙上一层油纸,她的话雨点似的渗不进,可是油纸震颤着雨打的重量。他听到最后一句话,绝望地明白,抬起头来,两眼是泪,像大孩子挨了打骂,咽泪入心的脸。唐小姐鼻子忽然酸了。"你说得对。我是个骗子,我不敢再辩,以后决不来讨厌了。"站起来就走。(113—114页)

方鸿渐在社会上做事"本领没有,脾气倒很大"(书后边柔嘉姑妈陆太太对这位侄女婿的考语),在爱情上似也如此。如果说有本领,至少先能预料苏文纨会先下黑手,自己这边则预为周全之计,后则事发之后能有补救之方——细细密密对着晓芙解释圆场,可惜他都没有,只有耷拉着脑袋;如果说脾气不这么大,不这么倔强高傲,能在唐小姐面前低下头颅委曲求全,"事缓则圆",何至于就此决绝了呢。

但陈道明的方鸿渐是比钱老先生的方鸿渐更是决绝高傲，他不曾当着唐小姐掉一滴眼泪，他只是收起眼里的伤痛摧折，若无其事地站起身来，说道，"我以后，也决不来讨厌了。"然后微笑着伸出手去，意思是好说好散，还留有今后见面的余地？这几乎就是"陈道明式"的傲骨表达：不会人前流泪展览给你看，还故作轻松伸手握握潇洒离开。可惜唐小姐也是一位高傲的官小姐（原著："唐小姐脾气高傲"），她没有握住鸿渐伸来的手——原著里相反，是方鸿渐不敢握手："鸿渐披上雨衣，看看唐小姐，瑟缩不敢拉手。"方鸿渐带着失望向屋外走去，突然，晓芙在后唤道："鸿渐！"方鸿渐猛地转过身来，俩人对视，目光里都是不舍，晓芙要冲过来扑向鸿渐，却在桌边硬生生止步扼住自己，鸿渐伸出的手也凝在了半程……

不禁想起陈奕迅的 *Shall We Talk*，歌词写得何其好："陪我讲，陪我讲出我们最后何以生疏；谁怕讲，谁会可悲得过孤独探戈；难得可以同座，何以要忌讳赤裸；如果心声真有疗效，谁怕暴露更多，你别怕我……"

人生是何等艰难，彼此相爱是何等的难遇，为什么，为什么，就不好好坐下，把那些高傲抛下，把那些半截子话竹筒倒豆子全部倾吐出来呢？！方鸿渐明明可以解释，解释自己这个岳家只是挂名岳家到底是怎么回事，解释自己对苏小姐只是一时心软不忍拒绝才拖到今日这个被你误会的局面，解释自己绝不是骗子，自己对你晓芙是何等的爱如春风炽烈诚挚——只因为她说了第一句"我不需要解释"，就完全击溃了你的自尊和傲然，你就不准备用两次三次千百次的解释反击她其实第二次就已经崩溃的防线了吗？（原著："唐小姐恨不能说：'你为什么不辩护呢？我会相信你。'"）钱老先生的方鸿渐，是既有脾气大,又有本领不大;陈道明的方鸿渐,淡化了本领不大(懦弱退却)这一点,凸出了脾气大——演员陈道明本人的深层底色"倨傲"。

鸿渐呆立晓芙楼下雨中,等她回心转意。书里写得戏剧性,似乎他和她只是无缘,是缘分本身让彼此错过:

> 女用人来告诉道:"方先生怪得很,站在马路那一面,雨里淋着。"她忙到窗口一望,果然鸿渐背马路在斜对面人家的篱笆外站着,风里的雨线像水鞭子正侧横斜地抽他漠无反应的身体。她看得心溶化成苦水,想一分钟后他再不走,一定不顾笑话,叫用人请他回来。这一分钟好长,她等不及了,正要分付女用人,鸿渐忽然回过脸来,狗抖毛似的抖擞身子,像把周围的雨抖出去,开步走了。(114页)

如果,如果方鸿渐能等过这一分钟,等到晓芙的女用人下楼来请他回去;如果,如果唐晓芙能不考验他一分钟那么"长",立马赶忙就叫女用人下楼来请他回来。可惜,可惜,就错过在这一分钟的几十秒里,也许几秒里。陈奕迅唱的、黄伟文作词《十面埋伏》听来心酸:"迟两秒搭上地下铁,能与你碰上吗;如提前十步入电梯,谁又被错过……"

电视剧演来比书里更戏剧性、更令人唏嘘天意之弄人:方鸿渐站在雨里,脸朝着唐晓芙二楼的窗户辛苦辛酸地望着。晓芙拂去窗上打着的雨点,看到雨中向她苦苦张望的鸿渐;鸿渐看到晓芙,挪动了下身子碎步小迈一步,满目殷切;晓芙不忍,转头往屋里奔去;鸿渐以为晓芙是要忍心跟他"不见为净",于是乎"狗抖毛似的抖擞身子,像把周围的雨抖出去,开步走了";谁知道缘分错就错过在这里,晓芙是进屋去赶忙吩咐女用人,"阿翠,快去把方先生请上来!"可惜,当她吩咐完再次来到窗边往下望,看到的只是方鸿渐在冷雨中木木地拖着步子远去的模糊身影,听到的也只有自己心碎一地的脆裂声……

这个男人在雨中呆立女人楼下苦等女人回心转意的桥段,在陈道明 20 多年后监制并出演的电视剧《我们无处安放的青春》中有类似出现:8 集,李然在蒙蒙楼下淋雨久立,蒙蒙在楼上窗里看到此景咬嘴唇流泪。经查,此情节情景在该剧原著里并无,应该是电视剧主创们的贡献,而且极有可能是陈道明的构想——《围城》里这个经典桥段有可能深深烙进陈道明的意识深处,成为他表演"点子库"中一员,遇有合适机缘便会大放异彩。

又如《楚汉传奇》4 集刘季别曹氏,走出曹氏的视线外,背靠着土坎儿,窝在土坎根儿下,在冬雨浇淋中刘季痛哭失声。刘季痛哭片刻——数秒,之后抹一把脸,在冬雨中晃晃头,抖了抖其实抖不掉的雨水,站起身来往前走,回家。

这雨中痛哭的一幕不能不令人想到《围城》中方鸿渐在唐晓芙楼下被淋得落水狗似的那一幕,不同的是那是他被人家彻彻底底拒绝,打入十八层地狱,这次是他扔下一串铜钱一个钱袋,就等是交割清了赊欠的账?相同的都是交割,割不了的也得硬割。

这一刻,我还不只是看到了二十多年前的方鸿渐,我是看到了几十年来的陈道明。那在冷雨中背着人蜷缩着痛哭的卑微之身,那傲然得不屑于、那卑屈得不敢于人前近面哭给人看的,镜头远远地打过去,叫人看不清他脸上的伤痛变形、叫人听不清雨声中他的哭声的,不是刘季,是陈道明。

我曾说过陈道明对角色的深度投入不可避免会给角色印染上表演者某种深层次的底色或心魂，这是他表演和角色里最堪玩味的精华，此又为一例。显然，"分手总要在雨天""分手总是在雨中"，从《围城》到《我们无处安放的青春》，到《楚汉传奇》，是陈道明一以贯之的表演构思。

回到《围城》现场。这个戏剧性在接下来方鸿渐回家接电话一场戏里更是戏剧性至极：本来唐小姐是打电话来要挽回的（全靠鸿渐苦情可怜落汤鸡形象加分）；女用人误会为苏小姐过来传话"苏小姐打来的"；方鸿渐气急败坏之下光着一只脚冲过去拿过话筒就开骂撒火——这是他亲手断送了自己最后一线希望（幸运的是他自己事后一直不知道真相，否则恐怕要跳楼）。其实，这个戏剧性认真想来，也是偶然中带有必然。如果方鸿渐真是一个秉性淳厚甚有修养之人，哪怕对方是苏小姐，你对着一个大家闺秀，好意思这般没脸没品地破口大骂不留余地吗？而但凡是话一起头，那边接一个口"鸿渐，是我"或者"鸿渐，淋坏了没"，这不就峰回路转重现生机了吗！所以方鸿渐配不上唐小姐，他骨子深处的性躁量窄涵养不足修养不够，才是断送他爱情幸福的必然。

张俊、沈治钧《诗何以怨——〈红楼梦〉和〈围城〉的忧患意识》一文便论云："方鸿渐与唐晓芙的恋爱，时间不长，在小说中所占篇幅也有限，但给读者留下的印象却相当深刻，大家也无不乐观其成。然而，作者却安排了一连串的误会，以'上帝之手'轻易地拆散了这对鸳鸯。方唐之恋与宝黛爱情之终归幻灭不同，后者具有深刻的社会原因，而前者只是偶然事件所铸就的憾事。倘若方鸿渐不激怒苏文纨，或者事先将他与苏的关系对唐晓芙解释清楚，则方唐关系当不至闹僵。倘若他在雨中多停留仅仅半分钟,使唐有时间去请他回来;倘若他接电话时没有误认唐的关怀为苏的纠缠,方唐关系便极可能出现转机,则他便不至于落魄到被孙柔嘉逼出家门的窘境。这一每每令方鸿渐念之心痛的恋情,也使读者心生遗憾与迷惑。作者何以会如此忍心,仿佛是故意不愿玉成其事。有缘面见钱锺书的读者,都会索问个中奥秘。可惜钱锺书从未给予正面的解释。"①

张俊、沈治钧二先生此论此惑,便是笔者上文所言:"似乎他和她只是无缘,是缘分本身让彼此错过。"然而,非也。方唐之恋未能如愿,并非只是偶然事件所铸就的憾事;偶然性而外,有深刻的必然性,有方鸿渐的性格原因——张、沈论云"倘若他在雨中多停留仅仅半分钟,使唐有时间去请他回来",然而事实上,方的傲气不会答应;张、沈论云"倘若他接电话时没有误认唐的关怀为苏的纠缠,方唐关系便极可能出现转机",然而事实上,方的性窄气躁决定了他必有此举。所以,张、沈二先生何须怀此疑问:"作者何以会如此忍心,仿佛是故意不愿玉成其事。有缘面见钱锺书的读者,都会索问个中奥秘。可惜钱锺书从未给予正面的解释。"书中实已不动声色地道明了"个中奥秘",还要作者怎样"给予正面的解释"呢?难道写论述文最后归纳题旨?那当然不是小说的写法。

而且哪怕没有电话乌龙这回事,方鸿渐面对圣女一样纯真无邪的晓芙,能真的解释得清白他的过往吗?鲍小姐这事儿怎么说?也许唐小姐所谓"方先生的过去太丰富了!我爱的人,我要能够占领他整个生命,他在碰见我以前,没有过去,留着空白等待我"(113页)究其

---

① 《北京师范大学学报》1996年第5期。

深心也不过是托辞,她真在乎的不是方先生的过去太丰富,而是方先生的过去太不堪,她真正在乎的是方鸿渐是个什么人,是不是个可以托付终身从一而终的人——方鸿渐有这个脸正直无邪地抬眼对着她纯如水晶的眼眸吗。唐晓芙的一席话事实上掀开了方鸿渐所有的遮羞布,让他无可遮掩地正视到这样一个事实——我是个混蛋,我根本配不上这样的姑娘。所以与其说我们哀叹方鸿渐为啥不能如《倚天屠龙记》里赵敏一般昂然说道"我偏要勉强",不如说我们怜悯他过去的卑污;更悲哀的是,他懦弱得并不能肯定并不能坚定认为自己今后可以能够洗去所有的卑污,重塑一个足够配得上晓芙的方鸿渐。这是最悲哀的。更悲哀的是,绝大多数的中国男人,无论古今,概都类此。这样想来,钱先生在书前"序"里所写那句"只是人类,具有无毛两足动物的基本根性",真是令人脊背生凉。就如张爱玲《半生缘》里同样懦弱自卑软弱狭隘而也不失为好人的沈世钧。不是人物塑造"撞车",而是《围城》《半生缘》所写,本就是绝大多数具有共性的可鄙可悯的中国男人。如沈世钧,方鸿渐究竟不失为不坏的好人,如果是李梅亭、祝鸿才,哪里还会有"自鄙"这一根筋;这也正是鸿渐堪怜之处。陈道明曾说塑造方鸿渐难也难,不难也不难,因为"钱老先生的高明之处是他把人物的复杂性、丰富性写透了。他写了人性的弱点,写了中国知识分子骨子里的劣根性,既是方鸿渐的也是我陈道明的。"[①]对于我们看客,悲哀的是方鸿渐如同一面镜子,看到他正如看到我们自身,看到他卑污的过去无法抹去一如看到让我们也自惭形秽的斑斑过往——陈奕迅唱到"试问谁可,洁白无比"(黄伟文作词

[①]《陈道明访谈录》。

《打回原形》)。既然人生没有童话，人生不是童话，那么真实世界里的方鸿渐，就注定拥有不了童话仙境里的唐晓芙。在此之前，他有的是肉欲（鲍小姐）；自那以后，他只能有慰藉（孙柔嘉）；从始至终，他只有这么一段爱情。

他再没爱情了。

第4集　西装换长衫的巧思　爱情没有了，爱情的载体，信件，也跟着要送还交割了。原著写道：

> 明天，他刚起床，唐家包车夫送来一个纸包，说小姐分付要回件。他看这纸包，昨天见过的，上面没写字，猜准是自己写给她的信。他明知唐小姐不会，然而还希望她会写几句话，借决绝的一刹那让交情多延一口气，忙拆开纸包，只有自己的旧信。他垂头丧气，原纸包了唐小姐的来信，交给车夫走了。(115页）

剧里演来，方鸿渐并不如原著所写的"垂头丧气"，反是带着淡淡的冷傲，从晓芙家女用人手里接了纸包，另手递出自己同样用纸包的晓芙的来信，口里淡淡道："把这个交给你家小姐。"这又是典型的"陈道明式"不失傲骨的处理。但接下来的一帧戏我觉得是剧组的疏忽：方鸿渐回屋打开纸包，装信的是个糖果盒子。但事实上原著所写，这个糖果盒子是鸿渐给晓芙的。原著：

> 唐小姐收到那纸包的匣子，好奇拆开，就是自己送给鸿渐吃的夹心朱古力糖金纸匣子。(115页）

剧里给"乌龙"到了鸿渐打开这个糖果盒子。显然,书中鸿渐把这个晓芙买给他吃的糖果盒子装晓芙的来信送还晓芙,更可见其伤痛之深。剧里这一粗糙,小说婉曲微妙处全失,遗憾,可惜。

接下来周经理委婉辞退方鸿渐一场戏,剧里演来与原著大不同。原著是周经理两次叫鸿渐去他办公室说话,剧里给糅合而为一场戏(这样处理好,精练)。原著写方鸿渐的反应,实在是气量窄、欠成熟、易冲动、乏教养、少涵养,剧里则做了一些"美化"。原著写道:

周经理回家午饭后到行,又找鸿渐谈话,第一句便问他复了三闾大学的电报没有。<u>鸿渐忽然省悟,一股怒气使心从痴钝里醒过来,回答时把身子挺足了以至于无可更添的高度。</u>周经理眼睛躲避着鸿渐的脸,<u>只瞧见写字桌前鸿渐胸脯上那一片白衬衫慢慢地饱满扩张,领带和腰带都在离桌上升,</u>便说:"你回电应聘了最好,在我们这银行里混,也不是长久的办法,"还请他"不要误会"。<u>鸿渐刺耳地冷笑,</u>问是否从今天起自己算停职了。周经理软弱地摆出尊严道:"鸿渐,我告诉你别误会!你不久就远行,当然要忙着自己的事,没工夫兼顾行里——好在行里也没有什么事,我让你自由,你可以不必每天到行。至于薪水呢,你还是照支——"

"谢谢你,这钱我可不能领。"

"你听我说,我教会计科一起送你四个月的薪水,你旅行的费用,不必向你老太爷去筹——"

"<u>我不要钱,我有钱,</u>"鸿渐说话时的神气,就仿佛国立四大银行全在他随身口袋里,没等周经理说完,高视阔步出经理室去了。只可惜经理室太小,走不上两步,他那高傲的背影已不复能供周经理瞻仰。而且气愤之中,精神照顾不周,<u>皮鞋直踏在门外听差的</u>

<u>脚上</u>,鸿渐只好道歉,那听差提起了腿满脸苦笑,强说:"没有关系。"(120—121页)

剧里演来是:

周经理:"你回复了三闾大学的电报了没有?"

方鸿渐的反应并非原著里写的"忽然醒悟"登时发怒,而是以正常的对长辈对上司说话应有的语速语气温然问:"怎么啦?三闾大学的事儿我已经复电应聘啦。"

周经理:"你应聘了就好。我在想,你在我银行里这么混,也不是个长久的办法。"

方鸿渐笼袖轻点头,礼貌地专注倾听,试探性地接话:"您的意思是不是,让我今天就离——"(原著写方鸿渐反应:"刺耳地冷笑。")

周经理:"你不要误会,我是说,你不久就要远行,至于薪水嘛,我还是可以照付的。"

方鸿渐听明白了,他彬彬有礼地保持气节,站起身来:"这份薪水,我不能要。"

周经理做手势解释,希望他不要坚执己见:"你听我说,我让会计科预支四个月的薪水,你带着路上用,这样就不必向你老太爷再要了。"

"我不要——"方鸿渐的气势节节升高,侧身离去,然而又分明克制着,是缓缓侧身而离去,并不显得气急败坏或是气哄哄急躁躁,也并无原著中所写的作态的滑稽"高视阔步出经理室"。他语气也无变化,音调也并未升高:"我有钱。"出门与进门的听差撞在身上,亦无气愤的失态。

总之，大抵这位"陈鸿渐"确是演出了原著"钱鸿渐"内心的气节与傲然，但却一概抹去了原著所写的"躁性"，举止言语节奏轻重皆与常无异，这既是诗礼人家应有应传的克己功夫，也或许还有更深一层。陈道明用这种平缓平静平常化的处理，反而是更深地表达了钱先生要在这一节里写出的方鸿渐：对"鄙吝势利的暴发户"（书里稍后边方老先生与方老太太晚饭桌上偏袒儿子怪周家不容人的话）的气愤——最深的气愤是什么？是不气愤，因为觉得你还够不着让我气愤的斤两。

另外还有一层，恐怕注意到的人更少：那就是鸿渐从失恋后，出门、上街、上班，不再以前一般西装革履，穿着背带裤，皮鞋锃亮，而是换了一身长衫。到周经理办公室说话，他就是穿这一身长衫。一直到稍后边戏，他搬离周家搬回家，告诉父亲收到三闾大学的聘电，都是这身长衫。过了几天才又西装上身。而这跟原著是相反的。钱先生很少在人物衣着上下笔墨，对主角方鸿渐的衣着也并不予特别的关注。他这里写到鸿渐的衣着还主要是为了凸现他受刺激时略显滑稽的漫画卡通般情态——形体变化："鸿渐胸脯上那一片白衬衫慢慢地饱满扩张，领带和腰带都在离桌上升。"显然，银行上班族方鸿渐先生这一日，如往日之常，仍着白衬衫、领带加腰带的西式"常服"。为什么陈道明在这儿偏偏要跟钱老作对？笔者仔细咀嚼，遮莫是陈道明借服装之变化，暗透某种消息——譬如这么解释是不是就可以：方鸿渐失去了晓芙，"觉得天地惨淡"（原著语），一段时间里失去了精神头，连带着也不怎么修饰打扮了。须知，在上海的租界里做事，必然得是西装革履、油头锃亮的啊。方鸿渐之前不就全是这样吗。他这下不在乎了。心里不大所谓了。心思都被失恋之痛耗空了。没多少心思再能分给服饰衣着了。而且细细再琢磨，西装革履里面不但有心思，还有束缚；也许传统长衫的宽松轻软，会让他的身体、心灵，也或许可能宽松轻软那么一时片刻。方鸿渐那段时间心里住满了情殇之痛，泰山崩于前恐怕也色不为变，故而他对周经理辞掉他这件事的反应之淡，之平静，之浑若无事，跟他穿的那件长衫其实正是一体之两面，一因之两果——都是晓芙给弄的。这身长衫就不动声色地折射了方鸿渐内心伤痛到疲累以至于麻木。与原著所写的躁性滑稽相比，这个麻木其内平淡其外恐怕更近于方鸿渐其时真实的心理和情态。方鸿渐这段时间心里、外表的"淡"，还表现在稍后边他从周家搬回方家，方老太爷正在大谈对周家的鄙夷"我们也不稀罕跟这种暴发户做亲家——"鸿渐是不想听老子念叨完，淡淡一点头："我先走了。"陈道明曾说："演员职业的魅力，在于其 50% 是一个心理学家。"[①] 我认为他对方鸿渐失恋不久后这一时期心理情态的把握和表现，堪称恐怖。钱老都"留白"之处，他陈道明给补白了。而这补白之"技"，也堪称高妙：神态言语举止之淡、换装之西服换长衫。

北京电视台《每日文娱播报》2013年5月19日采访陈宝国，主持人问及他对"中年F4"（陈宝国、陈道明、张国立、葛优）其他三人的评价，陈宝国没有答些泛泛之词，言出必中：

> 道明是一个很聪明、极其聪明，而且很仗义的人。

---

① 《演员还是心理学家，两种不同人的标准》。

北京电视台《春妮的周末时光》2017年2月18日采访蒋雯丽，主持人问及她对合作过的男演员的评价，蒋雯丽言及陈道明：

> 我觉得道明老师真的是一个非常智慧的人。他说他那个特别自豪的不是他拍过多少戏……（自豪的是）他是那个好像中国麻将冠军。我们拍戏的时候也是，有些演员就觉得，每场戏都有我，就是好像每个镜头都要对着我，才显得我重要，哎，他就不是这样，有时候拍戏的时候，他就把脸给蒙起来啊，或者就只露个眼睛，哎，我说："你干吗，你这个为什么要把蒙起来，只露个眼睛？"他说："观众，你想这么多集，老看你就看烦了啊。"他说："我不用一个劲儿地要观众老看见我。"哎，我就觉得他很智慧，对吧。就是你这个角色，不是说你一天到晚地老看你，而是靠你内在的，自身的那个魅力啊。

电影《我心飞翔》有则花絮，说起陈道明，导演高晓松透着浓浓的敬意：

> 我们有一个镜头用的是广角，一大长条的血手印，特别震撼。陈道明是一个特别聪明的演员，拍这个镜头的时候，因为摄影机的机位有限制，只能从后面拍，我们就做了一块一模一样的透明布，透过血手印看陈道明写字。我也没要求写什么字，他想了一下，写了一个'苦'字。写别的字从背面看别人不认识，而这个'苦'字正反看都一样，而且特别契合人物的心境。陈道明真是太聪明了。①

---

① 《陈道明专访：演员的至高境界是"无语"》，金娜／文，《文汇报》2003年1月17日。

演员陈道明的"智慧""聪明",其一便是巧用心思于服装。就笔者窄目所及,很少有演员在角色服装(以及化妆、道具、造型、发式发型等)上下功夫有陈道明那么深,以服装之变折射人物之变,这应该也算是陈道明在表演界的一大"演法突破"。

如《二马》,通过人物服装的变换来折射、来巧妙助推剧情推移与转折,来步步为营巧妙映发人物内心和情态的流水波澜,是陈道明在《二马》中表演一大亮色[①]。

再如《黑洞》,可以说淋漓尽致展现了作为演员的陈道明用"服装"为道具,从不同侧面细微复杂地表现人物性格气质特征的演艺功力。

又如《卧薪尝胆》,勾践监国太子之位被废,心情不免郁郁,这反映到着装上,便是他闲废在家,衣履不整,几绺头发散垂额前鬓边(第5集);公子稽会接受了吴人所"赠"王仪卤簿,举国齐暗勾践几乎是"独"感奇耻大辱,已不再是监国太子不再是太子的勾践凌厉怒喝"击鼓升朝",他拾级而上(第6集),镜头里慢慢浮现出一个身形,虽锦绣华服却鬓发飘散,这不仅仅是他郁郁的心境,这还是他郁怒的心情,郁怒而不得勃发,一腔悲愤如野草般疯长四散,就是这飘散长发!

一直到2011年话剧《喜剧的忧伤》,陈道明仍是巧借服装变换这一妙手,映射了审查官情态和心理、审查官与编剧关系的转折。[②]

[①] 详参鄙作《美凤求凰频换装——以马则仁"换装"为贯串线,赏析陈道明在〈二马〉中表演》:https://zhuanlan.zhihu.com/p/72312773?utm_source=wechat_session&utm_medium=social&utm_oi=30526207426560
[②] 见《陈道明的艺术人生》中"表演理念的流变"一节中的例子。

再如《楚汉传奇》，刘邦彭城败后逃回沛县，意态消沉，反映到服装上，就是外套脱下来，随意披在肩上；萧何赶来"怒谏"，他胡乱穿上，衣服歪歪斜斜的，破罐子破摔的怠懒情状毕现；等到他终于听进去了萧何的话，准备重振旗鼓再战霸王，于是乎推门而出——仗剑挺立，衣着齐整，弟兄们，你们的大王又回来了！① 按，此处又可回参《卧薪尝胆》第 5 集，勾践太子之位被废，闲废在宫，扶同不忘故主，专来奏事，勾践站起身来，边走边听，这时他的着装上有点变化，就是外袍是披在身上的，并非如以前随时穿戴整齐。陈道明的细节真是无微不至，无至不妙。②

演员冯雷 2017 年 4 月 14 日做客花椒直播说道：

> 陈道明的剧本，每一行中间儿都有无数的小字。我说无数夸张一点儿，但都是标注。就是他做的人物阐述，做的功课。

第 5 集 一件外套都要派上用场 杨绛先生说："我爱读方鸿渐一行五人由上海到三闾大学旅途上的一段。"笔者不知道杨先生爱读这段究是为何；于我而言，爱看这段戏仅仅是或者说首先是因为观剧的轻松——看这段戏可以说是我看全剧观感最轻松的一段。其实这段旅程主人公们经历起来，一点不轻松，可以说是多经磨难，但我就是感到轻松——我感到的首先是他们的轻松，发自内心的轻松，疲累其

---

① 详参鄙作《我是泗水亭亭长刘季！——陈道明在〈楚汉传奇〉中演出评析》：https://zhuanlan.zhihu.com/p/75143256
② 详参鄙作《磨骨——陈道明在〈卧薪尝胆〉中表演赏析》：https://zhuanlan.zhihu.com/p/80923900

筋骨而松活其心神的轻松。想来,这段的轻松,其核心在于单纯,就行路难吧,可除了行路难,人生的千难万难,都不需要去难。——行路之难结束之后,到了三闾大学,虽说喝热茶吃热菜沐浴热汤,但各种不想面对却不得不面对的糟心事儿也便开始排着队纷至沓来了。人生给你们放了个假,现在收假了。

这段戏第一个值得注意的细节就是方鸿渐的衣着。我们须记得,方先生在前边,用在"我你他"小姐家里麻将桌上赢来的钱买了那件他垂涎三尺的皮外套——这可是"损失个把老婆"换来的奇货哟。

这件皮外套钱先生"买"给方鸿渐后就没让他穿过(至少书里未给他穿的"机会"),想必一向讲究穿衣的陈道明或是内心颇为不忿,为方鸿渐抱不平,所以不动声色地将其披挂于远行内地去教书的方先生之身——书里交待,时当初秋,天气"变化不测";这件宝贝皮外套作为主人漫漫长路抵风御寒之具,便派上它的用场了。它可以夜用为毛毯,搭在主人身上;也可日用为风衣,裹着抵御海风。

这个服饰细节真是不动声色的细腻——须知,原著里并未言明方鸿渐上船一路的穿戴,且在之前方老太太为远行游子收拾行装的笔墨里,也并未搞特殊待遇,特为提及有这件皮外套。且看原著写道:

> 他带三件行李:一个大箱子,一个铺盖袋,一个手提箱。方老太太替他置备衣服被褥,说:"到你娶了媳妇,这些事就不用我来管了。"方遯翁道:"恐怕还得要你操心,现在那些女学生只会享现成,什么都不懂的。"方老太太以为初秋天气,变化不测,防儿子路上受寒,要他多带一个小铺盖卷,把晚上用得着的薄棉被和衣服捆在里面,免得天天打开大铺盖。鸿渐怕行李多了累赘,说高松年

信上讲快则一星期,迟则十天,准能到达,天气还不会冷,手提箱里搁条薄羊毛毯就够了。(139—140 页)

第 5 集　为情所伤之痛　前文已预提及,方赵二人正拟从风大的甲板上回船舱,孙小姐突然从黑夜里的凳上"冒"出来,几人寒暄对话,方鸿渐对着孙小姐大吹"鲸鱼吞舟"大法螺。方鸿渐爱在女人面前卖弄其"好口才",譬如对着鲍小姐大论其"医生是职业化的杀人"之怪谈(前文已提),对着唐小姐大谈其"女人是天生的政治动物"之奇论。

这一段"海上夜遇",他对着孙小姐故技重施,大吹法螺,既非如之前在鲍小姐前"有意撩拨",也非如在唐小姐前"表演口才",而实在是借以填塞心神驱赶痛苦。书里写道:

> 鸿渐这时候,心像和心里的痛在赛跑,要跑得快,不让这痛赶上,胡扯些不相干的话,仿佛抛掷些障碍物,能暂时拦阻这痛的追赶,所以讲了一大堆出洋船上的光景。……睡在床上,鸿渐觉得心里的痛直逼上来,急救地找话来说。……鸿渐笑得打滚道:"神经过敏!神经过敏!"真笑完了,继以假笑,好把心里的痛吓退。……他竭力寻出话来跟辛楣说,辛楣不理他,鸿渐无抵抗、无救援地让痛苦蚕食虫蚀着他的心。(150—152 页)

素为人视作刻薄犀利的钱先生心实温厚,下笔哀矜,他妥帖地体贴方鸿渐失爱之痛,隐痛,深痛,长痛。上段所引四句,在薄薄三页纸之间,钱先生已再三致意焉。陈道明演这段,"变其形而不变其神",在吹完法螺回到舱里后,"陈鸿渐"并没有如"钱鸿渐"那样"话唠"、那样扭着辛楣叨叨、那样唯是希冀以言语之充实来挽救内心之空虚(原著:"鸿渐觉得心里的痛直逼上来,急救地找话来说……他竭力寻出话来跟辛楣说"),反倒是辛楣发现了孙小姐这女孩子"刁滑得很"这一新大陆,向着鸿渐滔滔不绝,鸿渐拉被埋住头哈哈大笑——笑完竟继之以泣,继之以粗听若无细闻乃得的一声短而轻的泣,却是戛然而止,杳然无声;辛楣端着茶杯笑着转身过来,脸上的笑凝住了,因为刚还装腔"哈哈尖笑"的鸿渐默然无声了,他于是走过去揭去鸿渐盖住头脸的薄被,轻声唤他:镜头下是一张显然凄然而又不欲外显其凄然的脸,我们细看,眼角分明有渗出的一滴泪。这滴泪量浅,洼在眼角欲干,并不泛滥涌出纵横脸面。他分明也不欲将自己的凄伤与泪渍示众——哪怕没有"众",身边只有他走得最近的好友,这唯一的"一个",他都不愿正面以示,博人哀矜,于是他略扭个头,再一翻身,侧向里壁而卧了。

这一段,陈道明以一声轻泣、一滴清泪、一个转身,将钱先生笔下那个"夜深人静的时候,你就潜伏在我的伤口"的方鸿渐情伤劫余之哀矜情状表现得精绝传神,令观者怜伤无已;但在具体的表现细节上,却又不凛遵书本寸步不离,而反是不动声色地"排挤"了钱先生笔下那个"急救地找话来说——竭力寻出话来跟辛楣说"的苦苦搜寻并死命要抓住救命稻草的方鸿渐,情不自禁地将人物印染上独属于陈道明的清冷底色——傲然自矜:我的泪从不泉涌,我的哀痛从不愿示众。聂明宇(《黑洞》)酒吧与妹话别,今后也许再也照顾不了这个自己最怜惜疼爱的亲人了,他左右躲闪着妹妹欲待刨根究底的眼光,强作欢颜而一滴泪在垂首际已猝然滑落眼眶到唇即涸;再如周校长(《我们无处安放的青春》),如友人薇蓝所写,"但他(周校长)终究选择了'一个人面对'(死亡),吸烟也好,写信也好。周校长与陈道明的落寞,从来都无须听众,谢绝参观。"陈道明变钱锺书之"形"而不变其"神",他以陈道明特有的处理"偏嗜"处理"惯性"传方鸿渐伤情之"神",不是求助于外(扭住辛楣),而是封闭于内(背对辛楣)。

这,是他。这,那么早,就已经是他。

第5、6集 好一个"无用"之人 陈道明先生年岁渐老,反如人常说的男人越老如酒越醇,越是广受老中青各阶层欢迎几为"全民男神",网上微博微信朋友圈各种鸡汤美文争先恐后托其名以求大行于世。譬如微博微信圈有段时间火了一篇署名"陈道明"的伪作《无用方从容》,大道老庄之道于今之妙用。那么话说回来,我们不妨从题中拈出"无用"二字,用于陈先生所演方鸿渐身上,可谓是再贴切不过。

钱先生在书里对他的主角方鸿渐早便下一断语:他是个无用之人。前文也已提及,方鸿渐"本领没有,脾气倒很大"(书后边柔嘉姑妈陆太太对这位侄女婿的考语)。这个本领不只是在社会上做事赚钱的本领,可以广义到一切办事的本领,应对生活中人生中大小各种问题的本领。有老话是"嫁汉嫁汉,穿衣吃饭",其实还不妨补上半句"嫁汉嫁汉,有事能办",譬如下雨天楼板漏水了,"老公怎么办?"又譬如现在不少女孩在相亲要求条件里赫然大书"要会换灯泡洗烟机罩"。虽然对不少志在澄清天下的男儿汉来说,"扫一屋"这个要求说出来就已经简直是侮辱是耻辱了,但人重要的是面对现实,一个"男人"应该要有的"本领",首先就得是这些鸡毛蒜皮的肩扛手提修墙补漏啊。当然方大少爷如果一直是在老宅子里当大少爷靠祖荫靠老太爷靠收地租子养尊处优,那也无妨;可惜的是外患侵凌,方老太爷不得不离乡千里到租界做寓公,方大少爷也不得不踏上离乡千里远赴内地的谋生之旅,大少爷没得做,在在需费,事事要过手,各种问题层出不穷,真是个问题了。

话说上海赴三闾大学旅行团一行五人:赵辛楣、方鸿渐、李梅亭、顾尔谦、孙柔嘉。一路上交涉、出点子、解决问题的首推赵李二人,以权谋作比,大抵赵辛楣算阳谋,李梅亭算诡计;以兵法作比,大抵赵算正兵,李算奇兵。此外顾尔谦一路马屁拍得各位旅伴(主要是李梅亭)舒舒服服的,于活跃气氛减轻疲劳提振士气不无微效;孙小姐作为唯一的女士,她的存在就已经是对男士居多的疲乏苦累的长途征程的难得调剂润滑了,可她偏还能偶露峥嵘给大伙一个惊喜,帮大伙解决问题,甚至可以说是整个旅途中的最大问题——在大家几乎走投无路之际成功找到铺保去银行取到钱,不得不说实乃四位男旅伴的"贵人";小方同学则实在只是一个无用之人,尴尬的存在。原著中对去三闾大学一路上方的"无用",颇有几处涉笔:

首先是赵方组合,赵辛楣主外方鸿渐主内,赵负责办事,方负责等赵办好事——如同西天取经路上,大师兄负责打妖怪,沙师弟负责看行李:

> 船靠岸,辛楣和孙小姐带着行李去找旅馆,鸿渐留在码头上等李顾两位,辛楣住定了旅馆会来接他们。(153页)

辛楣跟洋车夫讲价钱，鸿渐替孙小姐爱惜这顶伞。（157 页）

当然鸿渐可能自己也感觉到自己太没用太没啥面子，于是乎他两次自告奋勇提出要勇挑重担，无奈每次都被赵辛楣扼杀于萌芽：

鸿渐说："这片子准有效，会吓倒这公路站长。我陪李先生就去。"辛楣看鸿渐一眼，笑道："你这样子去不得，还是我陪李先生去。我上去换身衣服。"鸿渐两天没剃胡子梳头，昨天给雨淋透的头发，东结一团，西刺一尖，一个个崇山峻岭，西装湿了，身上穿件他父亲的旧夹袍，短仅过膝，露出半尺有零的裤筒。大家看了鸿渐笑。（161 页）

顾先生跟着上教育局，说添个人，声势壮些。鸿渐也要去，辛楣嫌他十几天不梳头剃胡子，脸像刺猬，头发像准备母鸡在里面孵蛋，不许他去。（192 页）

看吧，不是我方鸿渐无用，是你们没给我表现自己有用的机会。但话说回来，条件大家相同，为啥人辛楣收拾得衣履整洁仪容齐整呢，还是你自己起先就没抱着一种积极的生活态度嘛。仪表都如此放任，可以推见其为人行事亦必缺乏主动作为，凡事随众裹卷，甘于"被推着走，跟着生活流"——原著："鸿渐毫没主意，但仿佛这不是自己一个人的事，跟着人走，总有办法。"——因循苟且。客观原因之外，主观原因更为根本。这一点，方鸿渐自己显然也自认不讳：

鸿渐道："我最惭愧了，这次我什么事都没有做，真是饭桶。"李梅亭道:"是呀!小方是真正的贵人,坐在旅馆里动也不动,我们替他跑腿。辛楣,咱们虽然一无结果,跑是跑得够苦的,啊?"(195页)

很有意思的是,令人不得不大摇其头的是,方鸿渐这个男人的无用甚至是比女人都比不过的无用。书中用孙小姐"反衬"他两次:

孙小姐道:"方先生怕么?我倒不在乎。要不要我走在前面?你跟着我走,免得你望出去,空荡荡地,愈觉得这桥走不完,胆子愈小。"鸿渐只有感佩,想女人这怪东西,要体贴起人来,真是无微不至,汗毛孔的折叠里都给她温存到。跟了上桥,这滑滑的桥面随足微沉复起,数不清的藤缝里露出深深在下墨绿色的水,他命令眼睛只注视着孙小姐旗袍的后襟,不敢瞧旁处。幸而这桥也有走完的时候,孙小姐回脸,胜利地微笑,鸿渐跳下桥塊,嚷道:"没进地狱,已经罚走奈何桥了!前面还有这种桥没有?"(158页)

鸿渐忙叫:"我有个小手电。"打开身上的提箱掏它出来,向地面一射,手掌那么大的一圈黄光,无数的雨线飞蛾见火似的匆忙扑向这光圈里来。孙小姐的大手电雪亮地光射丈余,从黑暗的心脏里挖出一条隧道。于是辛楣下车向孙小姐要了手电,叫鸿渐也下车。(159页)

过个桥胆子"只有芥菜子这么大"(书后边汪太太嘲讽赵辛楣"有心无胆"语),还要靠孙小姐"领着"过;毫无旅行经验奋勇掏出手电,瞬间又被孙小姐"雪亮地光射丈余"的大手电映得黯然无光只好比一根牙签。方鸿渐,你还能有用点吗?所以全程结束时他问赵辛楣自己讨不讨厌？赵说话坦白算是一种美德："你不讨厌，可是全无用处。"

赴三闾大学这段，电视剧与原著具体情节颇有不同。或是对同类同质化情节进行归并精省，如原著里有几段坐汽车的描叙，剧里不必要迭次重复表现，故而精炼为了一段，只保留了最精彩的"替米戴上防毒面具"才让孙小姐"四平势"牢坐的汉子和"内地人凶横，和他们没有道理可以讲"的苏州小寡妇一段。或是以乾坤挪移手大作时空换位，将原著里写的先后次序打乱重组，譬如被鸿渐嚷作"没进地狱，已经罚走奈何桥了！"的过桥，几乎是作者锺书先生集中了笔墨要表现小方同志的胆儿小，这段在原著里是全程刚开始不久的事，在剧里给挪到了全程结尾，过了这桥，三闾大学已在望中。

至于具体细节上，改动也不少。譬如刚说的过桥，原著里写道："走到那顶藤条扎的长桥，大家都下车步行。那桥没有栏杆，两边向下塌，是瘦长的马鞍形。"剧里则处理为河中的几块凸出河面、散链般穿成线的石头组成的"桥"。

剧里方鸿渐此段的衣着，并未依照原著"身上穿件他父亲的旧夹袍，短仅过膝，露出半尺有零的裤筒"，主要还是他那件长衫（此长衫前文已提及，并专节赏析过——丈人周经理给他摊牌时鸿渐所穿）。

剧里对方鸿渐旅程中表现出来的"无用"，与原著比，可以四个字概括：有增有减。

减，即是因前文所叙情节内容简省归并之故，上文已提及的原著中写其无用之处也一并遭受裁剪，最后几乎只剩下两个镜头可供我们玩味。

一是原著这段：

顾先生跟着上教育局，说添个人，声势壮些。鸿渐也要去，辛楣嫌他十几天不梳头剃胡子，脸像刺猬，头发像准备母鸡在里面孵蛋，不许他去。（192页）

　　书里没写鸿渐听闻此话后的反应。但可以推想，听话者必然是有反应的。起码的感受是不爽。赵方二人可是（至少在外人看来是）一路携手走来关系好得穿一条裤子都嫌肥的好"基友"啊，可是剧里演来，这儿赵辛楣竟冷不丁地当着外人站在外人一边指指点点方鸿渐起来："你就算了吧，瞧你胡子拉碴那副样子，像个刺猬。那头上面，母鸡可以孵蛋了。会把人家吓坏的。"特别是指点着方鸿渐说到"那头上面，母鸡可以孵蛋了"，一壁侧头看着李顾等三人，站在方鸿渐的立场难免心头不泛起腹诽——胳膊肘往外拐竟给李顾等人点评起我来了！以下用文字慢镜头分帧解析陈道明表演：

　　（1）方鸿渐首先是"愕然"，全没想到老赵还有这一出。

　　（2）然后听到此话哈哈大笑的李、顾二人自然免不了受小方同学斜上方撩出的毒箭般的小眼神一箭。

　　（3）辛楣这突兀而出的一刀真是伤人，鸿渐心头的这个怨念是如此持久，可见这刀真是带了毒，后劲很长啊。怨念小眼神继续，不再斜射李梅亭而转向了赵辛楣。

　　（4）哪怕在大家商讨已毕散去出门之际，鸿渐仍不能释怀，怨念小眼神继续，无人可射只有射向斜上方虚空。

　　（5）但是方先生性格特质的深处是有一种鲁迅先生已经深深揭示鞭挞过的独属于吾国小男人的阿Q精神：怨念至极，不是奋起改变，而是自我消解。但见陈道明演去，当人去后，方鸿渐自顾自保持斜上方射出的小眼神怨念了有顷，还下意识不自禁地嚼着嘴里的烤山薯碎末，最后不是出拳猛地一捶桌子嘴里骂句"shit！"（胡扯），而是眼皮一翻，身子顺势一个翻身往后——竟是揭过了这篇儿，只有当没发生过。是啊，还能怎样？他是个无用的廮人啊。

（6）然后孤零零地趴在楼上栏杆处，望着赵李顾、孙小姐两拨人马分途去找铺保，自个儿当留守。但见方鸿渐同学还没有从刚刚的打击里缓过来，他无精打采地伏在栏边，一手呆呆地支颐，一手无力地挥起，缓缓两下便即耷下。

让我们再来看看方鸿渐听闻赵辛楣"坦白算是美德"的那句考语"你不讨厌，可你这人全无用处"后的反应。原著写道：

> 鸿渐想不到辛楣会这样干脆地回答，气得只好苦笑。兴致扫尽，静默地走了几步，向辛楣一挥手说："我坐轿子去了。"上了轿子，闷闷不乐，不懂为什么说话坦白算是美德。（201页）

但电视剧里演来，陈道明果断又把"钱鸿渐"的反应替换而为了"陈鸿渐"的特色：并非直截了当地"气得只好苦笑，兴致扫尽"，而是如上文提及的受到辛楣奚落后，怨念小眼神久不消解，一个人默默虐出内伤而最后逼不得已阿Q一下自我消解——这儿他刚还涎着脸笑对辛楣，可恨辛楣这家伙嘴欠，我生也早，不懂时下网络流行语所谓"人艰不拆"给人留点地步；于是乎鸿渐的脸又"愕然"了，让我们脑补他内心小剧场——为什么？为什么？为什么每次总在我毫无防备之时插我一刀？这还是好"基友"吗？！怒摔！绝交！……如果时光可以穿越，鸿渐这颗敏感脆弱的小心肝不免被时下这些网络流行语碾碎一地,但他毕竟不再是钱锺书的方鸿渐,他已是陈道明的方鸿渐,故而他的反应是典型的陈道明式处理——闷骚小男人不发一语,只用斜向上撩的小眼神锁定背影默默杀死你;末了,还是一个只有这样算了不算了又能怎样的默默垂下眼睑撇撇嘴角摇摇头阿Q一下以作收场。这令人想到《冬至》里陈一平被河东狮老婆血口大骂"你提着把破号(老婆厂里生产的乐器,吹的大号)要死啊!",身躯条件反射似的瑟缩而眼神里分明蜷伏着"不服"二字,但最终也没敢蹦出个屁来,只有默默消化了这俩字。而此处的摇摇头阿Q一下与上文刚提及的"眼皮一翻"如出一辙,统是陈道明为所演人物印染上的骨子深处的特质——不怎么动声色的怠懒。如《中国式离婚》里宋建平在火车站送走丈人和妻子后那个走远几步开始左跳右蹦的轻快背影,也是绝了,人物内心深处的怠懒就这样不怎么动声色地掀起一角。陈道明在细微处凸出他所演这些人物,特别是小人物的特质,实乃一绝。所以,我就不明白了,何以那么多人老说啥"陈道明演谁都是康熙、都是大人物"? 陈道明最拿手的绝活儿,明明是演各种小到骨子里的小人物好吗?

前文提到,剧里对方鸿渐旅程中表现出来的"无用",与原著比,可以四个字概括:有增有减。

我们上文说了"减",下文说"增"。

"增",即是在书中没有明写方鸿渐无用之际,没有写出方无用的"事件"之际,剧里通过演员表情和动作的表演,侧面表现出来。譬如:

一行人精疲力竭到达吉安之前站,团队分工,仍然是赵李二人外出"化缘"(去银行看款子);顾方孙三人看行李,东倒西歪,疲怠已极。

这时赵辛楣、李梅亭回来了,赵介绍情况,相当不乐观:"这一次啊,李先生的西装名片都不管用啦。说是,一定要再等三天——"方鸿渐做出一个夸张的惊诧表情,歪着头问:"几天?!"赵:"三天。"方鸿渐跟着连变三个表情连叹三口气,反应可谓极夸张之能事啊。

然后垂头丧气又埋头坐下。赵辛楣这时又道:"走吧。"方鸿渐仰起头,一脸"又怎么啦"的官司,好像赵辛楣是带孩子的家长而自己是还可以耍孩子脾气大少爷做派的公子哥儿,很不想挪窝儿地问句:"去哪里呀!"——天地良心,你们仨在这儿坐着不动已经休息大半天了,人家赵辛楣俩人跑腿儿大半天回来还没喝口水歇会儿脚,叫苦叫累的该是谁?

赵辛楣任劳任怨地淡定答道:"找家旅馆先住下再说吧。"方鸿渐一脸遭不住罪的疲累,顺势一拍大腿,撑着站起来,哀号声"走——"。须知,同行的他算是青壮男子,老弱如顾尔谦,一声没吭,女弱如孙柔嘉,一声没唤。方鸿渐,你这个无用之人,还敢再出息点儿吗?

这一处,属于剧里在原著未写出处生空构造的笔墨。陈道明用精微的表演——或是细微的眼神、表情,或是生动的形体语言,配合他苦练有效的"江浙普通话",生动地活画出毫无用处还最叫苦叫累的方大少爷的窝囊废形象,实乃演技妙手啊。

从赴三闾大学这段我们还可以做一个心理学上的推测:赵辛楣内心深处对方鸿渐必然得是嫌弃的。方比李顾等人差有一日半日之长者,不过"不讨厌"仨字耳。等到哪天讨了厌,哼哼。赵的性格,有时确乎妄自尊大一些，他不怎么遮掩修饰的时候，身上那种傲慢自大就像他初次在苏家见到方时，自然流泻出来了。但须知方脾气也大，他是绝不肯屈身放低甘做赵的下饭菜的。譬如书中有这样一个场景：

  辛楣新学会一种姿态，听话时躺在椅子里，闭了眼睛，只有嘴边烟斗里的烟篆表示他并未睡着。鸿渐看了早不痛快，更经不起这几句话："好，好！我以后再跟你讲话，我不是人。"（223页）

两人平等相处时，方还能发个脾气，赵或许还要道歉；方走投无路投奔赵，而且是几次三番投奔之后的再一次投奔，时势大不同了，还能这样吗？方鸿渐自己没怎么拎清这点，倒是后边已成为他老婆的孙柔嘉眼光锐利，与丈夫吵嘴时一时急怒，言出如刀：

  去年你浪荡在上海没有事，跟着赵辛楣算到了内地，内地事丢了，靠赵辛楣的提拔到上海，上海事又丢了，现在再到内地投奔赵辛楣去。你自己想想，一辈子跟住他，咬住他的衣服，你不是他的走狗是什么？你不但本领没有，连志气都没有，别跟我讲什么气节了。小心别讨了你那位朋友的厌，一脚踢你出来，那时候又回上海，看你有什么脸见人。（372页）

方太太实在犀利得很。我们旁观者清，方鸿渐最后去内地投奔赵辛楣，可算是"事不过三"，多半只能是这一种黯淡前途——最后灰溜溜又溜回上海。没本事的人，可怜！可叹！

第 5、6 集 "搂软"与"挑眼" 陈道明在分析角色时谈道:"他(方鸿渐)特别看不起李梅亭这号人,敢喝他顶撞他。(去三闾大学)旅途中跟小贩、赶脚的,有时也不依不饶,很有中国人那种'见了孬人搂不住火'的劲头儿,真碰到像小寡妇那样横的又都软了。"[①] 这真是案头工作够深入,深入吃透了人物角色方能道出的含英咀华之言。原著中写去三闾大学途中方鸿渐对李梅亭的"搂软",主要有三处,剧里都涉及了。下作逐一"对勘"评析:

一是方赵背后论李"淫邪之相"。原著写道:

> 辛楣跟鸿渐同房间,回旅馆后,两人躺在床上闲话。鸿渐问辛楣注意到李梅亭对孙小姐的丑态没有。辛楣道:"我早看破他是个色鬼。他上岸时没戴墨晶眼镜,我留心看他眼睛,白多黑少,是个淫邪之相,我小时候听我老太爷讲过好多次。"鸿渐道:"我宁可他好色,总算还有点人气,否则他简直没有人味儿。"(154—155 页)

剧里演来:辛楣跟鸿渐同房间,回旅馆后,俩人收拾着准备歇下。辛楣还坐着,鸿渐已躺下,他捂嘴打几个呵欠,刮刮手臂挠挠痒,开口道:"辛楣啊,你注意到没有,今天那个姓李的对孙小姐的丑态。"辛楣赞同道:"我早看出来了。此人啊,是个色鬼。我特别注意他摘墨镜后的那双眼睛。白多黑少——这是'淫邪之相'——"鸿渐半起身侧对辛楣插嘴:"我宁愿他——"辛楣没容他把话插完,接着道:"我小时啊,听我老太爷讲过很多次——"鸿渐继续以"原声复读"模式

[①]《陈道明访谈录》。

把嘴插完:"我宁愿他是个色鬼啊,还有点人的味道。"说着摆摆手,不屑地继续躺下,脸侧向另一侧,鄙夷道:"否则连人味都没有。"

二是找侯营长坐军车未果。原著写道:

> 孙小姐道:"都是我一个人妨碍了你们搭车——"鸿渐道:"还有李先生这只八宝箱呢!李先生你——"李梅亭向孙小姐道歉道:"我事情没办好,带累你受侮辱。"这样一说,鸿渐倒没法损他了。……在鹰潭这几天里,李梅亭对鸿渐刮目相看,特别殷勤,可是鸿渐愈嫌恶他,背后跟辛楣笑说:"为了打茶围那几块钱,怕我挑眼,就这样没志气。我做了他,宁可掏腰包的。"(180页)

原著写此段方、李之斗,是此长彼消,方进李退,"总算双方没有吵起来"。剧里演来则是针尖对麦芒,方、李几乎算是吵起来了,被赵顾劝住,且看:孙小姐可怜巴巴自责道:"都怪我,妨碍大家搭车。"方鸿渐摆弄着手里毛巾,靠着门柱,一壁慢吞吞说道:"李先生的箱子,也是个原因呐。"说话间头往一边侧,眼皮淡淡耷下来,脸上表情又是那惯常的冷酸的淡淡。与原著所写李梅亭软掉退让(原著写道,"李梅亭向孙小姐道歉道:'我事情没办好,带累你受侮辱。'这样一说,鸿渐倒没法损他了。")不同,李先生这次竟是"雄起"了。他转头对向方鸿渐,语气升高道:"事情,我是没有办好,刚才王美玉那里打茶围的钱,我一个人出好了。"① 方鸿渐如何能对李梅亭

---

① 原著这句是在前边大家讨论找侯营长坐军车这个方案时,李梅亭还悻悻道:"今天王美玉家打茶围的钱将来归我一个人出得了。"但李梅亭终究还是没自掏腰包,并因此向方鸿渐大献殷勤。

服软,他搂的就是这个软,迎着李梅亭也提高了音量:"我们不坐军车,也没关系呀。交际费是大家要平摊的,这是肯定的。这绝对是两回事啊!"说话间左手打着手势,赵辛楣一壁看着,遮莫这手势还有伸过去弃文从武触到李先生身上的可能?于是乎赶忙上前来在俩人中间劝住。原著也有这句话,不过还是在前边大家讨论找侯营长这个方案时说的,剧里又"乾坤挪移"到此处了:"鸿渐忍着气道:'就是不坐军车,交际费也该大家出的,这是绝对两回事。'"——话前鸿渐"忍着气"道,剧里演来却差不多是"提着气"道。

原著和剧里这段,平心而论,我看不上方鸿渐。买不到票子,大家都没辙,李梅亭自告奋勇找了条路子,出发点首先值得肯定,最后事儿没办了,也是没有功劳还有苦劳,但从前到后,可曾见你方鸿渐出半个谋出半分力?一众人都对人家李先生没啥挑眼,就你事后跳出来阴阳怪气挑眼挑鼻子?自己屁用没有,挑眼是把好手。原著写李梅亭的服软退后,我看没道理;剧里演他硬气了一把,挺好;剧里陈道明演方鸿渐,把那方鸿渐对李梅亭没有道理的挑眼"搂软",表现得更加"过分"。这,让方鸿渐无用又冷酸的特点更为凸显,令人观之愈憎。

冷酸"搂软",跟人的无用,正是一体之两面。我们身边不乏这样的人:团队里,自己没啥用,不做事,做事的最后还落埋怨。正因为自己没用,才更爱"搂软"——好像虚张声势,以还能"搂软"这一点点"用",掩盖自身之无用!所以,我很惋惜,电视剧里删掉了原著所写这段,虽不算"搂软",可也算"挑眼",很深刻地表现了方的"无用":

李梅亭说这位侯营长晚上九点钟要来看行李,有问题可以面询。这些军用货车每辆搭客一人和行李一件或两件,开向韶关去的,到了韶关再坐火车进湖南。一算费用比坐公共汽车贵一倍,"可是,"李梅亭说,"到处等汽车票,一等就是几天,这房饭钱全省下来了。"辛楣踌躇说:"好是很好,可是学校汇到吉安的钱怎么办?"李梅亭道:"那很容易,去个电报请高校长汇到韶关得了。"鸿渐道:"到韶关折回湖南,那不是兜远路么?"李梅亭怫然道:"我能力有限,只能办到这样。方先生有面子,也许侯营长为你派专车直放学校。"顾尔谦说:"李先生办事不会错。明天一早拍个电报,中午上车走它妈的,要教我在这个鬼地方等五天,头发都白了。"李梅亭还悻悻道:"今天王美玉家打茶围的钱将来归我一个人出得了。"鸿渐忍着气道:"就是不坐军车,交际费也该大家出的,这是绝对两回事。"辛楣桌下踢鸿渐一脚,嘴里胡扯一阵,总算双方没有吵起来,孙小姐睁大的眼睛也恢复了常态。(178—179页)

这段大家讨论找侯营长坐军车这个方案的情节,其实万不可弃啊!为什么?这段透骨般体现了方鸿渐大少爷不谙世事、因人成事的一贯做派。须知在社会上办事不同于在家等老妈子上菜,事情办法要一步步想的,而且往往是折中的实际的方案,绝不能完美理想。当李梅亭提出方案,又对方案做出修订,方鸿渐突然插了句类似于晋惠帝惊问"何不食肉糜?"的嘴:"到韶关折回湖南,那不是兜远路么?"自己无用而复挑理如此,无怪乎李先生"怫然"。

三是为是否同去吉安争吵。原著写道:

鸿渐道:"我想这问题容易解决。我们先去一个人。吉安有钱,就打电报叫大家去；吉安没有钱，也省得五个人全去扑个空，白费了许多车钱。"

……

孙小姐道："李先生是嘴里的热气，你是鼻子里的冷气。"辛楣在孙小姐背后向鸿渐翻白眼儿伸舌头。（188—189页）

原著里从侯营长一节到几人为是否同去吉安争执，中间还有去南城、去宁都等几站点的情节，但电视剧统统省并了，直接移花接木到了一处：方鸿渐李梅亭为侯营长一事争吵未毕，赵辛楣劝架，"到里面去说"，于是乎镜头一切，由外屋到里屋，方李二人便又开始了新一轮的争吵，竟已直接是"是否同去吉安"。好在电视剧并不是地理报告，不需要用精准刻度尺毫厘不差地比对行程站点，观众更关注的还是人物，人物之间的"相爱相杀"，所以方鸿渐们一路被黄蜀芹们使使"缩地大法"的招儿瞬间移千里也许是没啥人介意的吧。

闲言少叙，书归正传，且看剧里演来方李二人又是如何激战升级：

且说一众人全都说要先走，留李梅亭一个人当留守儿童，不由得李先生不"升火"："你们全去好了！"方鸿渐插嘴："呃呃呃——小点声好不好啊——"原著里是没有这个插嘴的，看来陈道明的方鸿渐是愈加凸显了方鸿渐处处跟李梅亭不对付这点。

李梅亭食指使劲敲击桌面继续光火："什么同舟共济嘛！遇到事情各人都替自己打算！"赵辛楣讪笑打圆场："你怎么会——误会到这种地步——"顾尔谦拍拍李梅亭手臂，仗义执言："那我不走，陪你等行李好吧！"辛楣道："那究竟怎么办？要么我一个人先去？李先生,你总不会怀疑我吞没公款吧!要么我留下行李作押。"李梅亭见赵辛楣下矮桩,他也不是不会做人,于是就坡下驴,摆摆手道:"笑话!我绝不是以小人之心推测人的呀。"方鸿渐再插嘴:"那说不准!"——原著里鸿渐自言自语道:"还说不是!"剧集改方鸿渐自言自语的咕哝嘟囔为陈道明一手撑着脸一边酸酸的"挑衅",方之"搂软"力度无疑更大。

李梅亭看方鸿渐针对他,掉过脸来:"我说话一向是直率的,啊。"脸再转向赵辛楣:"你一个人领了钱,是向前进,还是向后退,你一个人是做不了主的呀。"冷言酸语的方鸿渐一下孛毛了,他猛地要打断李梅亭,双手一摊比画着亮高嗓门:"那我们四个人——"李梅亭来个反打断,截住方鸿渐:"还是要大家共同打听消息才决定是前进还是后退——"可是方鸿渐是箭上了弦,哪容得李梅亭顺溜说完,他又一次开启"原声复读"模式,争着要说话:"那我们四个人——"这话被李梅亭的话淹下去了,方鸿渐继续原声复读,狠狠摊开手做手势,加重语音:"我们四个人先去!是不是大多数!是不是啊!"声色俱厉。李梅亭看看是被压下去的节奏,老顾一路跟老李差不多算是松散联盟,一看已方守不住阵,从背后拍拍老李肩背:"老李呀,今天你很累,我们回屋休息去吧。"再加之赵辛楣迫不得已还是提出大家还是共同行动这一原始方案,李梅亭遂携顾尔谦悻悻而去。

以上三段戏,演员运用表情、眼神、台词及肢体语言,在细节部分对原著做了丰富和改动,陈道明处理方鸿渐"搂软"李梅亭,比原著文字白描勾勒丰满立体了许多,并创造性地运用类似复读机"原声复读"这一模式,强化了方鸿渐酸腐气息下对李梅亭"搂软"的力度——"原声复读",是气急败坏的险躁失态,方鸿渐不复有陈道明之前赋予他的气定神闲(譬如在鲍小姐引诱下的情态),而是搂着李梅亭这他十分瞧不上的人就是生怕搂慢了搂丢了打不着了的一溜重复喊打。在以上所析三段的第一、第三段,陈道明都用了"原声复读"这一技术手法强化方鸿渐的急躁,因此这不得视为陈道明无意识的偶一临场发挥,必须是他有意识的人物和表演设计啊。

第7集 做一出好戏 五人旅行团到达三闾大学。校址所在湖南省那个小县城"平成",并非实有,为钱先生杜撰。据有"钱学家"考证,三闾大学原型为国立师范学院,校址在湖南省安化县蓝田镇,故俗名"蓝田师范学院"。"平成"之名,就与"安化"有关——据说是取自"平安成化"一语。

各位新老师按部就班展开教学新生活,事事难于尽表。从赏鉴陈道明演艺的角度,本段有一小节不可不细细拆解——孙小姐来信告诉方鸿渐,刘东方听人说方鸿渐骂他讲书的错误,请方小心;方鸿渐猜多半是韩学愈捣的鬼,于是乎定下计策,第二天去刘东方那做了一出好戏,终于与刘结成"抗韩同盟"。

原著写道:

> 早晨他还没醒,校役送封信来,拆看是孙小姐的,说风闻他上英文,当着学生驳刘东方讲书的错误,刘东方已有所知,请他留意。鸿渐失声叫怪,这是哪里来的话,怎么不明不白,添了个冤家。忽然想起那三个旁听的学生全是历史系而上刘东方甲组英文的,无疑是他们发的问题里藏着陷阱,自己中了计。归根到底,总

是韩学愈那浑蛋捣的鬼，一向还以为他要结交自己，替他守秘密呢！鸿渐愈想愈恨，盘算了半天，怎样先跟刘东方解释。

鸿渐到外国语文系办公室，孙小姐在看书，见了他，满眼睛都是话。鸿渐嗓子里一小处干燥，两手微颤，跟刘东方略事寒暄，就鼓足勇气说："有一位同事在外面说——我也是人家传给我听的——刘先生很不满意我教的英文，在甲组上课的时候，常对学生指摘我讲书的错误——"

"什么？"刘东方跳起来，"谁说的？"孙小姐脸上的表情更是包罗万象，假装看书也忘掉了。

"——我本来英文是不行的，这次教英文一半也因为刘先生的命令，讲错当然免不了，只希望刘先生当面教正。不过，这位同事听说跟刘先生有点意见，传来的话我也不甚相信。他还说，我班上那三个旁听的学生也是刘先生派来侦探的。"

"啊？什么三个学生——孙小姐，你到图书室去替我借一本——呃——呃——商务出版的《大学英文选》来，还到庶务科去领——领一百张稿纸来。"

孙小姐怏怏去了。刘东方听鸿渐报了三个学生的名字，说："鸿渐兄，你只要想这三个学生都是历史系的，我怎么差唤得动。那位散布谣言的同事是不是历史系的负责人？你把事实聚拢来就明白了。"

鸿渐冒险成功，手不颤了，做出大梦初醒的样子道："韩学愈，他——"就把韩学愈买文的事麻口袋倒米似的全说出来。

刘东方又惊又喜，一连声说"哦"！听完了说："我老实告诉你罢，舍妹在历史系办公室，常听见历史系学生对韩学愈说你在课堂上骂我呢。"

鸿渐发誓说没有，刘东方道："你想我会想信么？他搞这个鬼，目的不但是撵走你，还要叫他太太来顶你的缺。他想他已经用了我妹妹，到那时没有人代课，我好意思不请教他太太么？我用人最大公无私，舍妹也不是他私人用的，就是她丢了饭碗，我决计尽我的力来维持老哥的地位。喂，我给你看件东西，昨天校长室发下来的。"（240—241页）

这段戏陈道明演来，还是前文已析的，概略言之，是替换"钱鸿渐"的性躁心虚胆儿颤而为"陈鸿渐"的笃定神凝气场十足。且慢镜头逐帧比对原著解析：

首先是接到孙小姐的"示警"信，原著写到方鸿渐是"失声叫怪"，这又是钱先生前后一贯加在方鸿渐身上的轻躁不稳之气性；陈道明演来，简直有他十年后演《少年包青天》八贤王、《长征》蒋中正的气凝神定——他先是双目一张头颈一缩，这个"微动作"就把原著里幅度大的"失声叫怪"四字交代了；然后一手蹙额微示烦心；接着，陈道明是用一个借助道具的细节动作肢体语言表示"烦怒"——他凝着脸拧着眉，一下一下解下围脖，头不抬眼不转，一扬手把围脖往身右前方椅子上扔去。

次日，方鸿渐到外语系去。书里写道："鸿渐嗓子里一小处干燥，两手微颤，跟刘东方略事寒暄，就鼓足勇气……"全然一派一贯出不得众惯于怯场的土包子怀揣着心虚不得不上台盘的低眉下眼的惴惴。但陈道明骨子深处自带冷傲高贵、人不可迫的气场就高大上多了，但见"陈鸿渐"轻撩门帘，缓步笃定入得外语系办公室门来，抱着暖炉的孙小姐回过头来，发现是方先生，膝跳反射是张口欲语，方先生举手示意她不必开口,同时眼皮耷下抚慰她——甫一进门,气场已足!然后双手笼袖,有如十年后所演文华贵重自矜自赏的八贤王,若无其事般略垂眉笃定走过来,绕到正在伏案的外语系主任刘东方身侧站定,试探性轻声道:"刘先生。"再大点声:"刘先生!"刘东方终于听到,抬头回转来:"哟!方先生!请坐!"伸手让着边上藤椅,热情寒暄。方鸿渐开口了,哪是原著里写的"略事寒暄,鼓足勇气说",直接是直奔主题,但见他竟然伸手一压,表示无须坐,直接谈事:"我听,外面同事讲,他们,也是听别人说的,说刘先生,对我教的英文课,不满意⋯⋯"①刘东方听他"罪人"倒先打一耙直接兴师问罪,倒是自己这方好像输了理,赶忙解释,他两手一摊,仰脸对抗笼袖站立身前微弯腰的方鸿渐的压迫感:"怎么可能呢,谁说的?"方鸿渐成功掌控先机与主动,笃笃定定不让不谢坦然坐下,正对刘东方继续扩大战果:"我还听说啊,我们班上,有三个同学,也是刘先生,派去侦探的⋯⋯"说话时语音绝非"钱鸿渐"的喉咙干涩语音轻颤,而是陈道明式的气场凝定,而且两眼一直锁死刘东方,更是陈道明独有的予人的压迫感。刘东方更坐不住了:"啊?三个同学?"方鸿渐微一点头,好整以暇听你下文的感觉。刘东方搓搓手,以借书领稿纸名义把孙小姐打发走,方鸿渐顺势把身子靠在藤椅圈背上,颇有高手气定神闲看你出招之味。然后刘东方问这三个学生的名字。方鸿渐微微点头,一一道出。刘东方呵呵一笑:"方先生,这三个学生都是历史系的,我怎么差得动啊。"方鸿渐听闻此语,身躯前倾,面容凝思。刘

---

① 逗号表示顿挫,陈道明早年演艺生涯里,已是惯用话剧台词的停顿顿挫来制造、掌控节奏感。

东方继续启发式诱导:"散布谣言的,会不会是他们的负责人,你说呢?"方鸿渐在凝思里一字一顿,缓缓道出仨字儿:"韩,学,愈!"然后做出恍然之表情,与默契在心的刘东方缓缓凑近,脸上浮现出同仇敌忾,压低声音郑重道:"他那个克莱登大学,本身就是假的……还有那张文凭,是从爱尔兰骗子手里买的……"这段戏,陈道明易原著里所写的方鸿渐"心惊胆颤冒险出击"而为"陈鸿渐"的气凝神定坦然叫阵。其途不同,其效同。

第 9 集 "快意恩仇"的重逢戏　鸿渐被柔嘉"千方百计"嫁到,俩人离开三闾大学,到桂林坐飞机经香港回上海。在香港与赵辛楣重会,经老友建议,以最经济简省的方式在港结婚。离港前去山上拜会赵老太太,竟不期与苏文纨重逢。这段戏颇值一谈——陈道明在表演里如前面所析,减弱了"钱鸿渐"卑促不安的成分,往骨子里凸画了"陈鸿渐"自尊受摧折之痛、敏感自傲的性格底色。

且看落座后,原著写道:

> 文纨问辛楣道:"这位方太太是不是还是那家什么银行?钱庄?唉!我记性真坏——经理的小姐?"鸿渐夫妇全听清了,脸同时发红,可是不便驳答,因为文纨问的声音低得似乎不准备给他们听见。辛楣一时候不明白,只说:"这是我一位同事的小姐,上礼拜在香港结婚的。"文纨如梦方觉,自惊自叹道:"原来又是一位——方太太,你一向在香港的,还是这一次从外国回来经过香港?"鸿渐紧握椅子的靠手,防自己跳起来。(315 页)

这段原著写来，方鸿渐的反应可以四字概括——"又窘又气"。但陈道明的诠释只有一个字："耻！"且看剧里演来，苏文纨对赵辛楣耳语："这位方太太，是不是还是那家银行，哦，钱庄，我记性真坏，那经理的小姐？"方鸿渐不是如原著所写"脸发红"，而是缓缓低下头，不是无脸，而是摁住性子——远镜头隐隐看到他咬牙凸出的腮棱。赵辛楣："这是我同事的小姐，上礼拜刚在香港结婚的。"苏文纨装作恍然，一个拉长调子的"哦……"："原来又换了一位。""陈鸿渐"的反应不是如原著所写"紧握椅子的靠手，防自己跳起来"，而是毫无窘迫、旁若无人般凝定气场，侧目冷视，这已然是陈道明本人特有的霸气，十年后他演康熙、蒋介石的范儿初露端倪。

接下来辛楣为鸿渐仗义出头，拿苏文纨的先生曹元朗开玩笑：

辛楣道："不敢当。我还是你们结婚这一天见过曹先生的。他现在没有更胖罢？他好像比我矮一个头，容易见得胖。在香港没有关系，要是在重庆，管理物资粮食的公务员发了胖，人家就开他玩笑了。"鸿渐今天来了第一次要笑。（315—316页）

剧里演来，"陈鸿渐"不是"要笑"，而是直接就恣意大笑，毫不掩饰。笔者分析，钱先生原著写方鸿渐"要笑"，力度真是恰到好处，分毫不爽——方鸿渐必然不会放过报复的快感，故而必有一"笑"字；但方鸿渐或许还留有一念之仁——过去毕竟是自己"对不起"苏文纨在先；再有，方毕竟是大户人家出来的留学生，在公众交际场合，应该是既有家风教养，又有欧洲绅士之风的熏陶，对女士必然是要稍存体面、不为已甚，所以钱先生着一"要"字，境界全出——要想笑，又忍住，这克己功夫，必须有。但陈道明是何等样人？骨子深处镌刻了中国传统文人的敏感自尊和中国传统男人的不尊重女人的大男子主义的大男人！故而他抓住这一好友"助攻"的瞬息即逝的良机临门一脚果断破门，毫无忌惮地仰天哈哈一笑，畅怀惬意之至，自然毫不理会苏文纨脸红憋气的反应了。或者说，这正是他快意之所在。

苏文纨今非昔比，伶牙俐齿反击，对赵老太太略带撒娇告状道："伯母，我看辛楣呀，不比从前那么老实，心眼儿也小了许多，恐怕，跟他这一两年来，结交的朋友有关系。"原著里写到听闻苏此语"鸿渐又紧握着椅子的靠手"，剧里演来，肢体语言化为凌厉眼神：方鸿渐眼珠子盯在虚处，含怒左右转动，骤然一个斜射，冷目如电，激射浑不在乎的苏文纨！

苏文纨见好就收，与赵老太太道别。原著写道别时"鸿渐夫妇站着"，这是应有基本礼节；而剧里演来，陈道明的改动是特别精彩的丰富发挥：

（1）苏文纨道别"伯母"，起身要离去，众人都起身，这是自然反应，方鸿渐也下意识随众作势起身。

（2）但他的内心是不想起身的，所以陈道明的表演是方鸿渐缓缓起身，在众人都已经站起时，他仍然是"半起身"、弓着腰只站起来一半。

（3）辛楣轻声"提醒"好像忘了似乎还应该保持起码的面上礼节——与方鸿渐夫妇道个别——的径自出外的苏文纨："方先生夫妇也在招呼你呢。"听闻此语，本来作势似乎要站起来的方鸿渐似乎倒笃定了，反倒大喇喇干脆一屁股坐下来。陈道明是从不肯吃亏的人！他让方鸿渐在此一轮的攻防战中先发制人，与其让你无礼，还不如我无礼在先！——曹孟德领首："宁可我负天下人，不可使天下人负我！方先生，做得好！宁可我无礼人，不可人无礼我！"

（4）苏文纨假模假式心高气傲"伸手让柔嘉拉一拉，姿态就仿佛伸指头到热水里去试试烫不烫，脸上的神情仿佛跟比柔嘉高出一个头的人拉手，眼光超越柔嘉头上"，方鸿渐坐在沙发上一副任谁不理的任性。

原著写这段方、苏重逢戏码，方鸿渐全程被苏文纨的炮火覆盖，以至钱先生稍后"补注"道：

> 鸿渐闷闷上车。他知道自己从前对不住苏文纨，今天应当受她的怠慢，可气的是连累柔嘉也遭了欺负。当时为什么不讽刺苏文纨几句，倒低头忍气尽她放肆？事后追想，真不甘心。（319页）

但剧里陈道明演来，却把这个事后追想的真不甘心，替换而为了刀枪对战的快意恩仇——毫无顾忌甚至是故意恣意的仰天哈哈冷笑、凝然端坐目射冷电、半起身又坐下故意不为礼——也算是替鸿渐兄出了口恶气？

第9集 两场"吵嘴"戏 前文已数度言之，钱先生笔下的方鸿渐，颇有些"一碰就奓毛"的猴急性躁；但陈道明的演出则似与之全然不同，更多带有陈道明本人的气定神闲，好整以暇——这种意态自若的闲淡情状在他其后20多年的演出里时能见到。这种蕴藉闲淡之风度仪态，可能是书香之家的陈道明从家世的文化血脉深处带来的。①

---

① 可参本书中《作为演员的文化自尊》一文。

且看下面两场在港时的室内吵嘴戏。

初到香港,鸿渐撇下坐飞机不舒服的老婆跟老友辛楣出去吃晚饭,回到旅馆,原著写二人又是一番吵嘴,但剧中演去,几乎只有新妇单方挑战迹近"挑事",新郎这边则一概以兰花拂穴手于雍容自若闲庭信步中挥洒化之,意态风流潇洒之至啊。

先引原著:

鸿渐才理会,撇下她孤单单一个人太长久了,赶快跑回旅馆。经过水果店,买了些鲜荔枝和龙眼。

鸿渐推开房门,里面电灯灭了,只有走廊里的灯射进来一条光。他带上门,听柔嘉不作声,以为她睡熟了,放轻脚步,想把水果搁在桌子上,没留神到当时自己坐的一张椅子,孤零零地离桌几尺,并未搬回原处。一脚撞翻了椅子,撞痛了脚背和膝盖,<u>嘴里骂:"浑蛋,谁坐了椅子没搬好!"</u>同时想糟糕,把她吵醒了。

……

<u>鸿渐急得坐在床边</u>,伸手要把她头回过来,说:"我出去得太久了,请你原谅,唅,别生气。我也是你教我出去,才出去的——"

……

<u>鸿渐放手,气鼓鼓坐在那张椅子里</u>道:"现在还不是一样的吵嘴!你要我留在旅馆里陪你,为什么那时候不老实说,我又不是你肚子里的蛔虫,知道你存什么心思!"

……

<u>鸿渐冷笑道</u>:"一个陌生人肯对你这样,早已不陌生了,至少也是你的情人。"

……

柔嘉霍地坐起，睁大眼睛，脸全青了："你把咱们的事告诉了赵辛楣？你不是人！你不是人！你一定向他吹——"说时手使劲拍着床。

鸿渐吓得倒退几步道："柔嘉，你别误会，你听我解释——"

"我不要听你解释。你欺负我，我从此没有脸见人，你欺负我！"说时又倒下去，两手按眼，胸脯一耸一耸地哭。

……

鸿渐道："这些话不必谈了，我不听他的话，一切随你作主——我买给你吃的荔枝，你还没有吃呢，要吃么？好，你睡着不要动，我剥给你吃——"（308—311页）

且看剧里演来：鸿渐拿着水果回到旅馆，轻手轻脚推开门又合上门，他摸黑靠向床边，踢到了椅子，自然有"哎！"一声，却并不似原著里骂声"混蛋！"弄醒了柔嘉。太太侧卧床上背对他哀怨道"我一个人死在旅馆里都没人来理会"，鸿渐不似原著里所写猴急性躁（"鸿渐急得坐在床边，伸手要把她头回过来"），而是如很有耐心的大人哄顽皮好动的小孩似的，一壁站起身来慢悠悠附身靠近妻子，一壁嘴里拖长降缓调子："哎……哎……又来了……又来了……"带着温然微笑轻拍拍妻子手臂："对不起……请原谅……啊……"接着，面对妻子"不要把汗手碰我"的抗议，"陈鸿渐"不是如原著中所写"鸿渐放手，气鼓鼓坐在那张椅子里"，而是面带好像是大人应对几岁孩子娇憨顽皮的无奈又纵容又不得不安抚的神情微笑道："我说啊，你想叫我陪你，你就告诉我吧……"然后到太太知道鸿渐竟把她可能有孩子这件隐私告诉了辛楣于是乎:"我不饶你!我不饶你!"鸿渐也不是如原著所写"吓得倒退几步",而是带着放任爱人的娇嗔薄怒的几分怜爱任小粉拳雨点般倾(轻)洒在自己坚实的手臂和胸膛上,安慰太太:"你听我慢慢的给你说,好吧?"听任太太在床上一个人粉泪雨下,好似惶惶不可终日,这位先生还真不是钱先生笔下那个随之惶然手足无措的方先生而确然是陈先生,看陈道明先生好整以暇地坐在椅子上雍容笑意看着太太捶地(床)哭着发狠:"好啊!你一个人去结婚吧!别来勉强我!"他竟是如十年后演《少年包青天》中八贤王,自具一派闲适雍若之意态风流,自然地随意撩撩耳垂,几声舒缓醇和的笑声"呵……呵……呵……"自然泛起,他交叉十指,叠在腹前,换了个更舒服的坐姿,继续温言慰抚已抓狂的太太:"好好好……我一切由你做主,好吗?"接着行继言出,有言有行,给老婆剥买回来的水果喂她吃——我唯一的不解就是,原著写此水果为荔枝,剧里则为菠萝,为何?但把荔枝换为菠萝,陈道明没浪费这个细节处理——且看柔嘉破涕为笑,坐起来吃丈夫喂的水果,鸿渐扯下一大片菠萝,凑到柔嘉嘴前,轻声道:"张开嘴。"柔嘉一时倒娇羞起来,鸿渐继续柔声道:"诶,张大点儿!"妻子更不好意思了,禁不住丈夫一叠声儿的"张大点儿,诶,张大点儿"(好似逗小孩子),柔嘉终是笑意盈盈张开嘴来咬住了这块菠萝,鸿渐继续道"张大点儿"把菠萝轻轻往妻子嘴里送。① 这一幕真是温馨,笔下犀利(刻薄)的钱先生舍不得为身入围城的夫妇多施舍哪怕那么一点儿温热,陈道明和吕丽萍这一场

---

① 细细体味,此水果由钱书"荔枝"改为剧中"菠萝"真是大妙——唯有大块的菠萝片儿而不是小小的荔枝颗儿,才有嘴"张大点儿"再"张大点儿"啊!

戏的演出（特别是喂食菠萝片儿这一细节的精彩"改戏"发挥），让观众相信，他和她之间并不是从无恩爱的，他和她之间，在鸡毛一地的吵嘴间隙里，并不是毫无恩爱的。

再看下一场室内吵戏。从山上辛楣住处受苏文纨气回旅馆，原著写二人之暴风骤雨更甚于前番，但剧中演去，似乎仍然只有新妇"得理"不饶人就嫌事儿不够大，新郎这边则仍似好一圈太极拳"云手"绵绵化去老婆凌厉攻势，只在最后退无可退时反撩一掌，以示薄惩。

先看原著：

鸿渐闷闷上车。……回到旅馆，茶房开了房门，鸿渐脱外衣、开电扇，张臂当风说："回来了，咦！"

……

她的话一部分是真的，加上许多调味的作料。鸿渐没法回驳，<u>气哄哄望着窗外</u>。柔嘉瞧他说不出话，以为最后一句话刺中他的隐情，嫉妒得坐立不安，管制了自己声音里的激动，冷笑着自言自语道："我看破了，全是吹牛，全——是——吹——牛。"

鸿渐回身问："谁吹牛？"

"你呀。你说她从前如何爱你，要嫁给你，今天她明明和赵辛楣好，正眼都没瞧你一下。是你追求她没追到罢！男人全这样吹的。"鸿渐对这种"古史辨"式的疑古论，提不出反证，只能反复说："就算我吹牛，你看破好了，就算我吹牛。"柔嘉道："人家多少好！又美，父亲又阔，又有钱，又是女留学生，假如我是你，她不看中我，我还要跪着求呢，何况她居然垂青——"<u>鸿渐眼睛都红了，粗暴地截断她话</u>："是的！是的！人家的确不要我。不过，也居然有你这样的女人千方百计要嫁我。"柔嘉圆睁两眼，下唇咬得起一条血痕,颤声说:"我瞎了眼睛!我瞎了眼睛!"

此后四五个钟点里,柔嘉并未变成瞎子,而两人同变成哑子,吃饭做事,谁都不理谁。鸿渐自知说话太重,心里懊悔,但一时上不愿屈服。下午他忽然想起明天要到船公司凭收据去领船票,这张收据是前天辛楣交给自己的,忘掉搁在什么地方了,又不肯问柔嘉。忙翻箱子,掏口袋,找不见那张收条,急得一身身的汗像长江里前浪没过,后浪又滚上来。柔嘉瞧他搔汗湿的头发,摸涨红的耳朵,便问:"找什么?是不是船公司的收据?"鸿渐惊骇地看她,希望顿生,和颜悦色道:"你怎么猜到的?你看见没有?"柔嘉道:"你放在那件白西装的口袋里的——"鸿渐顿脚道:"该死该死!那套西装我昨天交给茶房送到干洗作去的,怎么办呢?我快赶出去。"柔嘉打开手提袋,道:"衣服拿出去洗,自己也不先理一理,随手交给茶房!亏得我替你捡了出来,还有一张烂钞票呢。"鸿渐感激不尽道:"谢谢你,谢谢你——"柔嘉道:"好容易千方百计嫁到你这样一位丈夫,还敢不小心伺候么?"说时,眼圈微红。鸿渐打拱作揖,自认不是,要拉她出去吃冰。柔嘉道:"我又不是小孩子,你别把吃东西来哄我。'千方百计'那四个字,我到死都忘不了的。"鸿渐把手按她嘴,不许她叹气。结果,柔嘉陪他出去吃冰。柔嘉吸着橘子水,问苏文纨从前是不是那样打扮。鸿渐说:"三十岁的奶奶了,衣服愈来愈花,谁都要暗笑的,我看她远不如你可爱。"柔嘉摇头微笑,表示不能相信而很愿意相信她丈夫的话。鸿渐道:"你听辛楣说她现在变得多少俗,从前的风雅不知哪里去了,想不到一年工夫会变得惟利是图,全不像个大家闺秀。"柔嘉道:"也许她并没有变,她父亲知道是什么贪官,女儿当然有遗传性的。一向她的本性潜伏在里面,现在她嫁了人,心理发展完全,就本相毕现了。俗没有关系,我觉得她太贱。自己有了丈夫,还要跟辛楣勾搭,什么大家闺秀!我猜是小老婆的女儿罢。像我这样一个又丑又穷的老婆,虽然讨你的厌,可是安安分分,不会出你的丑的;你娶了那一位小姐,保不住只替赵辛楣养个外室了。"<u>鸿渐明知她说话太刻毒,只能唯唯附和。</u>这样作践着苏文纨,他们俩言归于好。(319—322页)

剧里演来,方鸿渐全程带着闲淡之态,懒懒倦倦地随意伸手比画几下,划开了老婆一浪高一浪的攻势。陈道明演来,这段戏里方鸿渐的意态,比之上段,形同神异:前段戏闲淡之中,蕴有怜爱,如父母爱怜顽皮的孩子,表示他还是觉得这个女人是可爱的;这段戏闲淡之中,渐生厌倦,如子女敷衍厌烦的父母,表示他突然觉得这个女人怎么这么不可爱。也许正是丈夫这"死猪不怕开水烫"的无所谓惹恼了妻子,柔嘉继续发狠,"我算是看透了,全是吹牛!"这时,哪怕是"陈鸿渐",估摸着也已受不住了吧?他背靠床头,淡定一句:"谁吹牛。"——我们都以为他要爆发了!可是没有。柔嘉继续给油:"是你呀。你不是说,她如何如何爱你,要嫁给你,今天她明明对赵辛楣好啊。"注意,到这里,鸿渐脸上的表情第一次敛去伪装出来的笑,柔嘉继续点火:"男人,全是这么吹的!"可是鸿渐仍未爆发,他仍是破颜又一笑,自贬道:"好好好,我吹牛,就算我吹牛好了吧。"柔嘉不点着不收工,再挤兑一句:"就是!她又阔,又美,又是留学生,假如是我呀,她看不中我,我倒要跪着求呢。何况她还追求你。"鸿渐终于退无可退了,他一撇头,十分不耐烦地扔出一句:"你有完没有啊!人家是看不中我,可是有的人,还千方百计想嫁给我呢。"——

这个十分不耐烦的神气，真是太陈道明了！原著所写鸿渐此处反应为"鸿渐眼睛都红了，粗暴地截断她话"。这正是"忍无可忍，何须再忍！"，可就这"何须再忍"的爆发，陈道明也有他专属于自己的表现方式呢。

感觉钱先生写人物，大有他笔下孙小姐以"一双红唇，十点指甲"勾勒汪太太的"提纲"之三昧，颇爱以漫画化的适度夸张状人物之情景反应。钱先生本人便具有他"赋予"笔下人物孙柔嘉之能，擅长漫画。据杨绛先生在《写〈围城〉的钱锺书》文中回忆："据锺书告诉我，他上课也带笔记本，只是不作笔记，却在本子上乱画。现在美国的许振德君和锺书是同系同班。他最初因锺书夺去了班上的第一名，曾想揍他一顿出气，因为他和锺书同学之前，经常是名列第一的。一次偶有个不能解决的问题，锺书向他讲解了，他很感激，两人成了朋友，上课常同坐在最后一排。许君上课时注意一女同学，锺书就在笔记本上画了一系列的《许眼变化图》，在同班同学里颇为流传，锺书曾得意地画给我看。一年前许君由美国回来，听锺书说起《许眼变化图》还忍不住大笑。"有意思的是，陈道明也有这么类似的一出——他在受访时说："我那个时候上课（笔者按：就读中央戏剧学院时），最大的一件事不是听课，是给老师画漫画。"——戏谑言之，钱先生写其笔下人物之情态，好做"漫画状"，遮莫是"画戏文唱""以文字作画笔"？乃是其漫画"习气"在小说中怒刷一波存在感？日本影视剧中有一派表演，演员肢体语言面部表情特别凸显漫画化夸张，如电影《笑的大学》（2004）里稻垣吾郎演的小编剧、《横道世之介》（2013）里高良健吾演的世之介、《哪啊哪啊神去村》（2014）里染谷将太演的伐木工……上引《围城》书中钱先生写方鸿渐之动作反应——"鸿渐惊骇地看她……鸿渐顿脚道……鸿渐打拱作揖，自认不是……"，读者观众不妨自动代入日本这一派漫画式表演风格……私下揣测，如果以此派表演风格重拍《围城》，或许会在某个角度更切合钱先生原著风味？因为就演出实际而言，葛优演李梅亭倒是有漫画化的讽刺变形效果，陈道明在本剧中演出则着实是现实主义的冷静克制风格。所以我想，他在对人物动作细节的具体处理上，变钱先生笔下之"气急性躁""举止逾度"而为"气凝神定""意态闲淡"，一方面可能是他想用"陈道明的表达理解"来传达"钱锺书的塑造目的"，以具体取径之殊途，致人物塑造之同归；另一方面，他的表演风格似乎偏于"以微见著"，于冷静克制中完成意味隽永的人物塑造。①

如本小节所论这场戏里，陈道明的几处处理，皆不同于原著：

（1）俩人吵架后，鸿渐急着找东西，柔嘉问："是不是找轮船公司船票的收据啊？"原著写道："鸿渐惊骇地看她，希望顿生，和颜悦色道……"而陈道明演来竟是雍容自若呵呵一笑，缓缓直身，温言而问："你怎么猜到的？"柔嘉答道："你不是放在白西装口袋里了吗？"

（2）原著写道："鸿渐顿脚"。而陈道明演来只是微微哑吧一声："哟，糟糕，啧，让他们洗了。"柔嘉从背后摸出收据伸手出去："拿去。"

（3）原著写道："鸿渐打拱作揖，自认不是"。而陈道明演来是抱住妻子，轻拍拍妻子的肩背，温言笑语："谢谢你，要不，我们就回不了上海了。"

---

① 陈道明这一现实主义表演风格的"大成之作"，我以为是电视剧《冬至》（2003）。

（4）原著写"作践着苏文纨，他们俩言归于好"，孙柔嘉可着劲儿作践——"你要是娶了那位苏小姐啊，保不准你替赵辛楣养了个外室罢了"，方鸿渐是"明知她说话太刻毒，只能唯唯附和"，一派庸懦无能人品卑劣（背后刺人，君子无取）的小男人脸孔；剧里演来，自然放松地躺在床上的方鸿渐伸手一拉喋喋不休背后说人的老婆，笑道："诶……哪儿这么多话……"然后把老婆一把揽过胸前，言笑归好。

第10集　诗书人家的礼仪　鸿渐挈妇归沪，回到大家里。这里有个细节，陈道明的改动十分妙。原著写道：

> 行礼的时候，祭桌前铺了红毯，显然要鸿渐夫妇向空中过往祖先灵魂下跪。<u>柔嘉直挺挺踏上毯子，毫无下拜的趋势，鸿渐跟她并肩三鞠躬完事。</u>旁观的人说不出心里的惊骇和反对，阿丑嘴快，问父亲母亲道："大伯伯大娘为什么不跪下去拜？"这句话像空房子里的电话铃响，无人接口。<u>鸿渐窘得无地自容</u>，亏得阿丑阿凶两人抢到红毯上去跪拜，险的打架，转移了大家的注意。方老太太满以为他们俩拜完了祖先，会向自己跟邴翁正式行跪见礼的。<u>鸿渐全不知道这些仪节，他想一进门已经算见面了，不必多事。</u>（333页）

剧里演来，"陈鸿渐"比"钱鸿渐"懂礼多了：进门以后，俩新人大方地喊了"爸爸""妈妈"，一边座椅上的方老太爷方老太太一脸喜色，方鸿渐做了个细节动作：一手摊开往前指点，一手虚揽柔嘉的腰往前轻送，示意在蒲团垫子上跪下向祖先画像行礼；然后自己自然地撩起长袍下摆作势要跪；弯了半个腰，还没跪下去，侧头看柔嘉，竟是直挺挺踏上垫子只是弯腰鞠躬了事——鸿渐眼里惊讶，脸上微现不快，随即转回头来，敛去这丝不快；然后随机应变十分了得，直起腰来跟老婆并肩鞠躬……

笔者在前文写方鸿渐归国船上甲板上不受鲍小姐色诱一段文里，特为提道："原著中方鸿渐吃相甚为难看，一副色中饿鬼的尊范几乎可与猪悟能元帅并世瑜亮。而陈道明演来则是不乏矜持……大言一句，我觉得这里也许陈道明对方鸿渐的处理才是不失分寸的。方鸿渐是江南诗书人家的子弟，所谓世家。哪怕是乡绅，也有门风吧。清华学生回忆老师陈寅恪有一个细节，学生们拜访诗坛宗主、陈父散原老人，学生与散原翁对坐，寅恪先生全程默立乃父身后，这一细节给学生们留下极其深刻难忘的印象。这种书香门风是浸染到血脉中的。"无独有偶，寅恪先生还有一"轶事"广传众口：清华国学研究院导师、海内大儒王国维先生殁后，学子设祭，鞠躬而已，稍后寅恪先生来了，庄容摄衣，行三跪九叩大礼，哀毁逾恒，四周的师生都被震住了！纷纷随之跪拜叩首……所谓"君子务本"，夫礼乐虽非本，舍此无为本。大匠巧夺天工，然不可以语人，其语人者，不过规矩而已；圣人不勉而中，然不可以教人，其教人者，不过礼乐而已。是故吾国传统文化世家，视"礼仪"二字，莫大莫重，有后世所不能喻者。方鸿渐诗礼传家，虽说是喝洋墨水的，但幼承庭训，进退揖让必有尺度，很难想象他这样的人会是钱先生所道"鸿渐全不知道这些仪节"？读者必以我"站在陈道明立场、乃敢诋毁钱先生"为诘，且慢，看钱先生书里，连阿丑这么个小孩子都知道祭祖必跪拜这个规矩："阿丑嘴快，问父亲母亲道：'大伯伯大娘为什么不跪下去拜？'"——难道方鸿渐之知礼晓仪反倒竟还不如其幼童之侄？他小时候竟不是方家教养长大的？不合基本逻辑啊！书里方老太太后边对着方老太爷吐槽："孙柔嘉就算不懂礼貌，老大应当教教他。"——表示钱先生"以己之矛，攻己之盾"，他笔下的角色已经代读者如我向角色的作者表示疑惑和不满了！陈道明这一细节改动处理，合乎逻辑，绝无疑义，洵然可赞。

但陈道明还有更厉害的——鞠了三个躬，方鸿渐鞠第四个躬，孙柔嘉已经直起身子往一边下垫子了！鸿渐一看，只好不得不再一次"舍己从人"，再一次"妇唱夫随"，再一次和夫人保持一致，直起身子也侧身一边去。这个细节的意思是：传统祭拜礼仪所谓三跪九叩，就是说腰要弯下去九次的；跪拜改为鞠躬，形式已经从简了，次数不能从减！还是得九次！所以鸿渐是自然地还鞠第四个躬！这些细部处理真让人不由不啧啧称叹。

第10集　明面上的"补刀"　鸿渐初到报馆请见王主编，钱先生下笔鞭挞"阎王好见小鬼难缠"的报馆门房一男一女，使出狮子搏兔手段，极尽嘲讽之能。原著写道：

> 报馆分里外两大间，外间对门的写字桌畔，坐个年轻女人，翘起戴钻戒的无名指，在修染红指甲。有人推门进来，她头也不抬。在平时，鸿渐也许会诧异何以办公室里的人，指头上不染墨水而指甲上染红油，可是匆遽中无心及此，隔了柜脱帽问讯。她抬起头来，满脸庄严不可侵犯之色，仿佛前生吃了男人的亏，今生还蓄着戒心似的。她打量他一下，尖了红嘴唇向左一歪，又低头修指甲。鸿渐依照她嘴的指示，瞧见一个像火车站买票的小方洞，上写"传

达",忙去一看,里面一个十六七岁的男孩子在理信。他唤起他注意道:"对不住,我要找总编辑王先生。"那孩子只管理他的信,随口答道:"他没有来。"他用最经济的口部肌肉运动说这四个字,恰够鸿渐听见而止,没多动一条神经,多用一丝声气。(340页)

鸿渐内心对这俩也是恨得牙痒痒,书里写道:"鸿渐暗想,假使这事谋成了,准想方法开除这小鬼。"这是方鸿渐心里的话,演员自没办法把人物这句腹诽用腹语道出,但陈道明另辟蹊径,以另一种方式在另一处可劲儿地把这话说出来了:且看他终于找到王主编初次见面晤谈甚欢离开时王先生坚持着把他送下楼,方鸿渐笑意盈面,喜极而出,想起了什么似的,转身过来对着窗台里的修指甲的"蒋小姐",一个仿似并无芥蒂的春风满面,挥手口道:"再见!"书中没有这个细节。这个细节之妙,一是方鸿渐寻得王主编敲定新工作之喜,春风拂面驱散阴霾,他无心无暇再去计较,所以对慢待自己的人也不妨挥挥手笑道"再见"。二是内心不免其促狭的小男人方鸿渐这一"特意"的"再见",不能不说还有一丝嘚瑟:你不是挡我吗,你挡啊,你看你们"波司"亲自送我下楼来啦。这,才是最高级的反补刀啊!

第10集　从戏外渗透到戏里的"童心"　陈道明本人极具童心,生活里很爱跟朋友们开开玩笑,幽默感十足。"赤子之心"对于他的表演,我想至少有两点"正效应":一是如斯坦尼大师《演员的自我修养》所说"在创作的时刻,应当像孩子般天真和自信",赤子之心帮助演员更好完成表演[①];二是这种童心从戏外渗透到戏里,从演员

---

① 参本书中《陈道明和王国维的游戏观》一文。

渗透到角色，使得演员所塑造的人物格外具有人性光泽，特别光辉可感。原著里只写辛楣是个大孩子，杨绛先生在《后记》里也提明了这点；却并未写鸿渐是否具有此一特质。且看陈道明演来，那是鲜明地赋予方鸿渐以"童心"。

从柔嘉姑妈家出来，鸿渐受气不忿，跟夫人在去看电影的路上又斗上嘴了。引原著：

> 鸿渐出了门，说："我没有心思看电影，你一个人去罢。"柔嘉道："咦！我又没有得罪你。你总相信我不会告诉她什么话。"<u>鸿渐炸了</u>："我所以不愿意跟你到陆家去。在自己家里吃了亏不够，还要挨上门去受人家教训！我欺负你！哼，我不给你什么姑母奶妈欺负死，就算长寿了！倒说我方家的人难说话呢！你们孙家的人从上到下全像那只混帐王八蛋的哈巴狗。<u>我名气反正坏透了，今天索性欺负你一下，我走我的路，你去你的，看电影也好，回娘家也好！" 把柔嘉勾住的手都推脱了。</u>柔嘉本来不看电影无所谓，但丈夫言动粗鲁，甚至不顾生物学上的可能性，把狗作为甲壳类来比自己家里的人，她也生气了；在街上不好吵，便说："我一个人去看电影，有什么不好？不希罕你陪。"头一扭，撇下丈夫，独自过街到电车站去了。<u>鸿渐一人站着，怅然若失，望柔嘉的背影在隔街人丛里出没，异常纤弱，不知哪儿来的怜惜和保护之心，也就赶过去。柔嘉正走，肩上有人一拍，吓得直跳，回头瞧是鸿渐，惊喜交集，</u>说："你怎么也来了？"鸿渐道："我怕你跟人跑了，所以来监视你。"柔嘉笑道："照你这样会吵，总有一天吵得我跑了，可是我决不跟人跑，受了你的气不够？还要找男人，我真傻死了。"（352页）

钱先生笔下的方鸿渐确实不讨喜，作为男人的气量太窄，且看道明兄演来，他仍然有原著里方鸿渐发脾气这一条，但却不是钱先生笔下孚毛的豪猪似的形象，而是差不多也就只是个"作势欲发"，表示下意思，更多的带有跟老婆逗趣的意思。书里写鸿渐看老婆背影远去生出怜惜，赶过去拍一下柔嘉肩；剧里陈道明"无中生有"，丰富活泛了这个拍的动作——他偷偷"潜入"人潮中，摸到在影院前徘徊的老婆身后，脸上带着顽童偷放炮仗的搞怪表情，蹑手蹑脚靠近，伸手在老婆左臂一点，然后闪电般蹿到老婆前侧，老婆突受"袭击"，回头看没人，再一回头，满脸顽皮的丈夫像个大孩子般带着胜利的喜色赫然闪在身前！这一个动作细节，一方面能看出演员陈道明活泛灵动的表演思路，善于在细部丰富原著细节，确为优秀演员；另一方面，陈道明不仅让这个人物鲜活，更让这个人物可喜，方鸿渐由面目可憎的小男人一变而为和善可爱的大男孩！

接下来，刚"原谅"了丈夫的妻子不禁嘟嘟嘴埋怨开了："像你这么会吵，我早晚要跑。"原著里方鸿渐还对柔嘉姑母耿耿，这当口还不忘争回主权："今天我不认错的，是你姑母冤枉我。"剧里"陈鸿渐"浑不提茬，直接面无喜怒淡定一句："跑啊。"柔嘉一下被噎住了，要说啥又说不出，鸿渐继续颔首道："跑啊。"柔嘉那小委屈的瘪嘴表情看得人心里好怜惜，哟哟……您别急您呢，人家的老婆还轮不着您来怜惜，且看鸿渐兄马上绽放一个温然的笑，伸出手臂作半圈示意老婆伸手进来挽住，然后一起看电影去者——原来，这又是逗趣老婆来着！

第 10 集　三处"仰卧"的细节处理　陈道明演出中有一特点,不妨名之为"重要的东西演三遍"。①《围城》中体现此一演出特点的,便是鸿渐回家后倒床上的仰卧。

第 9 集,鸿渐与妻子在港,从山上辛楣住处受苏文纨气回旅馆,柔嘉找丈夫吵架。方鸿渐敷衍老婆半天,厌倦疲乏,一仰面躺在床上。

第 10 集,鸿渐夫妇回到上海组织小家庭,有多场室内戏。原著里极少,甚至根本就没提及俩人室内对话时在干些啥,但剧里演来不能干瘪瘪的,每场戏对话俩人都是端坐对视干瞪眼儿,必须有各种生活细节作为语言之"载体"——且看夫妻说话时,柔嘉卸妆、鸿渐读报、柔嘉织毛衣、鸿渐洗脚擦脚、柔嘉铺床……各种民国都市小夫妻生活气息。这些生动具体活泛的小细节自然又少不了"陈鸿渐"特有的仰身一躺。

第 10 集,方鸿渐下班回家,碰巧偷听到老婆和姑妈又在背后嚼自己的舌根,气得扭头就走,在寒冷的大街上溜达半天,终于扛不住,挨冻受饿回到家,为省下来气力跟老婆吵嘴——又是往床上仰面一躺。

关于这场戏,陈道明在田小蕙对其专访《陈道明访谈录》里还特为提及了:

> 临近剧终方鸿渐回家的那场戏我不太满意。当然,现在的处理是人一下子躺倒在床上,以示人生苦累。要重拍,我会处理成他先

---

① 详参本书中《对石挥先生的传承》一文中"重复"一节。

慢慢坐下，继而缓缓仰倒，然后侧转身直至四肢缩成一团。这样会更含蓄，更耐人寻味。

有意思的是，十多年后，陈道明在有"当代《围城》"之称的电视剧《中国式离婚》（2004）里，某种意义上可以说是"补足"了这个遗憾：他演的另一个憋屈的已婚男人宋建平，下班后不愿回家，他宁愿抄着手裹着风衣坐在海边石墩上吹寒冷的海风，也不愿回家面对永不消停的泼妇悍妻——君须注意，此时的人到中年的"宋鸿渐"，他的侧影，是身躯佝偻、"缩成一团"的。①

以上三处仰卧的细节处理，能让人看到其时还是一个青年演员的陈道明的用心。这"重要的东西演三遍"的表演"自觉"，陈道明用得最纯熟、最多，是在他 2012 年大剧《楚汉传奇》中。② 由《围城》到《楚汉传奇》，二十年的时光，陈道明对表演的思考和体悟无疑在深化。

书里最后是鸿渐回到家，柔嘉已打包离去，陪伴他相守漫漫寒夜的只有那只时间落伍的计时机——祖传老钟，等夜深人静，"当、当、当、当、当、当"响了六下；全剧里方鸿渐最末一个镜头是无家可归，他踽踽独行于 20 世纪 30 年代上海滩法租界的寒夜，长街寂寂，枯叶四起，他仍是那么施施然地缓步走着，如回国轮船上走向苏小姐，如林荫道上牵着唐小姐，如与柔嘉漫步于三闾大学，如与辛楣散

---

① 详参笔者评析陈道明在《中国式离婚》中演出之专文：
https://www.zhihu.com/question/344600420/answer/814678503
② 详参笔者评析陈道明在《楚汉传奇》中演出之专文：
https://zhuanlan.zhihu.com/p/75143256

步于香港街头……唯一的不同,是他已满脸长泪。此段戏剧集处理与原著甚为不同。原著结尾,方鸿渐备见狼狈;剧集结尾,方鸿渐虽狼狈而不失"气节"。他的步子踱得慢条斯理,这正是对满脸长泪的无言对抗。他哪怕穷途末路,人生也休想踩躏他的哪怕一寸尊严。陈道明用剧集结尾的处理,把钱先生笔下方鸿渐的傲气,冷静地改换为他陈道明的方鸿渐的傲骨。陈道明的戏表文骨,陈道明的文人傲骨,陈道明的文士风骨,一以贯之地灌注在他的几乎所有演出中,方鸿渐并不是唯一一个。他刚好是第一个。

2016 年 1 月 14 日写毕于成都
2019 年 9 月 17 日改毕于成都

载浮载沉泛中流
——《手机》表演赏析

在我看来，电视剧《手机》（2010）剧本扎实精良，演员表演个个到位，主题内蕴深刻耐嚼，三观绝不庸俗媚俗，颇具现实人文深度，可以说是近十年来都市时装题材剧之最佳。尤为难得的是，虎头蛇尾可以说是国内外不少剧集的通病，甚至一些经典巨制如《走向共和》（2003），慈禧太后死后全剧水准都往下掉，但《手机》剧却是难得的"如倒吃甘蔗，渐入佳境"，全剧如小火慢炖，上好的食材在中后段滋味儿更慢慢渗出涌出，醇香浓厚劲道十足耐人品嚼回味无穷啊。

在我看过的影视剧中，《手机》剧集版是极少数的胜过先拍的电影版甚至是原著的。电影版的讽刺幽默其实嫌表面化，一众人物的设定颇有漫画化之嫌；但电视剧版的人物塑造，真的是人各其面而深度不凡，两大主角里，王志文的严守一与葛优版相比，少了面上的贫嘴，有的是骨子里的戏谑，特别是把严守一那点成天靠说话逗乐别人却其实特别需要有人逗乐自己的疲惫感，以及那点"不给人添堵"故而又要掩饰这点疲惫感的感觉拿捏得火候刚刚、味道恰好；陈道明的费墨也不是原著和电影版里设定的简单的道貌岸然的斯文败类，这是一个多棱深刻的人物——一个"老要癫狂"的萌宝，一个看透世事的智者，一个老派传统的文士，一个惧内不举的男人，一个坚守中有妥协、妥协中有坚守的商业转型时代的知识分子，具有一定典型性。

好演员常有，好剧本不常有；好演员好剧本难得都撞上了，未见得有好的配合好的发挥。就耐咀嚼、人物塑造的复杂深度而论，《手机》可说是陈道明从艺近四十年来遇到的最好的本子，甚至大言一句，超过名著打底的《围城》。《手机》是难得的"三好"剧集：好剧本，好演员，好发挥。《红楼梦》第五十五回，凤姐儿笑道："好，好，好！好个三姑娘！我说她不错。"电视剧《雍正王朝》康熙命皇子百官推举新太子一集，百官皆保"八贤王"，唯有四阿哥十三阿哥仍旧保举废太子胤礽，焦晃饰演的康熙老皇帝对胤禛胤祥道："朕对你们，有三个评价——"说着伸出大拇指，"好！好！好！"那么我对《手机》全剧及王志文、陈道明等演员剧中表演，也"僭妄"地伸一伸大拇指："好！好！好！"

另外还有一点值得"立此存照"：《手机》电视剧拍摄于2009年，播出于2010年——我们须记得，智能手机的流行大致是从2011年开始，嗣后微博兴起，微信再兴起，手机的使用方式，人与人之间的社交形态，乃至整个社会人群的社交心理，都悄然发生深刻而持久的变化，传统意义上主要功能为发短信、打电话的"老式"手机，不声不响间已被时代淘汰，灰溜溜退缩于世界一隅。电视剧《手机》里讲的故事，与电影版一样，仍然是手持主要功能为接打电话、收发短信的旧式手机的都市和乡村人们的故事。自那以后，手机上的微博江湖、微信世界开始兴起，微信、陌陌等各种"社交神器"慢慢泛滥铺天盖地，编剧们要面对的、观众们要接受的，已是一个全新的时代——从这个意义上说，2010年的电视剧《手机》，可以说是在传统手机行将式微的最后一年，为传统的手机时代、传统的人际关系，认真用心地拍下的一帧帧精良珍贵的"留此存照"。所谓"时来天地皆同力"，成功三要素"天时、地利、人和"，首要是天时，《手机》剧集在天时行将逝去的当口儿，抓住了天时，不由人慨叹冥冥之中定数终有，世间欲成一精品机缘何其难哉——"天不丧斯文"，幸甚！

《手机》剧第一主角无疑是王志文所演严守一，全剧的主线是从农村里走到大都市（北京）的严守一"被推着走，跟着生活流"，步步迷失在婚姻和工作（社会）中，全凭"一灵不灭"，最后在艰难的挣扎和抉择中"豁然"明白，找回了迷失的自己，找到了安放心灵的精神家园。[①] 这是《手机》剧的核心主题。直面真实的自己，就是剧里多次出于各角色之口的《有一说一》。所以我觉着对于这部剧集来说，更合适的剧名其实应该是《有一说一》，备选呢，可以是探讨人与人之间沟通特别是夫妻爱人之间沟通交流的《说话》（没错儿，也是剧里费墨教授出的那本书的书名）。《手机》原著和电影着重揭露和抨击的是人和这个社会一起堕落，奶奶过世后，世界再无净土；《手机》剧着重要表达的却是一种不乏温暖的情怀——这个社会对人的异化，让原本纯善的人堕身其中，不得不被裹卷迷失，但最终，创作者让观众相信，人内心的精神力量是足够强大的，人选择了勇敢面对自己，"主持自己"，就能找到内心的平静安宁，找回我们回望里的精

---

① 详参拙文《不再迷失——细品电视剧〈手机〉中王志文饰演的严守一》：
https://www.zhihu.com/question/57364420/answer/152591011

神故乡。陈凯歌电影《道士下山》(2015)情怀与此颇有共通处：一个不谙世事的小道士，因为闹粮荒离开道观下了山，一脚踏入了光怪陆离的万丈红尘之中，他以一颗赤子之心面对一切，才发现这个世界与他的想象有多么不同，他终于明白了临下山前师傅说过的一句话："不择手段非豪杰，不改初衷真英雄。"——小道士就是严守一，道观就是严家庄，万丈红尘就是都市世界，师父就是奶奶，小道士最后明白的"不改初衷真英雄"就是严守一最后安放自己的爱沙尼亚。

然而我们须知，在剧里，"爱沙尼亚"是费墨说给守一知道、与守一分享的。爱沙尼亚首先是费墨寄托在遥远异邦的一个精神港湾。那么本篇文字要涉及的核心主题——也是《手机》全剧隐伏的一个"副主题"——费墨的挣扎与浮沉，也就在势不得不表了。

费墨的挣扎与浮沉

"一时负气成今日，四海无人对夕阳" 在严家庄外的山坡上，费墨抱着手，望着远处的山峦，感慨悠远。可他身边并不是无人，有人，人是刘丹。刘丹同学跟这位她欣赏崇拜的老师之间的距离，那就是二三十年年龄差距的人生沉淀，就是哪怕到了剧末她作为老师的准儿媳妇儿上桌吃饭还在兴致勃勃地问老师"火了什么感觉"。哪怕在即便因为酸醋熏昏了头脑，看法不免有失客观的老婆李燕看来，这位女研究生的确是真懂老废物的所谓学识啊价值啊什么的，费墨还是免不了轻叹口气：四海无人，对，夕，阳。

刘丹认为费老师的学术价值是毋庸置疑的。她笃信这点。她用八零后大学生特有的执着、热情和商业头脑，撺掇着师娘，硬是鼓捣着把师父赚上了贼船。照这个意义上讲，刘丹同学也许就属于费墨教授微微不屑如严守一般的知己"之上"的虚位苦待的知音了。可什么是知音？知音不仅仅是听得出曲调之精密高妙，更得是听得到曲传之心声情怀。知音不仅仅是知音，更得是知心。如果不嫌得了便宜卖乖，我们可以替费墨教授"切"一声：你哪儿是懂得我的学术价值，你只是懂得我学术的使用价值。而已。

所以费墨教授改陈寅恪先生原诗一字，他认为自己只是"一时"负气，终成今日。然而他没有赤裸裸面对的血淋淋事实是，他根本改动不了这个字。长期与严守一"狼狈"不离的总策划，《有一说一》节目的灵魂人物，就是因为名不响号不亮，才被无知宵小次次误伤。虽然，难得的厚道的"知己"严守一，每次总是曲尽心力善为周全。真正有功底的教授写的有价值有深度的书，非得睁只眼闭只眼用招录出版社社长女儿为研究生的利益交换方式，非得让虽是尽人皆知的著名主持人却是只堪知己不堪知音不懂我学术的严守一来作序，才出版得了卖得出去，也还是因为写书人名不响号不亮。——虽然，难得的厚道的"知己"严守一，心知肚明费老未必认可肯定不认可自己写序，故而仍是知情识趣地做到了三推五却。……这些事儿，在费墨与严守一的日常相处中，在费墨日常生活的方方面面里，一定还有触发。甚至越是严守一妥帖的厚道，或者越是会触发他心中的隐痛和不平。这隐痛和不平真不是钻石卡金卡的事儿，不是一台两台破电脑的事儿，不是谁谁写序棒槌不棒槌的事儿，他不平的是明明金光满怀却周遭漆黑，不平的是本该山鸣谷应却万马齐喑。——《水浒传》里阮小七面对吴用挺起脊梁，举起右臂横掌切颈：这一腔热血，只要卖与识货的！——这一刻，大块吃肉大碗喝酒论秤分金银的快活都抛到了九霄云外,我不甘心的只是无人知道没人赏识。

名之外,自然也还有利。费墨应该也是贾政式的不善理家厌烦俗务的人。这"是"我们传统的文人士大夫。书卷在前,万事抛之脑后。钱对他没吸引力,但前提是老婆不饿着孩子能上学。这已经不是文人的尊严了,这首先是男人的尊严。李燕深深知道这是老费的命门。每次但凡老费跟她犟嘴,抓住这个命门一顶,老费立时软了。这么副枷锁往肩上一架,费墨再怎么要挺住腰,也扛不住要折腰。他在严家庄外念叨出"一时负气成今日,四海无人对夕阳"之后,紧跟着再来了句长吁:"哎!真羡慕陶渊明啊!"是啊,陶渊明感叹"室无莱妇",还是挺脊傲对五斗米,毅然转身向饥寒去了。费墨同样感叹着室无莱妇,却只有用"摊都摊上了有啥办法"的眼神恨恨地再看这"非莱之妇"两眼,然后轻叹一声,默默走开,无可奈何。这样的一分钱难死英雄汉的瞬间,在他和她漫长的半世相随中,一定还有很多:在孩子出生、上学、长大的过程中,在与亲朋好友、同事邻里的交往中,在需要阿堵物的每个瞬间中。《冬至》(2003)剧中陈道明饰演的陈一平,空有的是一身屠龙之技,无物可售,最后只有售自己的灵魂,售自己的下水。费墨的技,好在还不是屠龙那么九天在上,还有可售,还有"慧眼"识我如刘丹,撺掇着鼓捣着策划着,卖了个好价。

我们可敬可爱又可惜的费墨教授啊,深刻有,犀利无。他看人看事很准,几次在严守一快要稳不住的山雨欲来之前夜给他打打预防针,奶奶嘱咐白石头那句"多听费教授的话"再对也没有了(此正所谓:"唯贤知贤。"《三国志·杜袭传》:"夫惟贤知贤,惟圣知圣,凡人安能知非凡人邪?"黑格尔名言:"只有精神才能认识精神。")。费墨一针见血地给严守一指出,"我不担心伍月,我只担心你。"还真是。伍月的犀利、狠和果敢,还无须看她前边儿录下人视频后边儿录下人语音,我不喜欢这个女人,首先是她打电话给严守一约费墨新书那篇序时直说的那句话,"废话,费墨这书要不是你写序,谁买谁看。"女人太过直接犀利,索然无趣。这样的能跟社会真实刺刀见血的女人,即便她内心有再多脆弱苦痛,还是能够全身自保的。严守一呢,他懂得看得也许比伍月更多更深,但他的软肋和命门在于兰花指段总都看得清清楚楚的"是个厚道人"。他对于周围的一切人事都太过迁就。最后,迁就不了的只有自己。严守一曾给沈雪讲过一个狼和羊的故事。伍月就类似"披着羊皮的狼",严守一则近于"披着狼皮的羊"。严守一后来对伍月失去感觉、敬而远之不能不说是他从她身上嗅到了非同类的气味。照演员王志文自己在受访中解读:"人是不可能在所有的方面都缜密、都滴水不漏的,这就是人性。这场戏以及后来严守一和伍月关系的走向是很"严守一"的,他折就折在这地方,他想装自己(装成披着羊皮的狼),但他装不好(其实是披着狼皮的羊),因为他太仁了——严守一这个人物是从这儿出来的。所以后来刘震云也挺喜欢,他说,你真是把我当初写这个人物的意思做出来了。"① 费教授看这些人和事,眼光深邃精准,如同他在《大家讲给大家听》讲台上从历史的缝隙里一一剔出各种真相的深刻。可费墨并不是一个犀利的人,或者说不是一个有勇气的人。人真正的犀利和勇气,不是置身事外评点青史,不是侧身一旁道人冷暖。一定是拔出刀来,反转着对着自己的胸口,看下不下得去手。费墨深刻到能几乎是提前几步预知预见很多的人和事,但他唯独不够犀利直视自己一生负

---

① 《演员的工作就是创造精确——对话王志文》。

气于被宵小无视,唯独没有勇气直面自己一生负气于时不时要受钱这王八蛋的憋屈。他欠自己一句对着严家庄外清远起伏的山岚的轻叹:一生负气成今日,四海无人,对,夕,阳。

附:陈寅恪先生诗

忆故居

序:寒家有先人之敝庐二:一曰靖庐,在南昌之西门,门悬先祖所撰联,曰"天恩与松菊,人境托蓬瀛";一曰松门别墅,在庐山之牯岭,前有巨石,先君题"虎守松门"四大字。今卧病成都,慨然东望,暮景苍茫,因忆平生故居,赋此一诗,庶亲朋览之者,得知予此时之情绪也。

渺渺钟声出远方,依依林影万鸦藏。
一生负气成今日,四海无人对夕阳。
破碎山河迎胜利,残馀岁月送凄凉。
松门松菊何年梦,且认他乡作故乡。

"**寡人有疾**" 陈道明不少角色都有这一共性。《黑洞》之聂明宇,"不行";《江山风雨情》之天启帝,腰肾之疾;《我心飞翔》之画家"旭","不行";《中国式离婚》之宋建平,冷淡,看医;这里到《手机》之费墨,又是"旧疾复发","不行",喝药……剧第1集费墨与老婆李燕在一起的第一个镜头,便是二人在家吃饭,饭桌上李燕慢慢叨叨到给丈夫熬中药,让老费不再是个"老废物"。

为弄清楚这些角色特性是不是陈道明加入的"自我",我特为找来了以上几部作品的原著来看，发现这次倒是我想"多"了，《黑洞》原著中写聂明宇丧失男性能力是因为对越作战时为救刘振汉而受伤，天启帝的"腰肾之疾"是史上有载的，《中国式离婚》和《手机》原著里都写到男主角的"不行"。——闲言少叙，单说这个"老废物"。

老婆李燕一直在纠结，丈夫费墨是"不行"，还是只是跟我"不行"。其实她压根儿没懂她这老废物。费老跟刘丹说得明白，到我这岁数，心理上的需求远大于生理上（8集）。刘丹点头：你要的是知音。然后特自信地说：老师，我觉得能做您的知音。费老师看着刘丹同学，如父亲慈爱看着娇憨顽皮女儿。

所以李燕根本就不明白，刘丹或许明白那么一两成，费老即便是对着刘丹横陈玉体峰峦起伏，他也不会摩拳擦掌吞口垂涎"吼吼"扑上，仍然只会是"呵呵"一笑，好整以暇抱膝而对。——对于一个"寂寞好似云上雪"的中年男人，风流不过指间沙，他的别有幽怀绝非肉体。换言之，能让学术遗世独立的费老（"遗世独立"云云当然只是剧中人设，能当得起这个的二十世纪也不过王国维、陈寅恪、钱锺书等寥寥几位学术巨子而已）勃起的，绝不是"大罩杯细长腿"，而是知音。

诚然，严守一充其量只是费墨的知己（17集，费墨"其辞若有憾"地对刘丹道："守一从生活层面上，还是懂我的。"），达不到知我心音的"知音"至境。可自以为能做老师知音的刘丹呢？费老师没好意思对刘丹同学说：你其实懂的最多也是我这挂下水能卖多少钱，你比蔡导儿们强的是知道我这副披挂其实能卖钱，说穿了你懂的也只是我的使用价值，我的价值——学术精神与内在义谛，你能懂吗？

所以其实让费墨勃起的药绝对稀罕，世间少有。所以费墨在给大家发他出版的书《说话》的时候戏谑一笑"拿去垫床腿儿",大家自然讪笑一声数声不等,陪个人场。与其让人嘲笑还不如我先自嘲。必须要等到有妹子冷不吭说声:"费教授,您这书第三章第二小节我认为尤其是深得宗白华美学神髓,且在某一方面有所发挥……"费墨遮莫第一次眼前一亮,抬抬眼镜,尘封委顿几十年的下面,有反应了?

为什么费墨对李燕不举?费墨要举要深入的,是懂我灵魂深处熠熠闪光的那点东西的,那点东西才是我的"专制伟哥"啊,别无灵丹啊。刘丹已经伪知音退而其次了,严守一至少还能懂"费老是座高山",可李燕说啥:"我看我们家老费不如你,守一,天下做学问写文章的多了去了,可有几个能像你这么会说话?"李燕有这话,哪怕勃起如火山,这一瓢冰水也给浇山了;李燕有这话,就是给你们家老费灌一太平洋中药,那也是老废物。

费墨最后"行了",李燕惊喜以为是李神医的中药缓缓发功,终于起效了?但实则我们挖掘,老费最后在《大家讲给大家听》讲台上抖起了雄风,这股子雄风才扇起了他床上那点子雄风,要不怎么说事业是男人最好的"汇仁肾宝"呢。那么费墨的事业是啥,其实不是钱,是一种满足感,是大家都陶醉在我的学问和才华里。尽管,虽然,这些人大多不能真懂我学问的妙处,"好比鸦片瘾发只找到一包香烟的心理。"——《围城》写董斜川客气淡漠接受大家对他诗作的赞辞。

类似《手机》剧里费墨,电影《万箭穿心》(2012)里,母老虎老婆(颜丙燕饰)粗暴拉过文弱丈夫压在自己身上,可丈夫老是掉链子;但这文弱丈夫车间主任享受到车间小女工仰慕崇拜的目光,两口酒下肚,神采飞扬了,于是乎在宾馆里,他第一次发现他行了,而且那么行。

同是陈道明演的《中国式离婚》中的中年男人宋建平,对着老婆林小枫也是"不行",但这个不行同样是"跟这个女人不行",君不见,转个背,喝醉了酒的宋建平搂着丰腴优美的女邻居兼女同事肖莉,酒后现真形,那是一顿贴面狂吻啊。如果从透射的深度来说,《手机》中费墨的不行,着实比《中国式离婚》深入得多了——它是以文人内心高傲之摧折与落寞,意象上隐喻男人下面的消极旷工。从男人的消极冷淡到文人的消极冷淡,让观众可以咂摸到一些社会文化心理的深层意味。

老费火了之后就"行了"。上文已说:"事业是男人最好的'汇仁肾宝'。那么费墨的事业是啥,其实不是钱,是一种满足感,是大家都陶醉在我的学问和才华里。"这其实只是一种"鸦片瘾发找到一包香烟的心理"。极端一点说,哪怕陈寅恪《柳如是别传》大街上人手一本,全中国可有十个人真懂陈先生内蕴其中的精深学术?换句话说,火,还是不火,对于费墨教授"知音难觅"这个问题,没什么两样。那么费墨为什么还是"行了"呢?乖乖,我费墨自己都不认识自己了。原来以为非其不可的壮阳药,有了替代品,这替代品居然让我大大起效了!这个替代品是啥?那或许就是费墨教授没有检查到的潜意识(剧里李燕对着丈夫嚷嚷了句妙语:"我希望费教授也抽空好好检查一下自己的潜意识!"):费墨教授从"学术理性"上是拒斥学术大众化的。这是他的显意识。但一个人在潜意识里,必然不甘于受冷落(即以王国维、钱锺书辈,也是甚为看重生前身后名的,何况费墨区区一小学者?),所以长期冷于书斋的费教授"不行";一朝火了,名利双收了,这些哪怕是"俗世"里的成就,成功刺激费教授雄飞焕发,"行了"。往深了探,费墨自己以为他气节为重,他厌恶名利,但是他究竟没有检查过他的潜意识——从内心深处来讲,他费墨跟俗世里那些好名好利的庸俗人没有什么上下之别,胯下的勃起,这纯生理上的反应,就是他潜意识里名利意识勃起的最真实生动的反映。

"知己" 香港著名作词人黄伟文在他作给陈奕迅的词《最佳损友》里,写出了挚友之间出现裂痕之后的种种切肤真实。"命运决定了以后再没法聚头,但说过去却那样厚……不知你是我敌友,已没法望透,被推着走,跟着生活流,来年陌生的,是昨日最亲的某某……但是命运入面每个邂逅,一起走到了某个路口,是敌与是友各自也没有自由,位置变了各有队友……"这些句子老令我想到《手机》剧中的严守一和费墨。真是好词。据说黄伟文这是在写他自己跟杨千嬅之间的"友情之殇"。果然最好的词都是出自词人心底的故事。就个人观感而言,《手机》全剧最耐品嚼的,除了严守一与于文娟、伍月和沈雪三个女人之间的关系,便是严守一和费墨这一好友关系。如同严与三个女人的关系最后皆有变一样,严费关系也是在潜流涌动似不可察中平静展开,到了14集,终于"咔嚓"一声轻响,冰块出现裂缝了。

赞助商请严费二人吃饭,席间大谈红学,在"麝月洗澡"这一回书里到底宝玉在不在场这一学术问题上挠起了费老的痒处[①];正当费老扶扶眼镜准备大发兴致之际,毫无眼力见儿根本是存心气咱费老的赞助商居然一脸憨厚摸出台笔记本电脑只递给严守一老师。清高任性的

---

① 揆诸《红楼梦》书中所写,实为"碧痕"侍宝玉洗澡,麝月与宝玉有关之"怡红细事",乃"篦头"。

费老拂袖而去。如果我们只是看这一幕，不免觉得费老未免任性不会做人。但如果结合前边儿几个情节来看，会发现严费二人在一起的场合，费老被"不懂事"的群众误伤实在非止一次，譬如第 3 集，费老跟严守一从"沸腾鱼乡"吃饭出来，老板给严守一打对折的钻石卡，经严守一提醒，给费墨打八折的金卡，费墨彬彬有礼矜持拒受："五行里头，金木水火土我就犯金。"类似的新伤旧伤积聚一多，难保哪天憋不住来个总爆发。哪怕守一每次都是多么知情识趣做小伏低小心伺候厚道圆场。这种圆场从某种意义上反而在心理上加深了费老所受刺激。所以这一次费老够任性的"拂袖而去"有种算总账的意味。

要算的总账还不止此，其实全剧第 1 集就埋下了伏线：《有一说一》来了新领导，那恶心做派一看就是要毁了节目的节奏。可以说从段总来了《有一说一》①开始，作为节目总策划的费老就有了欲去还留的心思。到了 14、15 集，段大可开始推行唯收视率的一套，一切只为庸俗化吸人眼球，费墨和严守一（主要是费老）原来为《有一说一》打造并一直坚守的文化品格被弃如敝屣——这一下，费老心里对段大可一直积蓄压抑的情绪也来个总爆发了。导火线，恰就是上述不懂事的赞助商要赞助的这期节目——费老原题目是《私人笔记》，段总改为《私人日记》。其实二人都是借题发挥：段总随意就要找碴儿，随时要费老好看；费老本来就一肚皮不痛快，这次他其实不妨委曲求全，但他还真不想了，于是乎正好借着这碴儿，君子不合则去。14 集这里，费墨在车里义正词严对严守一说，段大可改"私人笔记"为

---

① 本剧有个隐晦不显的"植入"——《有一说一》节目是尚品传媒旗下的，"尚品传媒"可不是凭空杜撰的，本剧的出品方正是"尚品传媒"。剧组有点调皮。

"私人日记"是"文化绑架"。我感觉这词儿不是编剧的,更像是陈道明的。陈道明好用"绑架"一词。如媒体报道:"陈道明把自己的接戏原则分为三大类:个人喜欢型、'为五斗米折腰型'以及'情感绑架型'。"[①] 又如陈道明道:"我觉得一个演员最大的任务就是保证自己演戏质量的所在,但难免智者千虑,必有一失。有时受各种因素影响,有情感绑架因素、金钱绑架因素等。"[②]

这其中耐人寻味的是严守一。23集里,守一返乡对着奶奶倾吐满腹苦水:"奶,我想让你高兴,让老师高兴,让同学高兴,后来我就想让文娟高兴,让我们公司领导高兴……不认识我的那些人,他们见着我挺高兴的,可是我自己亲近的人,见着我就越来越烦我。奶,您说原来在您身边的那个白石头,他去哪儿了呢……"抱定"与人为善"宗旨的白石头,夹在段总与费老之间,两头都要赔小心,也真难为他了。但这次,费老拂袖而去,白石头圆不了场了。面对一桌凉了下来的席面儿,严守一沉吟半晌,耳边是蔡导儿的挑唆撺掇,他缓缓点了下头,好吧,这期节目还是做。

这是严守一第一次对不管不顾的费老的不管不顾。或许费老会惊诧:守一这次竟然没有追上来拉住我?剧后边(34集),段总与选秀赞助商战得远"密室会议",战得远忧心问:"严守一靠得住吗?"段总抚着兰花指信心满满地说:"靠得住。别看费墨天天跟严守一在一块儿,未必有我了解他。一,严守一他是农民出身,小富即安,没有革命精神。二,严守一他答应我了,严守一是个非常厚道的人,这

---

① 《陈道明今晚做客〈杨澜访谈录〉》,杨捷/文,《南方都市报》2003年5月31日。
② 《陈道明:婚姻之理道不明》。

一点我相信他。"段总可谓目光如炬,好的领导就应该这样嘛,不必懂业务,必须要懂人,他点出的严守一的两个特点确乎是费老不具备的——严守一愿意对身边每个人厚道,费老充其量对对他厚道的人厚道;严守一是小农出身,没有费老那种学术啊气节啊什么的坚持和追求,生活或云生存本身相对于其他东西的重要性他比一般人要清楚得多。日常中,费老对严守一的某些圆滑(其实是厚道)不一定看得过,其实严守一内心深处对费老的某些清高任性必也在许与未许之间,只不过以他的厚道,不肯哪怕稍稍露出一点。这一次,在老板和老友之间,严守一选择了面包;而且对老友拂袖而去这种存在以私害公嫌疑的挟私货行为,他内心深处难免不会飘过一丝不快。

陈道明和王志文真是演费墨和严守一最合适的人选——掉个过儿,陈道明未必能像王志文那样把严守一的厚道演得那么妥帖,把严守一内心深处的那一缕不快掩饰得那么严实;王志文也未必能有陈道明的费墨拂袖而去那一袖子拂出来的冷风酸气。大抵王志文少年看老,演内心宽厚之人先天所长;陈道明老来弥"童",骨子里总有一股得理不让人的斜眼冷视,演泛酸的文人天下一绝。演员虽难说"本色表演",但基于性格气质底色的选角,的确能收事半功倍之神效。有个花絮:《手机》剧宣传活动上,王志文称,合作此剧前,他很欣赏"道明兄"演的《围城》,就期待着有机会一起演戏。而陈道明则笑称:"志文是上海人,如果《围城》由他来演一定能把上海的味道演得更具特色。"①——陈道明念"志文"时的感觉,很有费老念"守一"的味道,那是一个年长一点的朋友念到好友时的友爱。陈道明生

---

① 《〈手机〉东方卫视今首播 陈道明王志文惺惺相惜》,"腾讯娱乐"2010年5月10日。

于 1955 年，王志文生于 1966 年，陈比王大 11 岁，原著里并没写费墨和严守一的年龄，电视剧里演出来的设定，费墨有 20 来岁的儿子，严守一开始时尚未有子，则费比严应该也是要大个十来岁吧？这么一琢磨，陈道明和王志文出演电视剧版《手机》中费墨和严守一，还真有那么点天作地设的意思。一人不可易。彼此不可易。据该剧导演沈严透露，最后确定陈演费墨、王演严守一，首要原因是年龄因素。《晶报》："原本有一种说法是陈道明演严守一，王志文演费墨，但是真正出演的时候，实际上是相反的，你怎样看待演员的选择？"沈严："他们两个谁演严守一谁演费墨这个问题包括到开机之前两人自己都反复问过我，说都找不到非常准确的答案，我们曾经是想过，让陈道明来演严守一，王志文来演费墨，因为按正常的原著的小说里提供的，应该来讲是严守一的年龄会小一点，费墨会大一点，但是现在讲，如果让陈道明演严守一让王志文演费墨的话，就是一个年轻的老费对一个年长的严守一这样的状况，确实也考虑到这样一个人物配置可能会造成让观众很不习惯或者是不接受的状况，种种因素，最终敲定的还是王志文来演严守一，陈道明演费墨。"[1]

刘震云曾在《手机》剧的宣传活动里一语中的点出全剧最精华的看点："《手机》只是电视剧的名字，不足以涵盖剧中丰富的内容，这部电视剧最大的看点就是情感的流动和转变。"[2] 除去自卖自夸之嫌，不得不承认对作品最了解的还是创作者自己。严费二人之间友情这一"情感的流动和转变"，始于费老拂袖离席而后摸着下巴的回味；守

---

[1]《专访〈手机〉导演沈严》,《晶报》2010 年 5 月 11 日。
[2]《电视剧〈手机〉接通，浙江卫视下午抢播 4 集》,《重庆晚报》2010 年 5 月 11 日。

一这次竟然没有追上来拉住我?其实老费的做派太清高自傲,节目组不见得人人待见,譬如一脸小阴的蔡导儿(山羊胡大赞)就几次"点醒"严老师:您才是有一说一的主事人。后边儿费老"偷偷"去《大家讲给大家听》录节目,小马也一鼻孔冷气对严守一道:这就是叛徒!

费墨学问高,气量难免窄点。或者往深了说,他因为学问高,自以为不妨气量窄一点。时下所谓"任性"。严守一相反,这是个自觉的人。他清楚自己没学问,所以不可无气量。于是乎自觉地处处捧着费老捋着费老时不时刺起来的毛。但这次费老不懂老北京人处事所谓"给人面子首先人要给我面子"的内蕴精髓,不顾严守一其实"屈尊"捋他费墨的毛并不是应尽的基本义务,气性大发了,拂袖而去,未免就太那啥一点了。加上下颌山羊胡的阴险蔡导儿一挑唆,严老师终于第一次摸摸下巴没有亦步亦趋费总策划——好吧,这期节目咱们还是做。韩愈说:"不平则鸣",自古一腔牢骚出文章啊。费墨生平第 N 次在酒桌上被那些二百五暴发户势利眼无视——而且是对比着严守一的专属待遇被无视,他老人家还没习惯;却是生平第一次刺溜起来根根尖刺而严守一竟然没有一如既往过来"懂事";再加之长久以来受尽段大可唯商业化唯收视率的气(以上三点原因严守一也看得真切,14集,严守一睡前给妻子文娟透露得真切:"当然也不完全是因为电脑了,这事儿让他觉得丢面子,自尊心受伤害了。怎么说呢,恐怕也不是光是丢面子了。总之是乱七八糟事儿堆一块儿了。赶上了心里边儿不痛快。")——于是费老一腔牢骚在深夜里伴随着毛主席《满江红》词铿锵抑扬喷薄而出。这是费教授独家吐槽。

费老晚上一个人在书房激情朗诵主席豪放词《满江红・和郭沫若

同志》,手势身段铿锵如做大戏,满腔槽点如机关枪冲天炮奔泻喷薄而出,刺破长夜,"要扫除一切害人虫,全无敌!"这段戏实乃《手机》全剧神来一笔啊。可叹文人只能发发牢骚,可幸文人还能发发牢骚。陈寅恪当年在中山大学教历史,听闻学校组织人准备批他的学术(当然是大气候),负气道:"马上搬出中大,辞去教职。"费墨听闻节目组不从他命,坚决要退出。李燕不解,一个破节目,他们要做就让做呗,跟你退出有什么关系。这就是君子之道,不可语妇人:道尊于势,君子重去就!所以费墨吟陈寅恪诗句!陈先生原诗:"一生负气成今日,四海无人对夕阳。"费墨改一字:"一时负气成今日,四海无人对夕阳。"——如果你们没有"礼贤"应有的一套仪轨,则陈寅恪先生费墨教授,宁愿负气,不合则去!

往深里探,这其实也可算是费墨发了发陈道明心底的牢骚。陈道明的戏我最爱俩字:傲骨,或云,对抗。《黑洞》聂明宇的对抗是我就是死也只能是死在我自己手里(矿泉水);《冬至》陈一平的对抗是默无声息地在漫长寒夜里蜷缩在银行柜台下彻夜无眠默默抽烟,掐掉烟头就是掐掉你们这些藐视我的蠢货;《手机》费墨的对抗就是躲进小楼成一统——我有我朗诵,懂吗?《黑洞》聂明宇对现实世界的对抗是密室拉手风琴,琴声就是他离开黑白今天回到彩色昨天的通道,琴声就是他对抗这个他充满怨恨毫无留恋的今天的坚盾;《冬至》陈一平对外部世界的对抗是一方日记无限空间是两耳魔笛深邃宇宙;《手机》费墨对浊世的对抗就是诗朗诵。

剧中费墨这段"诗朗诵",我私心揣测,极有可能出自陈道明本人。据媒体报道,陈道明表示,他既没看过《手机》的原著,也没看过电影版,完全是按照电视剧本和自己的理解来演绎一个全新的费墨。①该剧原著兼"创作指导"刘震云表示:"'创作指导'名字应该改成陈道明,他说要把这个社会从严肃到娱乐写出来。"②对于陈道明的"不尊重原著",刘震云表示欣赏:"他对费墨有完整的想法。对一个人物,他会放在整个剧的人物关系里去思考,这是他的思维习惯,我非常赞赏。好多编剧、导演对他这种工作方法非常发怵,会觉得他干扰太多,指手画脚太多。"③刘震云坦言,要拍摄电视版《手机》时,他是持反对态度的,因为电影版和小说都已经出了,再拍电视版似乎意义不大:"后来剧本初稿我看了,特别好,其实我这个创作指导名不副实,应该给陈道明,因为从策划到拍摄,他提了很多建设性意见,提升了这部剧的内涵。"④又如《晶报》专访该剧导演沈严:"原著作者也是该剧艺术指导的刘震云曾说过,陈道明才是真正的艺术指导,我之前也听说陈道明会在现场做出一些对演员的指导或者是建议,你觉得这会对拍摄起到什么作用,或者对导演的意图有何影响?"沈严答:"不光是在现场,差不多半年的剧本的修改和讨论当中,陈道明一直给出了很多非常有建设性的甚至是颠覆性的意见,参与到我们的讨论当中,在这个过程当中,应该说是给我,包括刘震云老师提了很多有意义的意见,我觉得他这么有艺术造诣的演员来说,我已经不可以对普通演员的眼光来看待他,因为我觉得既然他们能成为那么

---

① 《〈手机〉5 月开播 陈道明王志文"冰火不容"》,"腾讯娱乐"2010 年 4 月 28 日。
② 《电视版〈手机〉冷静不失诙谐 "王道组合"显沉重》,黄杰 / 文 "腾讯娱乐"2010 年 4 月 22 日。
③ 《〈手机〉费墨改动多 刘震云欣赏陈道明有想法》,赵楠楠 / 文,《京华时报》2010 年 5 月 10 日。
④ 《陈道明刻骨王志文正经 剧版〈手机〉剧情有看头》,林芳 / 文,《广州日报》2010 年 4 月 23 日。

优秀的演员,一定在他们的精神里、生命里头有过人的特质,让他们能敏感地抓住电视剧这门艺术当中很特别的东西,我觉得这些东西一定是给我们现在的创作当中带来好处的。"综上,我推测,费墨朗诵《满江红》,很有可能出自陈道明的构思。

　　此可旁参两部影视作品。来看《一江春水向东流》中袁咏仪的"供词":"袁咏仪在剧中扮演的素芬命非常苦,剧中她与陈道明有不少对手戏。袁咏仪在接受采访时表示自己演得很累,因为陈道明经常为她改剧本——有一场戏台词被改了后,自己普通话不好,又要重来,都急哭了,袁对记者说:'他(陈道明)何止是副导演,都成监制了!'听到这话,陈道明笑着说:'我是经常帮演员改剧本,胡军、刘嘉玲的戏我都参与改。我觉得拍戏就要互相切磋嘛。'"[1]再看《归来》中导演张艺谋"爆料":"我和陈道明还有作曲陈其钢在一起讨论了很长时间。就是我们要弹什么曲子,我们都知道这个曲子很重要。后来陈道明提议说要不弹弹《渔光曲》?陈其钢第一反应说可以,这个旋律还不错。"[2]张艺谋还对记者笑言:"拍这片(《归来》)的时候,陈道明有时到片场,会认真留意美工、置景之类的,还会发火,要求重做。他指出的问题还往往有道理。我笑话他,先当美工再当监制。"[3]可见,"演员"陈道明对于一部影视作品的参与度,实在远不止于演员这一身份本身:他往往还是监制、艺术总监、创作指导、编剧、副导演、美工、作曲……

---

[1]《电视版〈一江春水向东流〉举行首播仪式 袁咏仪"投诉"陈道明》,孙倩/文,《南方都市报》2005年4月。
[2]《对话张艺谋:归来其实比活着难》。
[3]《张艺谋谈〈归来〉:好电影在心里 不在评论里》,彭骥/文,《新闻晨报》2014年5月。

除上所述，还可以从陈道明演出里提炼出来的如下两个演出特质，为"费墨朗诵《满江红》，很有可能出自陈道明的构思"这一推测提供支撑：一是从表演外在形态上，演员陈道明偏爱，也擅长诗朗诵这类大段台词的表现形式。陈道明的当众大段台词戏特别精彩，台词的节奏、轻重、抑扬、铿锵，配以恰到好处的身姿、手势，真乃不尽赏心悦目。《康熙王朝》中康熙正大光明殿怒斥群臣、"千叟宴"敬酒辞，《我的1919》中顾维钧巴黎和会两次演讲，都是影视剧中经典片段戏，为影视学院艺考生试戏之常用。此外，陈道明热爱诗朗诵这一表现形式。在参加历次公益活动中，如2008年为雪灾出席春晚群体诗朗诵，央视抗震救灾群体诗朗诵《我们与你同在》，特别是抗震救灾活动单人诗朗诵《废墟上的敬礼》，陈道明都有积极参与和精彩表现。诗朗诵这一形式特别有利于发挥演员陈道明这一个体特有的良好的节奏感和铿锵感。二是从文化传统内涵上，中国古贤早有借"诗朗诵"佯狂抒愤或讽谏的传统。楚狂接舆歌而过孔子曰："凤兮凤兮！何德之衰？往者不可谏，来者犹可追。"对中国传统文史兴趣浓厚的陈道明有可能对这一文化传统深致意焉。事实上，"诗朗诵"也确实构成陈道明表演世界里一道亮彩。《卧薪尝胆》中勾践诗朗诵"羞愧啊罪人！"是勾践以疏放佯狂的形态向夫差灌的迷魂汤，向夫差暗里射出的窝心箭；《手机》里费墨诗朗诵"要扫除一切害人虫，全无敌！"是费墨向这个处处跟他过不去的沙茶世界吹响的战斗号角。前者浓烈奔放，后者诙谐滑稽，艺术含量极高！

孔子说弟子里颜回最佳，理由六字"不贰过，不迁怒"。可见迁怒于人，君子难免。费老离开《有一说一》，如上所析，几种不痛快赶上一块儿了，但未始没有一点半点"迁怒"严守一的意思。这个迁怒有一个"前因":费墨内心里其实是不大看得起他这位"好基友"严守一的。好比《围城》里赵辛楣和方鸿渐,外人看去俩人好得穿一条裤子都嫌肥,实则书中数处表现了赵辛楣对方鸿渐不假掩饰的鄙薄。[①] 咱们先从《手机》原著说起。原著里有一个地方我看了心里难受。老严对儿子严守一说为啥跟最好的老牛掰了,不是因为合伙做生意老牛做花账:"花账我能忍。腊月二十三,算了一天账,到了黄昏,我拿钱往外走,出了门,突然想起过了年啥时去发葱,又回到院里,听到老牛在屋里对他老婆说,老严是个'傻逼'。""不为钱,就为这一句话。"接着潸然泪下:"一辈子没说得来的,就一个说得来的,还说我是'傻逼'!"指指自己胸口:"爹这一辈子,这儿有些发闷。"那么剧里,"狼狈为奸"的费老跟严守一,费老内心深处着实有些瞧不上严守一,这个瞧不上,首先当然是所谓恃才傲物,瞧不上严守一提笔就忘字,更因为时时刻刻被一帮无知愚民只知道严守一不知道他费墨而刺激得扭曲得更瞧不上。譬如打折卡给严守一钻石卡只给我金卡,譬如明明我才是写书的严守一哪会写书可出版社还是主动只向严守一抛出邀约,再譬如哪怕笔记本电脑这么个破玩意儿也只想到送他严守一没想到过我费墨?所以,其实费墨在跟老婆李燕义正辞严、正气凛然辩白自己跟刘丹绝对没事儿时嘴里不把门儿溜出来的一句真相,遮莫会让门外听到的守一小心肝儿一颤:"怎么可能啊?严守一都不出这样的事儿,我堂堂一个知识分子,我能出这种事儿,丢这种脸吗?"——还好,剧组仁慈,没让严守一这时候凑巧溜到门边。不过话又说回来,费墨跟陈道明本人一样,属于眼睛长在脑门上那种

[①] 详参本书中《围城》专文:《似与不似之间——〈围城〉表演赏析》。

人,他看不起你是不屑于掩饰的,会直接端正你的脸凑着你的鼻子直接告诉你"我瞧不上你"的,不大可能只是背后嚼舌头,剧中费老也对严守一直言过,你算不上知音,你只能说是个知己,你离懂我,懂我的学术,懂我真正的价值,还差。严守一也是心知肚明费老确实是尊人物,以他的腹笥,确有资格说这个话,故而也是一脸圆乎乎的讪笑:"费老,您说得对……"说到底,他要为这个跟费老生分,那一开始二人就没得朋友做。

因为"君子重去就",复因为对严守一这点腹诽,老费高卧南山,安石不出。他这点内心小九九,憨厚"狡猾"的严守一洞若观火。这个厚道人揣着明白当糊涂,一次次讪笑着求恳费老重出山。真是难得。看剧时印证自我,我多半做不到。费老对此同样洞若观火,却偏生是要拿捏着一次次傲娇。譬如费老激情朗诵的第二天清晨,一大早就在楼下例行晨练,抻抻胳膊压压腿儿,吊吊树杈儿治治肩周炎,练得不亦乐乎;守一讪笑着走来:"我看,这期节目咱不录了吧,您大人不计小人过。费老的心胸,一定比大海还宽广。"费老澄清,他计的不是小人(赞助商)过,"我计的是大人(段大可)的过啊。"

"大人不记小人过,大人计的大人过",这种字眼上的精巧机警,富于哲理辩证意味,很有陈道明向来的个人风格。他爱在字眼上打机锋做文字游戏。比如:

陈道明说:"轻狂……属于轻易地狂妄。"[1]

记者问:"大家都觉得你清高……"陈道明:"我很轻,但是不

---

[1] 《我原来就是不往人群里走的人》——对话陈道明》。

高。我清高吗？但我不重。"①

2015年天津爆炸事件后，陈道明对朋友史航道："绝望也不能做失望的事儿。"②

《传承者》节目上，同为嘉宾的范明夸他"低调"，陈道明笑着开玩笑"一秒怼回"，"这是说我不着调儿。"

陈道明的这种"金句王"的风格在他的人物中时有渗透。如：

《梦断情楼》3集，老鸨子对九条道："行了九条，别耍嘴皮子，我长着眼呢。"九条在楼上围栏边凑身下来："我知道你长着眼儿，还不止一个，有珠吗？"

《梦断情楼》24集，九条请洋金花下得楼来，入他小黑屋，对坐饮酒。小桌子上空荡荡摆着两个酒碗。洋金花叹息一声，可惜有酒无菜。老九支颐捧脸："喝酒喝酒，没菜，喝得更久。"

《大汉天子》36集，淮南王郡主刘陵企图色诱东方朔："长夜漫漫，我来陪陪东方先生。"东方朔道："这样不好吧。"刘陵："有什么不好？"东方朔："男女有别呀。"刘陵："在我们府里可没有这些穷讲究。"陈道明式机警金句又附体东方朔而出："郡主是富贵中人，当然没有我们这些穷讲究，而我们这些穷人，除了讲究，恐怕别的就一无所有了。"——这一语，真是大傲若卑，傲骨隐然，所谓"穷得只剩下气节"！这太是陈道明的声口！

《一江春水向东流》最后一集，吴家祺本以刺探日本军部情报被日本人逮捕入狱，国军光复上海，却对抗日志士"以怨报德"，以汉

---

① 《独家专访陈道明：我是文艺界的，不是娱乐圈的》。
② 史航"披露"于其新浪微博。

奸罪将吴家祺继续收监，不日处死。今日已不择手段混成上流人士的张忠良来探监，对吴家祺表示："我想救你，很难。"吴家祺对着这个昔日淳朴今日已黑心烂肺的故交惋惜道："你想救我，我也想救你。恐怕更难。"张忠良咧嘴龇牙捶桌表示："今天的张忠良是人上人！"昨天的张忠良的大少爷吴家祺一笑回道："今天的张忠良还是个奴才。不过是换了个东家，可还是个奴才。"

《北平往事》中，日本女特务道："中国人爱含蓄？"潘雨亭一笑："难道日本人爱不要脸？"

回到《手机》。再如《有一说一》第一次开没有费老参加的会，严守一提出，费老不在，正好大家讨论下费老对于我们的意义，"其实我们都是生活在费老这座大山的上边儿。我们看到的风景，都是因为费老这座大山的高度，给我们带来的。……没有费老，我们就是无源的河流，无根的草木。"并私下叮嘱蔡导儿，费老人暂时不在，字幕照旧，还是总策划；工资照发，我替他领；即便节目要换人，也是换我不是换费老。所以，我不能完全同意稍后费老在饭桌上听了刘丹放给他听的白天守一说话录音之后，对守一的"苛评"："他心里也明白，他白天说的话，我晚上就能知道。这是他跟我演戏呢。刘丹啊，别小看严守一，严守一的狡猾劲儿也是出类拔萃的，否则的话一个农民背景的人，混到今天这个位置上容易吗？"严守一即便对费墨不免做戏的成分，但厚道的底色是无可怀疑的。老婆李燕看得真切："你别老说人家守一。我觉得严守一这人真不错！"其实，费老对这一点，似乎也是心知肚明，只不过嘴硬傲娇而已。他对着刘丹若有所思地解释"严守一这话不是白说了吗？他能猜着我会告诉您"的疑问："没有白说的事儿，只有白话儿。……做人要直做事要曲，曲而不断这是真理。"（如上所析，陈道明的机警精巧的金句又来了。）再如费老又一次晨练守一再去劝驾（16集）："费老……您，气消了吧？'有一说一'确实是非常需要您。"——就这么着一次次，面儿上看去似乎是，费老是非常有耐心消磨着严守一的耐心，可严守一的耐心好像永远没个底儿。直到第17集。

　　17集，外行领导段总再次祭出瞎指挥利剑：改版《有一说一》。这次改版从主持人着装改起，照严守一们看来是节目人文关怀品格的失去、彻底堕落为纯娱乐化节目。严守一独自走到天台上，迎着风，面无表情，心事深重。严守一是第一次真正遇到危机了。山雨欲来，感受到的不只是严守一，还有费墨。听闻刘丹转述段总新政，费老略带感慨道："原来以为段大可嚷嚷改版，只是改标题，现在是从头到尾彻底改啦。"仰天轻叹加以定性："这就是电视文化的沦陷。"刘丹："看来您退出是对的。"费墨："从知识分子角度的坚持上来讲是对的，可是对于守一那儿来讲，似乎有些不妥呀。"语罢凝思。于是第二天，在《有一说一》会议室，守一惊喜地看到费老的回归。

　　剧看到这里我真的是生起感动。费墨对于《有一说一》是个半超脱的人物——他在这里只是兼差，本职饭碗有，大学教授。所以他可以合则留不合则去。对于他而言，道尊于势，君子重去就，"从知识分子角度的坚持上"，应该退出。"气节"这个东西在他心上是如是之重，但他竟然可以为了朋友——哪怕严守一这个他其实内心一直不甚看得上眼，时不时还会流露鄙薄的朋友——把气节暂时放放，矮下身段，重回段大可的地界。只是为了帮朋友渡过难关。诚如他"回归"后对守一直言："我可不是为了深度和高度回来的，我是为了朋友，有一说一散啦，我没事儿，我还有个大学的退路，我教课去，你呢？

你干什么呀。所以，为此老夫为朋友尚可一战。"——有费老这段话，他在前边儿的几段傲娇或者说"作态"就显得那么可爱，那么无所谓。他当得起朋友对他任性的包容。因为他也可以伏下高傲身段，"为朋友一战"。晚间他对老婆李燕也倾吐心声："最难办的就是守一，段大可我才不在乎他呢，娱乐的奴隶他是。"豆瓣有位网友评本剧里严费关系："两个男人，摒除事业工作那些污浊的东西，会有双肩扛下来的友情。"令人感动。以下旁涉两个电影片段：

《杀破狼》(2005) 中甄子丹饰演的马军，警司训斥他："我们手上没有王宝的证据，我不能当什么事都没有发生！"他回道："现在我的兄弟死了，我也不能当什么事都没有发生。"然后挨个解下警官证、配枪，以示此行与"警察"二字再无关涉，此后是江湖规矩，恩仇分明。他孤身一人，一包一棍，挨个血战冷血杀手阿积（吴京饰）、黑帮大佬王宝（洪金宝饰），"我只是想帮兄弟们拿回尊严"。

《中国合伙人》(2013) 片末，成东青在纽约的大楼顶端，对着外国佬们侃侃而谈，面带微笑地说："我要用我的方式帮我的朋友赢回尊严……"男人之间的交情是什么，其实说一千道一万，就是四个字"两肋插刀"。这四个字说来爽快，谁都没见到；如今见到了，叉着腰就如插着刀，也就是这么侃侃而谈，好似"肯爱千金轻一笑"，哪怕曾经的观点有多么分歧多么对立，哪怕是对这份着实不易打下来的教育基业如何慎之又慎，哪怕都可以"处心积虑"稀释股权或者发动群众来"斗"这个朋友，哪怕打几年持久战都耐得住，哪怕或许是自己都不明白也不承认的孟晓骏的酒后责诘"你就是想压倒我"，哪怕朋友扬长而去自己独自一人向隅痛泣……，这么多难都让他难了，就见不得一个，朋友吃了瘪，就为了把这个瘪吐回去，"啪"的一下，身段轻松自如的，全副身家性命押上去了。

但是我不得不甚为遗憾地指出，剧里并未着墨表现费墨重回节目后，是怎样在段大可新划定的圈圈内，委曲求全地放弃他曾经坚守的节目文化品格，拉低《有一说一》的人文品位，去追逐收视率、娱乐化节目。缺了这个，费墨为了朋友的回归就显得重量不够，说服力不够。也许费墨这条线不是主线，创作者们容或晃神儿、虑不及此？我们只是看到22集，刘丹第一次游说老师去《大家讲给大家听》试讲节目；费老当然是膝跳反射般严词拒绝——那可是咱有一说一的对头啊！23集，刘丹迂回战术，联合师娘一块儿撺掇老师上船，费老还是不假思索："我要真是上了这个栏目，我跟守一都没法儿交代。"但禁不住刘丹"您这是为了全国人民的需要，为了向全国人民传播您的思想"的话，费老内心遮莫也信了？于是他备起课来，给老婆试讲起来，终于站到《大家讲给大家听》讲台上，手指口述起来。

厚道的守一知道费老背着他给《大家讲给大家听》录节目后，为费老上遮下掩，对愤慨不平的蔡导儿小马们、对气急败坏的段总，都一脸惯常的笑："这事儿我知道，费老提前跟我说过。"但他毕竟是人，内心岂能全免人被伤害了的痛感。后边戏25集，守一对沈雪说的这话让我感觉，这个厚道人是真被伤着了："我觉着如果我和费老之间会出现问题的话，首先应该是我，但是没想到，居然是他。"叹，不要惹石头人下泪，不要惹老实人生气，不要惹厚道人伤心。因为不容易，所以伤得重。守一在"朋友关系可靠吗"这期节目里似有意似无意地问嘉宾刘震云[①]："您觉着，您自己没变，但是您的朋友变了，

[①] 岔一句，刘震云亲身入剧做嘉宾，还不忘把"一句顶一万句"挂一挂嘴角，暗地里推销一把茅奖新著。

您会怎么办？"在后场倚门而听的费墨，听到这些话，不出声地，口口长吁。这里必须提到陈道明的一个表演细节，我觉得特别好。我们知道陈道明在中国演员里特别擅长通过道具和动作的小细节传达人物特有情态。本剧里费墨的特色动作是抖腿。每当思虑或内心纠结沉重时，不自禁就会抖腿。这里背靠门框的费墨听着守一这些虽然温淡却又似意有所指的话，字字揪心，无声长吁的他，面无表情，手里无意识地拿着取下来的眼镜，搁在嘴边，一下一下地抖动——这个我倾向于认为陈道明是把费墨的抖腿"转移"到了抖镜腿儿了！镜腿儿的一下下抖动就是"背叛"了朋友的费墨那沉重内心的一下下震颤。

守一的厚道真是令人感动。后边儿费老终于主动跟守一坦陈自己在给《大家讲给大家听》录节目[①]，没想到守一竟是特别理解地反过来安慰内心沉重的费老："我真的特别理解你，真的。"费老："从某种意义上说，我是抄了你的后路。"守一仍是特别理解地真诚道："江湖就是这样，不是你也会是别人。"

有过裂痕之后的朋友关系，并非通常所谓伤口补好了也是个疤，对于守一和费老而言，则是愈加温厚坚实。费老问守一为什么不早给他说选秀有黑幕，守一道："一个人的麻烦，总好过两个人麻烦。"守一最后召开新闻发布会，说出事实真相选秀内幕，费老问要不要自己陪他去，守一仍道："真的不用。扯进去一个，总比扯进去两个好。"联想到剧前边儿文海问姐姐为什么不拆穿严守一撒谎，于文娟道：

[①] 费墨向严守一坦陈此事的"老地方"，是俩人常去钓鱼的河边。此一设计亦有可能出自陈道明。《浪淘沙》（2006）中陈道明所演林啸民，也常去河边钓鱼，他与人"密谋"是在此处，最后事发被抓也是在此。详参鄙作《只给你看冰山一角——陈道明在〈浪淘沙〉中演出评析》：https://zhuanlan.zhihu.com/p/82016073

"不拆穿，我不痛快；拆穿，我和他都不痛快。一个人不痛快，总好过两个人不痛快。"——《手机》编剧宋方金，这里给你点赞了！

在江湖中载浮载沉的费墨对着好友守一倾吐心声："原来以为自己好歹是个知识分子，坚持文化不能太娱乐，现在结果呢，我走得比你还离谱。唉！不知道为什么。就是这点儿钱弄的吧。"费教授对自我的"后知后觉"的认识可谓到点。守一身上有成名后的世故与他本性的诚实的矛盾，费墨身上也有学者的矜持与世俗的需求间的矛盾。多少次费墨义正辞严对老婆道："咱不能为了一台电脑，失去气节！"但老婆一用养房的压力和儿子的学费一顶，老费命门立中，一下无言了。更何况自命学者风骨的费墨还有虚伪的一面。媒体报道，在费墨这个知识分子身上，陈道明注重表现虚伪的性格。陈道明解析角色："我觉得费墨是理想和现实的结合体，他想有风骨，但又注重钱和名。现今的社会，很多知识分子在撒谎，这撒谎的源泉是利益的驱使。"[1]

知识分子爱贪小便宜，剧里至少有三个细节：7集，与刘丹去酒吧，最后费墨问服务员要发票，当服务员问开个人还是开公司，费墨毫无迟疑："开公司。"——这么点钱，剧里写得明白，180元，合着都得混入《有一说一》的公账？知识分子就这点儿出息？14集，他上句还在说："我是怕影响咱们这个节目的纯粹性。这电脑跟《有一说一》有什么关系呀？"一听蔡导儿说赞助商人人给台电脑，立马就满面春风换词儿："哎哟这是个好事儿，那这事儿我不坚持。"文人的竹节风骨呢？17集，离开《有一说一》的费墨听老婆说在严守一那儿照旧领了工资，本来还坚持气节，一听老婆念叨儿子学费怎么办，

---

[1]《〈手机〉费墨改动多 刘震云欣赏陈道明有想法》。

费老略一停顿，面无表情口气已松："反正是你领的，跟我没关系。"而且费老也绝非他口上说的那种"想做陶渊明"，陶渊明不受五斗米，不接受檀道济之馈赠，费老可是心知肚明熊猫出版社社长出自己这本书是为了让其女儿考上他费墨教授的研究生——这是一笔心照不宣的交易。

其实费墨跟陈道明本人最像，有清高，有坚持，也有为五斗米折腰，也有为金钱和资本站台。这，是中国时下知识分子的共性。就如陈道明的自况："我想离这个圈子远一点儿，因为它辉煌一面对我没有魅力，它糟糕的那一面我更不敢乌合。那为什么我至今还在这圈里待着呢？是因为我只会干这行，别的不会。我试想过去干普通的职员、普通的工人，又因为曾经虚荣过，落下了虚荣的病根儿，不齿于做那些事情，总觉得大材小用。想逃出演艺圈又逃不了，是属于知道救生圈没多大劲又离不开救生圈的那种人，也属于狐狸吃到甜葡萄了，还要说他特酸的那种人。"[①] 陈道明是一方面鄙夷不屑歪风邪气泛滥的演艺圈，一方面"想逃出演艺圈又逃不了"；费老则是一边顶瞧不上那些满身铜臭气的伧俗"文化人"，一边又为了那么几个铜板子都在计较。所以，剧到后面，在江湖越陷越深的不仅仅是被推上舞台扮大花脸的严守一，也有为了名利走向前台搔首弄姿的费墨，他对着知己感慨几多："我走得比你还离谱。"

陈道明对所演费墨其实不甚满意："我觉得费墨这个人有得可演，准确讲叫'没写透'，其实他有一个好的指向性，就是可以把现在的知识分子很多问题都可以囊括在这人身上，但是剧本里这个人在社会

---

① 《陈道明"甜"葡萄特"酸"》，1994 年专访。

问题上的作用没写到位,没有起到他的真正功能性的作用,有一点浅尝辄止。哪怕你把费墨写成一个被人唾弃的知识分子也行,或者是变种的知识分子也行,都比现在要好。"[1]——陈先生这话,我不能苟同。事实上,现在演出来这个费墨,最好的地方就是"坚守中有妥协,妥协中有坚守",是"载浮载沉",而不是要么全随波逐流,要么全砥柱中流。如果按陈先生想法,把人物写彻底,"哪怕你把费墨写成一个被人唾弃的知识分子也行,或者是变种的知识分子也行",这样的话,从艺术美学的角度看,人物角色恰恰就单薄化了,丧失了人性其复杂性。某种意义上说,陈先生所谓"浅尝辄止"者,正是现在演出来这个费墨在艺术上深刻独到之处;而若按陈先生事后之所憾,恐不免"过犹不及"了吧!

从这个角度理解费墨和严守一的朋友关系、知己关系,当有更深一层的认识:费墨原来事事自命比严守一高,可路越往后走下去,他除了发现"我走得比你还离谱",竟然瞪大眼发现严守一竟然走得毫不离谱——他在选秀最后一刻举起了5号的牌,选择了对段总等人说"不",也选择了"主持自己"、直面自己。这个出乎意料就是费墨对李燕说的,我原以为守一不免世故,没成想他终究是个凡人;就是费墨对守一说的,我原以为你是个凡人,没想到你想做英雄。守一说,奶奶的离世让他突然明白应该怎样安放自己的心,应该如何做人。守一的最后抉择,守一的这句话,遮莫也给了身陷名利、浮沉江湖的费老深深一震——守一都能找回迷失的自我,我还要继续陷进去吗?

有观众说刘震云借费墨讽刺易中天等学术超男,我只同意一半,

---

[1]《陈道明解读陈道明:业余爱好都要认真》。

因为还有个跟守一回严家庄奔奶奶丧独自一人走到村口大槐树下蹲下身深深埋下头去的费墨,还有个在最后关头清楚拒绝段总挽留的费墨,还有个"想念守一"的费墨——他想念的是知己,是那个远走爱沙尼亚寻求精神家园的守一,有此一念,费墨离他心中的爱沙尼亚,也已不远。

陈道明的表演细节

曾任前线话剧团团长的老艺术家白文这么评价中国表演界"第一人"石挥先生:"演戏要朴素,不要花哨,这是对的。但要把朴素变成一张白纸,一块原木,那就不对了。表演艺术家还得细心雕琢,而这雕琢细节(在演员是小动作),便是十分重要的。人物性格是通过一连串细节表现出来的。突出的细节,画龙点睛似的点它一笔,性格便愈见突出。石挥的细节不是一般的,而正是'这一个'。他演戏不光演'我在做什么',同时突出'我是这么做的'。长期生活的积累,丰富的想象,细心的钻研,艰苦的实践,是他能创造个性化人物的基础。"[1]

《手机》剧中演伍月的女演员于明加评价剧中合作的陈道明:"陈道明对人物的研究没人比得上。"[2] 于明加还评价《楚汉传奇》(2012)中再度合作的陈道明:"和陈道明演对手戏时,每次陈道明到场拍戏时对剧本都了然于心,对于人物创作的每个环节都深思熟虑过,甚至连每个机位拍出来会是什么效果,他心中都有数。"于明加说:"和艺术家前辈演对手戏是一种提升和历练,同时在他身上也能学到很多,

---

[1]《石挥的艺术世界》:第169页。
[2]《于明加:演〈门第〉差点演成了万人恨》,"搜狐娱乐"2013年6月27日。

觉得很幸运。"①下面让我们通过陈道明在本剧中演出的一系列堪称360度全方位深入人物的细节，为于明加的上述评价提供坚实支撑。

开篇 同事小马拍马屁，没拍响，倒是惹出费老一辘轳话："马儿啊，我知道你是想拍我的马屁。这拍马屁的学问可大了去了。第一下不重要，第二下，第三下，第四下拍得既不疼又解痒……"他正在闭目垂首大打手势沉浸自我十足享受侃侃而谈，马儿赶紧地，打住他："费老，先录节目，先录节目。"——我们须知兼职节目策划的费老的本职身份是大学教授，那么费教授的习惯必是"好为人师"，对着年轻人话匣子打开了那是收也收不住。陈道明全剧第一个镜头，便已可观。

民俗 费老每天坐守一开的车，但人家的车他却喧宾夺主，车载音响随时放的却是他费老喜欢听的河南坠子，《罗成算卦》碟随时揣在挎包。守一免不了吐槽，于是乎费老顺理成章再给上上课："守一呀，你别忘了，你就是河南人。河南人不听河南坠子，你这是不是有些忘本啊。"我在品赏陈道明在《梦断情楼》中演出的专文《从春天到冬天》②里，提到陈道明对民俗唱腔的喜好：《桃花满天红》有秦腔"人面桃花"，《梦断情楼》有"一字调"，《刺陵》有陕北民调《兰花花》——到《手机》这儿，有了河南坠子。细翻刘震云原著，没有费墨喜欢乡土音乐的叙述，我倾向于认为这是陈道明的手笔。此为旁

---

① 《〈楚汉传奇〉于明加饰曹氏 感谢前辈陈道明提携》，"搜狐娱乐"2012年12月3日。
② 详参拙文《从春天到冬天：随九条梦断情楼——陈道明在〈梦断情楼〉中表演赏析》：https://movie.douban.com/review/7125634/。

参佐证：陈道明对民俗兴趣甚浓。他在拍摄李翰祥电影《八旗子弟》（1988）期间与鼻烟壶内画结缘，向内画名家王习三老先生请教[①]；《八旗子弟》里陈道明所演乌长安还有段八角鼓唱段"太平年"。陈道明在拍摄田壮壮监制、王新生导演电影《桃花满天红》（1996）时向陕西"老腔"名家、人称"白毛"的王振中老先生请教片中"人面桃花"唱腔（葛优获戛纳影帝的《活着》中福贵，"老腔"老师也是王振中老先生）[②]。

学舌 被兰花指段总"公报私仇"，不满费墨对他的诗歌创作发表不恭意见，借机毙掉费墨提出的选题，于是乎费墨学段总的兰花指娘娘腔："把我当个屁放了吧，真的。"——"放屁"为陈道明"爱语"。《绍兴师爷》（1999）里，陈道明所演方师爷对王爷道："王爷，您就把我当个屁放了吧！"《女巡按》（1998）里，如意恭维陈道明所演刘非："你真厉害！"阿非摇着折扇傲娇道："厉害个屁！"《楚汉传奇》（2012）里，陈道明所演刘季救赌徒兄弟卢绾时，对着怒气冲冲逮住卢绾要断他指的赢钱一方涎着脸皮道："您把他当个屁放了吧！"后边戏

---

① 这段因缘30年后再现北京卫视《传承者》节目：近日，《传承者》曝光了第一期的预告片。节目中，陈道明更多给人成熟稳重的感觉，使团队成员们对他充满信任。情绪很少外露的他，在"内画"项目传承人出现后，变得有些孩子气和感性。陈道明表示由于能够再见到近30年未见的"老师"，很兴奋。他与内画技艺大师王习三曾因电影《八旗子弟》结下"师徒缘"，此次"师徒"再聚首，王习三老先生更是现场赠送了自己珍贵的封笔之作，不仅圆了陈道明多年心愿，更展现两人深厚情谊。（《北京卫视陈道明"师徒"首同台》）
② 1993年，张艺谋拍摄电影《活着》，片中葛优饰演的福贵有演皮影的戏份。《活着》编剧芦苇是西安人，几年前曾来华阴听过王振中的戏，就举荐他去剧组。王振中在剧组中担任皮影戏的配音和指导。至今回忆起给葛优教唱腔和动作时，王振中都记忆犹新。……两年后西影厂拍摄电影《桃花满天红》，仍是一个与皮影有关的故事。在片中，陈道明饰演皮影班社的当班小生满天红，有大段的唱段，都是王振中所教。（《华阴老腔火了：誉为"东方摇滚"陈道明葛优也学》，《北京晚报》2016年3月11日）

（53集），汉王刘季训斥吕雉不要针对戚姬："她（戚姬）一天到晚闷得连个屁都不会放！"《中国式离婚》（2004）里，陈道明所演宋建平数次（三次以上）对刘东北道："放你狗臭屁去吧！"——此为"变体"。

鼓掌 35集，《有一说一》节目女主持人选秀决赛最后一轮环节，费墨评委被邀请作总结点评，面对台上辛迪明显远逊伍月的表现，他毫不迟疑地仗义执言，公开点评伍月精彩之处。那么重点来了，让我们回忆先前，伍月结束表现后，镜头拉到评审席，请看是谁引领鼓掌？——没错，就是费教授。观众联系前后一下就回味到了：这是铺垫啊！

衣装 作为中国中年演技派男演员的两大代表，陈道明和王志文表演风格不同。王志文的表演风格比较平实质朴，他主要是从人物的表情神态、台词节奏本身着手，去贴近人物的情态和人物的内心。陈道明比较"操心"一点，除了演技最基本的"眼神、面部表情、台词、肢体语言"几大项外，还一向较注意人物的衣装、道具、肢体语言的设计。

先看衣装。《手机》原著写道："费墨是个胖子，是个矮胖子，是个大学教授，北京人，脸上架一深度眼镜，无论春夏秋冬，都爱穿对襟褂子，冬天脖子里爱搭一条围巾，说话文白相间。"电影版张国立演的费墨完全符合这副尊范。陈道明是个自我表达意识强烈的演员，他对所演角色的构思设计，每每不甘于限定在原著者、编剧或导演划定的圈圈，特别是对于所演人物的衣装等道具，更是喜欢"陈氏私家"定制。譬如《黑洞》（2002），剧中演聂明宇妹妹蕾蕾的袁立所言："剧中人聂明宇拉得一手好的手风琴，这一细节是陈道明设计的，手风琴就是他自己的,生活中他的手风琴拉得极漂亮。剧中的密室和道具枪也是陈道明设计的。而聂明宇的衣服也都是陈道明自己的。他对角色的投入之深绝非一般人可比。"① 又如《我的前半生》(2017),编剧秦雯所说:"我们跟陈老师有很多的交流,他也真的是非常非常认真。有一些戏比如说我写完了,陈老师会说这个戏其实怎么样改一改会更好,他一直都是在指导的,我非常感谢他,也觉得这样的演员真的特别了不起,一丝不苟。而且陈老师非常认真,他身上穿的衣服都是他事先自己亲自飞到日本请人帮他做的。"② 关于《手机》,陈道明表示:他饰演的费墨将颠覆知识分子的形象,"从1949年以后,一提到知识分子,几乎都是哼哼哈哈的那种,这次,我要颠覆。会像张国立演的那样?他那是反讽,我要打破一切固定模式。"③ 我们看剧中费老出场时的装束:白色休闲皮鞋白色休闲裤(裤脚略喇叭),浅色条纹长袖衬衣,内穿打底T恤长衫,衣料材质是上好的棉麻,这一身打扮文艺清新又不失稳重,配以时尚的板材黑框金丝腿眼镜,费墨"文化人"的味道妥妥地出来了——重点是这个文化人是"美学"教授,故而衣装透散出一种既精致又洒脱的味道,显示衣装主人确实内蕴不凡,审美上佳。后边戏他换了几套装束,总的风格是简约清新,黑白配或灰白配,也有酱色长袖衬衣。陈道明酷爱服装设计,《二马》剧集最集中突出体现他通过人物服装的变换来折射、来巧妙助推剧情推

---

① 《〈黑洞〉中遇见陈道明》,引自《正午时分》,袁立/著,华艺出版社,2004年4月。
② 《专访编剧秦雯:〈我的前半生〉改过六个结尾》,杜迈南/文,《北京娱乐信报》2017年7月13日。
③ 《陈道明谈〈手机〉:我演的是陈费穆不是张费墨》。

移与转折,来步步为营巧妙映发人物内心和情态的流水波澜的用心。[1]再如同去"沸腾鱼乡"吃饭,都是穿衬衣,王志文的严守一穿的是普通的长袖条纹衬衣,袖子撸着;陈道明的费墨则穿了件白色修身剪裁衬衣,质料看上去也比严守一的高档,可以说美学教授的精致无处不在。王志文这人比较潇洒,内心比较不 care(在乎),不怎么讲究穿衣打扮,他在不少都市时装剧里穿着都是很普通寻常的衣裤,即如《手机》这里,裤子也是一般的西裤;而费墨果断又是时尚休闲剪裁修身黑色窄腿长裤。

动作 陈道明好给人物加各种特色小动作,用这些细节丰满角色形象。《手机》剧中费老身上的特色动作有俩:一是抖腿,二是挠头。

老费一紧张就抖腿。15集,李燕叫来刘丹"对质"换手机、藏"艳照"事件,老费端坐,脸上神色俨然而俩腿却抖个不停。李燕一声断喝:"腿别抖!"

费墨一紧张或者一急速思考就挠头。第1集费墨和严守一被老总叫去,告知自己快退了,新老总段大可即将上任,人事变革急速搅动着身在场中的费老的心绪脑海,他埋下了头急速挠着;3集,严守一费墨都带了夫人出席晚宴,费墨发现墙上贴出了上次来这儿吃饭老板跟严守一的合影,要命的是景深里竟是自己解衣给女学生刘丹披挂——这能落在"河东狮"眼里吗?!于是他语无伦次着急忙慌把李燕搋掇到席上,落座前是一下下紧张急速的挠头啊。

---

[1] 详参鄙作《美凤求凰频换装——以马则仁"换装"为贯串线,赏析陈道明在〈二马〉中表演》:https://zhuanlan.zhihu.com/p/72312773?utm_source=wechat_session&utm_medium=social&utm_oi=30526207426500

家具　《有一说一》新老总段大可见面会，段总坐了费老的私家藤椅，费教授一脸官司，严守一小心圆场，对段总讪笑道："您现在坐的这把椅子，是费教授从家里自个儿带来的。"——可见费老钟爱藤编家具。让我们把目光移向费老的家：从卧室的藤编床、藤编床头柜，到客厅的藤编沙发、藤编立柜。费老家清一色藤编家具，这个味儿跟费墨讲美学、讲传统的文人学者味儿是贴合的——美学则讲究家居布置，传统则此家居布置讲究在藤编家具上。原著里只提到台里会议间有湖南藤椅，费老腰椎不好，特意弄的。但这根藤到电视剧里藤牵蔓引到费墨全家了，陈道明的用心不可不赞。摸下巴一想，陈老师可算是家居设计爱好者？在《手机》里他设计在家里，全套的藤编床、床柜、沙发、立柜……给不愿置身外部嘈杂世界的费老一个熨帖的身心私密港湾；在《黑洞》里他设计在办公室密室，军用水壶、行军床、一墙壁的奖状……带他回到军旅岁月，那过去的彩色世界。

挎包　服装的"周边"道具——挎包，也颇值得探析。全剧里我们发现费老走哪儿都斜挎一大包，煞是喜感。为啥？第3集有交待。在席间逮住熊猫出版社社长老贺，费墨就兜售起了他那本书。但见他一拉挎包拉链，掏出书稿："这书稿儿啊，我带着呢。"——我们终于明白了，费墨同志甭管走哪儿，都满不在乎斜挎着那大包，也甭管这包跟他一身的"美学"搭不搭调，原来是为了这个啊。"行头诚可贵，出书价更高。若为知我故，何物不可抛！""扑哧"一笑，笑过后我不禁心头泛苦眼角泛酸——世界之大，求一个识货的，原来这么难。由此更体味到陈道明表演上的可怖，就为了这么一次掏出书稿来，他在全剧里都给费墨上了这挎包。换个平常点不用心思的演员，可能就这集里需要从里掏本书才挎个包,其他集里就没想过。那这味道就全淡了。全没了。那就纯是对付应付了。非得要全剧里啥场合费教授都挎着包,我们才透过他戏谑的也许有些可笑的外在言行,看到他封闭自我之内那熊熊升腾之火——何其渴求知己知音的那一颗赤诚之心!原来,满脸我不在乎的人,他其实那么在乎。所以费墨彬彬有礼,尤其温文尔雅、和颜悦色、轻声细语地——当然在听者观众耳里眼里不免是文人特有的酸味——对编辑小姐伍月道:"书给我保存好噢。如果看不懂或者是觉得不好看,还给我。"——"还给我",这是我看剧第一次心里一紧开始难过的时候。一本破稿子,值啥呀——"大不了一本书,还不值得这样精巧地不老实。"[1]然而,用生命甚至是灵魂写书的人,对自己的书的感情,你们不懂。须知,全剧里费墨换了多套装束,可都没落下那包!必须记得,这是费教授的苦心!这更是演员陈老师的良苦用心!

觉遁 陈道明表演上有个彪悍之处:一是费墨每次上桌,都是咔咔一顿狂吃大嚼——这是他厌恶人际交往的"饭遁"[2];二是"觉遁":4集,段总给大家讲话,又臭又长,费老差点迷糊过去。10集、31集,在家跟老婆看饭后黄金档,没有共同爱好啊,家庭妇女爱看的鸡毛蒜皮娱乐节目啊,咱费老怎会看得上,于是乎身子歪在一侧,那瞌睡打得头都要掉下去了——陈道明真是一个闲镜头都不白给。

旁逸一笔:陈道明在演出里还有"孩遁",譬如陈一平宋建平

---

[1]《围城》:序。
[2] 可旁参《围城》中方鸿渐上饭桌就"饭遁",详见本书中《似与不似之间》一文之"妙用照片道具"一小节。

都有"悍妻河东狮",故而只有在孩子那儿找点乐子不妨称为"孩遁"——《冬至》中陈一平的"史努比!",给女儿洗脚梳头;《中国式离婚》里宋建平跟儿子当当玩被子里"挖地雷"……陈先生生活中现在是"球遁",不拍戏专打高尔夫球;当初演戏也是"误入行",不妨谓之"戏遁"——演戏,本身就是陈道明人生第一"遁"!

结尾 《长征》全剧里蒋最后一个镜头是陈道明表演里特有的"不言"处理:蒋默然退处斗室,旋开台灯,铺开纸张,濡墨执笔,又一字一字一句一句地写了起来。这段《蒋介石日记》,也许异日公诸于众,将让世人看到,他蒋中正是如何的"屡败屡战",重又以手中笔,吹起了进剿红军新征程的号角……《手机》剧最末陈道明的处理,与《长征》剧末骨子里类似:费墨也是独处书斋,一灯如豆,他默然无言,摸出手机给远在爱沙尼亚的守一发了四个字的短信:想念守一。费墨默然无言的短信,就是蒋介石默然无言手执毛笔写下的检讨日记。甚至两剧结尾镜头处理都类似:《长征》剧镜头渐渐拉远,《手机》剧光影渐渐暗淡。蒋中正,费墨,陈道明,"你从墨色深处被隐去"[①]。

2015年8月31日写毕于成都
2019年9月10日改毕于成都

---

① 方文山歌词《青花瓷》。

第三部分

陈道明艺术人生合论

作为演员的文化自尊

著名演员陈道明出身书香之家。

陈道明祖父陈哲甫（1867—1948），名恩荣，以字行，天津人。1903年赴日留学，入弘文书院师范科。归国后，任直隶省学务处视学，对直隶各县创办新学发挥了重要作用。后历任北京高等师范斋务长、庶务长兼教授，北京燕京大学国文系主任兼教授（其间任过冰心的课）。1927年返回天津，任汇文学校国文教员，同时在国学研究社讲授周易。后又返京任北平艺专国文教授。抗战胜利后回津，组织易经研究社。陈哲甫不单精研"经"学，于"集"部亦有所涉。陈哲甫和李叔同为同时代人，陈是李的乡贤，长李13岁。从现知的一些史料，特别是陈哲甫为李叔同所作《送别》《人与自然界》和《归燕》三首歌词写四段续词的艺事活动，可证陈李相知相识，多有因缘。

陈道明父亲陈宗宽（1917—1991），1941年毕业于燕京大学外文系英语专业，曾先后任职于天津美国救济总署等外国驻华机构及外贸企业。1961年应聘至天津医科大学（原天津医学院）外文教研室执教，历任讲师,副教授,教授,并长期担任外文教研室主任。陈宗宽教授以勤勉好学,博闻强记赢得国内翻译界同仁的赞誉。曾任天津市政协编辑委员会常务理事等多种社会职务,先后出版《医学常用短语词典》等学术著作,并曾参加了《大英百科全书》《顾维钧回忆录》等重要著作的编译和审校工作。退休之后,陈宗宽教授仍经常以抱病之躯,义务为新闻或出版单位译校重要文献。另外据陈道明自己说,父亲除了英文专家这一身份外,还是医生:"我爸爸是医生,来往于我们家的医界的朋友不少。"[①]另据《音乐之子:陈田鹤大师传》一书载:陈哲甫有6个子女,陈宗宽排行第三。

陈道明是一个表达型的演员。他的不少演出(特别是2000年之后的演出),都可以让人寻味到他对童年情怀的回应:聂明宇是文革情结;聂明宇、王德清和审查官是军人情结;刁德一是回温年少时某个梦境的片段。人们常说,"导演都逃脱不了自己的童年。"其实何止是导演,演员也都逃脱不了自己的童年,甚至童年再往前。

以陈道明的好读书好"览古",不可能于祖父与李叔同的文墨交谊、于父亲与顾维钧的"翻译交谊"无所知悉。他曾想演李叔同[②],至少有三部剧集,跟李叔同名作《送别》有关:《一地鸡毛》中,他演的小林,晚上在宿舍窗边吹口琴,吹的是《送别》。他监制并演出的《我们无处安放的青春》剧,"序曲"便是一曲缓缓清弹的《送别》。

[①]《陈道明"甜"葡萄特"酸"》。
[②] 1995年文章《陈道明:心思如烛》:很久以来,陈道明一直想演弘一大师。他已阅读了弘一大师全集十卷,并看了弘一大师的日记、介绍、传记、演义。每次到上海,他都会和吴贻弓交换阅读心得,期望有朝一日两人共同合作将弘一大师搬上荧屏。

《北平往事》的片尾曲是唱曲《送别》。① 他演了顾维钧。演前读了大量顾维钧的资料。由此推知,出于其父译笔的《顾维钧回忆录》自然也在必读之列。②

陈夫人杜宪同样出自书香之家。杜宪之父杜庆华(1919—2006),湖北秭归人,其父是北洋政府铁路专家。杜庆华是著名机械工程学专家,1997年入选中国工程院院士,是中国应用力学基础教育先驱人物,为中国力学专业的建立做出重大贡献。杜庆华早年毕业于上海交通大学,后赴美深造,获哈佛大学航空工程硕士、斯坦福大学机械工程硕士、工程力学博士学位。回国后,先后在北京大学、清华大学、上海交大等校任教,主持编写有《材料力学》《弹性理论》《边界元法》等多部著作。杜宪曾祖父杜仲骏为光绪御医,杜宪之母方咸玲外祖辈夏同善为光绪侍臣。杜宪还是南开大学创办人、近代教育大家严范孙先生的二子严智怡的重外孙女。陈哲甫和严范孙、赵幼梅、王仁安、陈筱庄等都为文友,而严、赵、王、陈等与李叔同也都有往来。

陈道明、杜宪之认识,乃因时为天津人艺演员的陈道明,一次到天津人艺院长方沉家,遇到了方沉的亲外甥女杜宪。方沉夫人、天津人艺教师、陈道明老师丁小平说,"他们两人是一见钟情,记得当

---

① 友人"薇蓝"补充:《北平往事》第3集,赈灾拍卖会上,潘安拍下美娇的画。画中是快乐嬉戏的少女。潘安上台讲话,大意是说自己离乡多年,几回梦中回北平。还念了一段诗:"春去秋来,岁月如流,游子伤漂泊。回忆儿时,家居嬉戏,光景宛如昨。"这是弘一法师的诗,这几句台词很有可能是熟知弘一大师的陈道明加上去的。这首诗名《忆儿时》,是李叔同在杭州教书时以一首美国民谣的曲调作成:"春去秋来,岁月如流,游子伤漂泊。回忆儿时,家居嬉戏,光景宛如昨。茅屋三椽,老梅一树,树底迷藏捉。高枝啼鸟,小川游鱼,曾把闲情托。儿时欢乐,斯乐不可作!"
② 陈道明在接受田小蕙的采访《我演顾维钧》中说:"顾维钧,我倒是早就知道。我父亲是负责编辑《百科全书》'顾维钧'这一章的。"摘自《〈我的1919〉——从剧本到影片》,黄丹/著,中国电影出版社,2000年3月第1版。

时两人也没有深入地谈，杜宪很大方，让陈道明拉拉手风琴，陈道明就拉了一段，后来两个人身居两地，鸿雁传书，正式谈上了恋爱。"丁小平告诉记者，"陈道明和杜宪都是初恋，当年在班上有几个女同学暗恋陈道明，但他对别人却一点感觉都没有，直到遇到杜宪才来电。"①但丁老师又透露，杜宪家里一开始并不赞同陈杜交往，因为不喜欢陈道明的职业。

传统的世家，是看不起伶人的。电影《梅兰芳》里，五世为官的邱如白家里做大寿，门子报来，"梅兰芳先生求见。"邱老太太当着满座宾客一脸的挂不住，赔着笑："我们认识的这位姓梅的先生，不是那位唱戏的。"诗礼世家甚重门风家法。《梅兰芳》中，邱如白为戏痴狂，弃官从艺，侄子哭着转述奶奶的话："邱家五世为官，到了儿出了个败类。"后冯六爷骂邱如白："邱家五世为官，到了儿是出了奸贼了！"《资治通鉴·卷二六四·唐纪八十》胡三省有感于柳公绰之从孙柳璨，做宰相后参与诛戮朝廷宿望，于注中叹曰："自元和以来，柳氏以清正文雅，世济其美。至柳璨而隳其家声，所谓'九世卿族一举而灭之'。柳玭之《家训》为空言矣。"——"九世卿族一举而灭之"，语出《左传·襄公二十五年》，"邱家五世为官，到了儿出了个败类""邱家五世为官，到了儿是出了奸贼了"云云，不其畴乎。杜宪家算不上晚清四公子那样的簪缨世家，但祖上又是御医，又是近侍，总归是红云傍日，门楣自高。虽说早过了"伶人血泪史"的民国，"演戏的"还是难免给人瞧不起。所以杜家一开始"嫌弃"陈道明的演员职业，也是"风气"使然。陈道明自己便说过："当时我父

---

① 《南都周刊》2006 年 10 月。

亲反对，因为我们家没人干这个（做演员）。……那个年代的父母看不起这个职业。"①

又，焦晃在2005年《艺术人生》节目中回忆："我的父亲上世纪20年代毕业于燕京大学，后来进入中央银行当高级职员。上个世纪50年代任教北京对外经贸学院（现对外经济贸易大学），80多岁才离开讲台，是个办事很认真的人。他当年非常不赞成我考戏剧学院，一心要我这个唯一的儿子学理工科。1955年高中毕业，我终于考进了上戏，父亲也就默认了。"

唐国强也曾说过："我做这行我父亲不同意，他说你要真干这个，就从这个家里给我滚出去。"②

不同于现在不少家长热衷把孩子往演艺圈送，那个年代，知识分子家庭仍然延续了前清民国世家门风，看不起演戏这个行当。

另外，公允地说，梨园行自身的整体风气，确也让人瞧不起。陈凯歌电影《梅兰芳》里，十三爷爷"教诲"畹华，外人本就瞧不起咱梨园行，说咱们是"朝三暮四的，靠不住"。广义的梨园行当，除了曲苑，还有剧团。如话剧大师石挥先生在《古城剧运纵横谈》一文中所直言无隐：

> 以往剧团组织的不健全，这普遍地可以在任何剧团里看到，"出发点"不正确。至于"话剧"究竟是件什么东西，"我们为什么要干话剧"在那时候是谈不到的，剧团的主持人不在这些问题上有过一丝的考虑与探讨。他们大多是以之为时尚、风头、好玩，最大

---

① 《陈道明解读陈道明：业余爱好都要认真》。
② 《我是长跑运动员》，易立竞/文，《南方人物周刊》2009年9月26日。

的目的我以为是"获得对象"。我敢武断地说，在那时候凡是参加剧团的青年男女，十九是在找对象，以致使剧团在社会上的地位低落得等于零，剧团里也闹得乌烟瘴气。这种事实我看过的很多，并不新奇，男女团员的互相鬼混而葬送了整个的团体是必然的，因为这种风气到处在话剧圈里盛行着，而招致一般攻击者的口实，拿来做话柄，真正为剧运努力的人不甘同流合污或是退出，或是远避。

我们再进一步说，以往剧团是乌合之众，对；剧团不是一个研究戏剧艺术的团体，对；男女团员的行为是放荡是堕落，是无耻，对；演出的戏不成东西，对。这些都是事实，不容我们不承认……在一般剧人群中，不客气地说，是谈不到学识的，与旧剧伶人相比，只是一个时代的差别，没有什么大出入。①

又如石挥先生在《文化运动部门中最艰难的话剧运动》一文中所直言无讳：

男女团员的谈爱事件，几乎是破碎整个剧运的主点，亦成为社会上攻击话剧团的最大标的，很多人都这样说："不要加入剧团呵，那里没有好人。"如此现象能不说是重大问题？……为了时代与思想的关系，家庭不许可子女们演话剧，虽然（子女们）自己愿意。②

揆诸石挥先生发自民国的剧团现状考察报告，有分教：新话剧仍

---

① 《石挥谈艺录：把生命交给舞台》：第44—45页。原文载《中国公论》，第4卷第2期，1940年11月。
② 《石挥谈艺录：把生命交给舞台》：第151页。原文载《华光》，1939年第1卷第6期，第39—42页。

是旧戏曲,梨园行终究下九流!好儿女,不学戏!

梁羽生曾撰文评点自己和金庸,目金庸为"洋才子",言下之意,强于国学的是自己。"唐宋以来巨族,江南有数人家"(康熙御赐)海宁查家的后人,被人冠以"洋才子"之"誉",这几乎是一种侮辱。年过九十的金庸,仍日日手不释卷,纵览烟海旧籍,某种程度上,恐也有为自己"学问不够"的负气。陈道明祖、父国学、英文功底深厚(虽远不能比王国维、陈寅恪、钱锺书这等"人中之龙",总也算侪辈中俊彦了),陈道明本人自小饱览群书(虽也远不能比金庸、梁羽生,在演艺界中总也算可观了),我相信他骨子里也一定有传统士大夫诗礼家族的文化"自矜"。虽不得已而入了"伶人""戏子"一途,但家传的因子、传统的血胤还在起作用,还在让他遭"嫌弃"时面红耳赤,如蒙大耻。

陈道明成名以来接受访谈,数次似自嘲般提及"戏子"。如2011年《南方周末》"中国梦"践行者致敬盛典上他说道,"作为一个演员就是一个戏子,我们没有太多的机会表达自己的意识形态。"① 实在是大傲若谦。他并不是反讽瞧不起"下九流们"的上九流,他其实是自居于下九流之外。就是说,你们瞧得起瞧不起戏子跟我没关系,我本来就不是戏子,不止于一个戏子。他是以文化人自命。就如"作为一个演员就是一个戏子,我们没有太多的机会表达自己的意识形态"这句话,很有意思的是,一个演员就应该是一个戏子啊,你表达什么意识形态?表达意识形态那不是文人干的事儿吗?这句话清楚无疑明白

---

① 《二马》16集,亚历山大先生来找马则仁演戏,在英国电影里演一个中国人,陈道明演的老马鼻子一哼:"演员在我们国家就是戏子,这我最看不上了。"

无遗地表达了陈道明鲜明的自我定位：自觉地"自绝"于"伶界"。

岳飞以农户从军而为大帅，向慕文士风，好贤礼士，览经史，雅歌投壶，恂恂如书生。梅兰芳最爱人以善学多识之"梅博士"呼之，最恶人以"小友"呼之——盖"小友"者，清末遗老狎昵男旦之"雅称"也。中国传统文化最强大的力量之一，就是把文人士大夫的行止风范标杆到整个社会所有阶层最向慕的高度。以武人之最岳鄂王、伶人之最梅大王，且不能外之；"新世纪""新时期"之"戏子"陈道明，出身于"根正苗红"的读书人家，其思想渊源自也必为所囿，固何怪哉！

然而时移世易，二十一世纪的今天，自然非复那个"旧时代"。若然再有人坚定抱持"戏子是下九流"这一"宁顽不化"的古董思想，我们只能一口气送他几个成语：刻舟求剑，坐井观天，夏虫语冰。但传统还在，传统的血胤还在起作用。只不过这起作用之"用"，已经显现出新时代的特点了。

电影《大决战·平津战役》有个让我印象深刻的镜头：新朝召开首届政协大会，各界名流济济一堂，共商国是共议国政。梅兰芳先生谦恭好礼地落座，执笔，工楷签下自己的名字。这一幕总让我觉得恍然和欣慰：原来，陈凯歌电影《梅兰芳》里，那个一直念念不忘"提拔提拔咱伶人的地位"却一直找不着法子的畹华，终是在天翻地覆慨而慷之后，找到了回响，得其所哉啦。戏子登堂，协而议政。退回去多少年，那得是多大的体面啊。这可是文臣的责守啊。圣人曰："唯名与器，不可假人。"以朝廷的名义，钦赐你名器，这可是比十个小金人都沉甸、闪亮的东西呀。所以我估计，不，我可以肯定，自2003年当选全国政协委员并连任迄于今日，对别的文娱界人士我不敢说，对祖辈有书香血胤、骨子里以文士自命的陈道明来说,"政协委员"这个身份,一定尤为重要。陈道明不止一次或半开玩笑或郑重其事地对记者或采访者说,"我不是娱乐界的,我是文艺界的。"盖有深意存焉。

陈道明 2003 年当选政协第十届全国委员,界别"文艺界",所以他说"我是文艺界的"是一点没错的。哪怕很多人可以自命,可咱这儿那是"国命"。事实上,陈道明自当选政协委员以来①,每年的提案均关乎文艺文化。古者士大夫心忧天下,今者爱读书的陈道明士大夫做不了,"不谋其政",那就"不谋全局只谋一隅",作为"文艺界"的人,就谈谈文艺文化的事。2010 年《南方周末》对其专访②最能见此情怀,下面摘录一段:

> 南方周末:作为文艺界的政协委员,你也提过一些提案,包括建议实行行业准入制度,保护内地演员的利益,这些提案是基于什么样的想法?
>
> 陈道明:每个地区都自然要有行业保护,你到美国演电影试试?我现在反问一个问题,纯港台片由大陆演员当主角的有几部?
>
> 南方周末:很少,基本上是陪衬。
>
> 陈道明:凭什么?这是正常的,要保护自己的市场,保护自己演员舞台的完整性,别人可以有这样的制度,我们为什么不可以有?我们现在动不动让外国人来演戏,我觉得是对中国演员的一种

---

① 2003—2008 年,第十届全国政协委员;2008—2013 年,第十一届全国政协委员;2013—2018 年,第十二届全国政协委员。2018 年卸任全国政协委员后,陈道明于当年 12 月 29 日,在中国电影家协会第十届理事会第一次会议上,当选为新一届中国电影家协会主席。显然,陈道明的社会身份在变,其关心国事的"士大夫情怀"未变。
②《"我原来就是不往人群里走的人"——对话陈道明》。

侮辱，那些角色完全可以用中国演员来演，因为是中国戏。我们没有合适的演员吗？非要找国外的演员来演？我不信，别找借口。这不是国际接轨，文化上，永远国际接轨不了。

南方周末：你还提过什么提案？

陈道明：像建立演员工会等问题，我们应该对自己的行业进行保护，像美国的演员工会，你在美国好莱坞拍片子，不入工会人家不让你拍戏，凭什么让你拍？你哪儿来的？中国现在是不设防，随便。

南方周末：这些提案起到作用了吗？

陈道明：没有，我知道人微言轻，这些提案其实只是一种关心和表态，我知道改不了，因为牵扯到体制问题，我的提案只能说是一种呼吁。

联系之前陈道明还有"演个八路军也找韩国人、日本人"的不满，可见这位文化意义上的中国演艺界"士大夫"是秉持了我们传统里最可宝贵的俩字：气节。陈寅恪当年赠北大史学毕业生诗：群趋东邻受国史，神州士夫羞欲死。陈寅恪不是不知道日本史学界的长处，他也承认日本史学界的功夫和成绩。但簪缨世家的文化士大夫陈寅恪先生，首先他的民族文化自豪感是十分强烈的、相对于其他侪辈学者是尤为突出的。所谓"知耻近乎勇"，更要学人家的优点，增强自己，壮大自己，有朝一日洗雪耻辱，真正凭实力扬眉吐气。这不是盲目自大，这是耻辱心生发出来的自尊自强。陈寅恪先生之史学，当时独步；陈寅恪先生之气节，万世共仰。"群趋东邻受国史，神州士夫羞欲死。"这个话，他说得起。也该他来说。而演员陈道明之表演，亦当今翘楚；演员陈道明之文化意识、文化忧患和文化精神，亦可谓侪辈演员中翘楚。有些话他来说，也说得起，也该他说。挺身放言，舍我其谁！

笔者又联想到 2014 年两会期间某些记者追着问他"星星"（指韩剧《来自星星的你》）。陈道明微微一皱眉，一个哭笑不得的反问，"问这个有意思吗？好玩吗？"——咱们自然不是妒忌韩国人在中国舞台唱大戏当主角，咱们是怒国人之不争。陈道明内心里是有一种担当的文化自尊，然而他又挽救不了"铁幕四垂、避秦无地"，内心深处又是何等的灰懒。他有时的看淡是不得不看淡。正如陶渊明看似静穆的面目下，金刚怒目正是本色。

时任中央政治局常委的王岐山说，"韩剧的内核和灵魂就是中国的儒文化"。①诚然。我华夏文化之精魄，鼎革以来，一而为"那十年"之浩劫残酷斩除，二而为这几十年商业"繁荣"资本的力量野蛮冲刷——如陈道明语："（影视文化）过去是被所谓的桎梏摧毁了，禁锢了，压制了，现在被金钱淹没了，我刚刚说，都是一种八股，最后都毁到这上面。"②留给骨子里流着传统士大夫文人血液的陈道明们，究竟还有几许几分呢？不堪问矣。《左传》载孔子言："天子失官，学在四夷。"又《汉书》载孔子言："礼失求诸野。"勿谓先圣，言之不预；走笔将终，不胜怃然。

2014 年 3 月 16 日写于成都
2019 年 5 月 13 日改于成都

---

① 《王岐山谈文化发展：韩剧的内核和灵魂是儒文化》，《京华时报》2014 年 3 月 6 日。
② 2010 年凤凰卫视《非常道》访谈。

文化深度与表演高度

道明先生曾自嘲只有"小学文化"[1]，此话固不可信，但由于20世纪50—70年代国内学校文化教育特别是文史教育的先天欠缺，且他16岁时便进入天津人艺学习舞台剧表演，仅属推测，陈道明青少年时期读书应不甚多。且陈先生爱好广泛，着迷音乐、麻将、足球、篮球、高尔夫等各种文体爱好，爱漂亮爱衣装爱时尚……故几十年来，其看书时间似也比较有限[2]，冯小刚在《我把青春献给你》一书中说陈道明"是演员里读书多的一位，尤其是中国的古典文学，家里书架上摆了很多，也真看得进去"一语中所说陈道明的"读书多"，这个"多"字，似不可估量太高。

---

[1] 陈道明："我们那一代人，抛开自学的部分，其实我们的程度才是小学生。这个无须忌讳。现在再怎么读书，都是一个被动的词，叫作'追'，叫作'补'，真的。因为天生缺钙缺得太严重了！"（《陈道明：我沉淀的与我坚持的》）。
[2] 这个有限，是相对于专业的"读书人"；事实上，相对于演艺界大多数演员，陈道明可算是"手不释卷"。据报道，他拍戏期间，床上码着书；过年期间，足不下楼在家看书；他自述："我看过很多书，大学之前就看过很多小说，国内外都有，大学以后，就不想再看小说了。小说很多时候都是浪漫化及编织出来，那时候，我更想了解一些看见摸得着的东西，于是开始改看艺术、人物传奇及历史的书，小说除非是很有代表性，我才会看。"（《陈道明：精英主义者》，《玛丽嘉儿》2003年10月号）

鄙意陈道明先生之文化内涵和文史水平，在现而今的演艺界，应属"高段位"可无疑；但若真要较真，与真正的专家学者、大雅通人比，则显然无可比性。陈先生自己对此也有清醒认识，并不因部分媒体和公众无根据的过分夸赞而飘然。事实上，在真正的大学问家面前，在真正的大学问震撼下，向来清高冷傲的陈道明真可谓是"变得很低很低，一直低到尘埃里去"。

导演江平在《我所知道的陈道明》[1]一文中写道：

> 道明跟熟人在一起的时候，很可爱，一点大牌的架子都没有，饭桌上有说有笑，很有点冷幽默，有时候还引经据典的。不知谁又提起了《围城》，他特真诚地说："这几年，我觉得自己有些轻飘了，浮夸了，也许有点小名气了，别人也觉得我好像爱摆谱了……没想到，去了钱锺老家里几趟，我忽然明白了——那么大一位学者、作家，家里连台电视机都没有，也没啥现代化玩意儿，除了那满屋子的书，家里最让我难忘的就是咕嘟咕嘟冒着热气的煨中药的瓦罐……"那天，我们没喝酒，可我觉得，老道那天像喝醉了一样，反反复复说了好几遍："在钱老先生面前，听他说上一席话，我真的觉得自己太无知太渺小……"

在 2011 年首谈话剧《喜剧的忧伤》演出感受《我只有感动，没有兴奋》的受访中，当采访人问到"季羡林先生曾说您饱读诗书，大可胜任北大的研究生导师。如果有一天真的出现这样一个去高校执教的机会，您会欣然接受吗？"时，陈道明答道，"我真的不知道季羡

---

[1]《我所知道的陈道明》，江平 / 文，《新民周刊》2015 年第 31 期。

林老先生这句话的出处在哪里。倘若季老先生真的这样讲,我真的是诚惶诚恐。我教书的话,只能是误人子弟。在一个行业里小有成就的话,未必能在其他行业里有所成就。我不能因为我是一名小有成就的演员、一位公众人物,就敢站在神圣的讲台上。过去讲'干什么吆喝什么''没有金刚钻别揽瓷器活',这样的话很多了。"——陈道明这话绝非寻常谦虚,在我看来正是大实话。

金庸研究家刘国重在《金庸国学,深浅几何》一文中谈道,"金庸的旧学修养,源自家学的固少,受之于学府的亦寡。他的文史知识,泰半得诸自学。自学,或许知识总量甚巨,但,知识缺乏系统,记忆存在盲点,做学问缺少必要的训练。"陈道明先生是一个专业演员、业余文史爱好者,其文史知识,更是几乎全数得诸自学,其知识总量较之文艺界、娱乐圈大多数人应属"甚巨",但,他同样不免"知识缺乏系统,记忆存在盲点"这一业余读书而非专业治学者的共有问题。如在《二马》中念"脑浆迸(bìn)裂"(括号内为读错音,下同),在《女巡按》中念"潞(luò)王、审时度(dù)势",在《寇老西儿》中念"包庇(pì)",在《康熙王朝》中念"恃(chì)才傲物、佯(xiáng)作不察、遁(xún)世避祸"(陈君道明读音"连连错",出现最多即为《康熙王朝》中。《雍正王朝》中康熙,焦晃先生,我偶看一视频,朗诵《出师表》,也是"以遗(yí)陛下""行(xíng)阵和睦""长(cháng)史"一串子读错),在《北平往事》中念"七十二嫔(bīn)妃"……念错字,读错音,这些问题,说大也大,说小也小。这些问题,他有;我们的父辈,甚至你我,或也常有。

事实上,由于20世纪50—70年代国内学校文化教育特别是文史教育的先天欠缺，陈道明那一辈演员乃至那一辈人文化积淀多有盲点，加之那个年代普通话发音尚未有完全的标准化规范化，故五零后六零后们念错字读错音几乎是个普遍现象。如《北洋水师》中陈宝国老师演的邓世昌念"要挟（xiá）"；《女巡按》中潘虹老师演的钱师爷念"手无缚（bó）鸡之力"；《二马》中梁冠华老师演的李子荣念"囤（dún）积"；《绍兴师爷》中方子哥老师演的董瑞念"富庶（zhē）之乡"；央视版《西游记》中李扬老师为孙悟空配音念"脂粉裙（jūn）钗"；央视版《红楼梦》中周正老师为贾政配音念"义婢（bēi）"；央视版《水浒传》中赵述仁老师为宋江配音念"我自幼学儒，长（cháng）而通吏"；《楚汉风云》中肖荣生老师演的刘邦念"宿（sù）星"；《越王勾践》中尤勇老师演的夫差念"与国偕（jiē）亡"……甚至年轻一点的演员如周迅，在电影《明月几时有》（2017）中演语文老师，竟然念错了茅盾的诗——"风挟（jiá）着雷声"……更有甚者，中国最高学府——北京大学——校长，林建华先生，在北大2018年5月4日举办的120周年校庆致词中，大念白字，"鸿鹄（hào）""莘（jīn）莘学子""乳臭（chòu）未干""谆（dūn）谆教诲"……次日，林校长发表《致同学们》的道歉信："我想，我的这个错误会使很多同学和朋友失望，觉得作为一个北大校长，不应该文字功底这样差。说实话，我的文字功底的确不好，这次出错是把这个问题暴露了出来。上中小学时，正赶上文革，教育几乎停滞了。开始的几年没有课本，后来有了课本，也非常简单。我接受的基础教育既不完整、也不系统。"——此话正可与前引陈道明所语合观："我们那一代人，抛开自学的部分，其实我们的程度才是小学生。这个无须忌讳。现在再怎么读书，都是一个被动的词，叫作'追'，叫作'补'，真的。因为天生缺钙缺得太严重了!"然则高级知识分子如北大校长尚且如此,吾人又安得以念白字"苛责"一演员乎?

事实上,与部分媒体和公众无根据的过分揄扬、以谬传谬易于耳食的"追捧"相比,陈道明本人对自身文化水平的认识十分清醒。除了上引受访中他看似自谦的实话而外,较早以前他便声称不写自传不出书:

> 我没有能力给读者那么大的信息量,也没那个自述能力,为你的职业而写吗?我觉得我在亵渎我自己,有一天我想写时,就一句:"有这么一个人。"[①]

> 写自传?我这辈子都不会写。我这种所谓的名人,不值得记载,看演出的角色就可以了。至于鸡毛蒜皮、流水账式的生活罗列,没有必要去记录。我觉得是浪费纸张,还是把纸用来传播文化吧。……如果真有一天我出书,一定匿名,不做招摇过市的事。自娱时我会随手写,不能跃然纸上,更不能示众,会脏了读者的眼睛。[②]

或许是有感于时下明星写自传出书如过江之鲫、唯恐后人,陈道明故意道出"会脏了读者眼睛"的看似"偏激"之辞,正是"非过正无以矫枉"之义。以陈道明之学识,虽不足以言学者通人,但视诸中国演艺界之侪辈同仁,自是"更有资格"写自传出书;而其"自律"如此。"我觉得是浪费纸张,还是把纸用来传播文化吧"一语更可见

---

① 《一出一入陈道明》。
② 《成熟男人陈道明:写自传会脏了读者的眼睛》,《中国演员报》2004 年 6 月 29 日。

其于文化的尊重与敬意。事实上,大略梳理陈道明的受访文字,不难看出,早些年他更倾向于谈角色谈表演,近些年他更倾向于谈文化谈演艺环境,这或许是由于中国文化环境江河日下,他不得不"激于义愤"再三言之——这或许也跟他连任三届"全国政协委员"这一身份有关。所以,若先不论具体文史水平的几斤几两,单就一种文化忧患意识和文化责任感而言,视陈道明为中国演艺界的"文化人",笔者觉得倒是更能离纷去扰、得其本真。①

另外要特为指出的是,陈道明的文化知识结构虽以文史方面为主②,但并不限于历史方面。如其自述:"中国方面的作品我多看哲学及文学书籍,像王国维、钱锺书、老舍、沈从文、林语堂,我都喜欢。外国我就看得更多,如巴尔扎克、毛姆、欧·亨利、托尔斯泰。"③他在现代文学里喜好杂文,爱读李敖文集,也喜读钱锺书那些散文杂文④,外国文学则比较爱日本文学。陈道明对西方文学名著应是有较为广泛的涉猎。他在谈及所演《卧薪尝胆》中勾践时说,"这个人物身上有莎士比亚戏剧的气质,相当于《王子复仇记》中的哈姆雷特。"⑤可见他对莎翁著作有所涉猎。谈及《一地鸡毛》中所演小林,陈道明说:"小林是个底层小人物,就像卡夫卡《城堡》里的小职员,

---

① 此意更深一层阐发,详参前文《作为演员的文化自尊》。
② 如他哥哥陈道凯先生说:"他连我家的电话都不记得,在他的世界里,最重要的就是他的那些历史书。"(《你所不知道的陈道明:留过长发,出过情歌专辑》,《现代快报》2008年7月16日)。又如其自述:"我主要看文史和人物传记类图书。"(《陈道明:大家都在齐步走的时候,我可能在散步》)
③《陈道明:精英主义者》。
④ 陈道明的朋友史航在微博晒出钱锺书《论朋友》一文,说是陈道明推荐他读的。
⑤《电视剧〈卧薪尝胆〉演绎励精图治的"春秋精神"》,奚光雯、林苑/文,"东方网"2007年1月1日。

他在进入官场时,那些规矩已经设计好了,他只能接受,扭曲规则、破坏规则就要付出代价,单位里的同事们绝大多数人不接受他。"[1] 他在访谈里随口引用卡夫卡的话"卡夫卡曾说:'推开窗子,世界向我走来'"[2],可见其读过卡夫卡著作。他爱读心理学方面书籍,演《黑洞》中黑社会头子聂明宇之前,花了几个月时间读了几本心理学、犯罪心理学著作。而这一开拍前功课是收到了重大实效的:全剧之内核由张成功原著之"兄弟情"暗换为"父子仇"。全剧之实质由刑侦打黑剧变而为犯罪心理剧。[3] 促成这一实质性内核转换者,厥为陈道明。

他日常生活中、影视剧里有些台词,简练机警,俏皮有力,以"爱在字眼儿上做功夫"的文字游戏的幽默谐趣,往往透露出某些化繁为简的哲理意味。可以推想他是不是对哲学书籍也有过一些涉猎?陈道明曾在受访结束时对访问者以一句哲理性的话"打总结":"只要你愉快是最重要的,文章写成写不成不重要。记住了,每个人在每秒钟都奔向死亡。如果这两个小时谈话很愉快,这两个小时值得,这种死亡消耗值得。"[4]——"每个人在每秒钟都奔向死亡",这话既是吾国纳西族民谚"人一出生就会奔向死亡",也是西哲但丁名言"人一生即向死而驱"。

陈道明自述:"有一批不该在大学看的书,比如存在主义之类,当时都让我给看了,现在闭目扪心回头细想,它们对我影响真是不小。"他受访里还提及过卢梭的《忏悔录》:"就拿卢梭的《忏悔录》

---

[1]《陈道明解读陈道明:业余爱好都要认真》。
[2]《陈道明:人格魅力与时代艺术表演境界》。
[3] 详参拙文《他用犯罪完成弑父——陈道明在〈黑洞〉中表演赏析》:https://zhuanlan.zhihu.com/p/22667016
[4]《陈道明:婚姻之理道不明》。

说吧,卢梭说是自我忏悔,其实卢梭是自我毁灭,是一种自灭,把自己说得跟个王八蛋似的。其实他也是一种虚伪,另一种虚伪。因为他不能把自己全部暴露,只能把人家知道些的或是相对知道的一些东西暴露出来,他怎么会把所有东西都暴露呢?人都是不干净的,什么时候最干净呢?就是嘎崩死了的那天,这人的爱和恨都消失了,真实和虚伪就没有了。"① 可以合理推知,陈道明对于西方哲学书籍有过较为宽泛的涉猎。

谈陈道明的文化内涵,与上文所述陈道明读了多少书、读了哪些方面书相比,笔者更想深探的是陈道明读的书是如何体现在对他的表演艺术和演出成绩的"支撑"和"驱动"上的,即陈道明的文之"化"。文化文化,贵其能"化"。陈道明曾有一"金句":"你看出有学问那就肯定没学问。"同理可成一句:"你看出有文化那就肯定没文化。"中国传统文艺评论里,甚为推崇"贵其能化",即杜甫所谓"水中着盐,饮水乃知盐味。"钱锺书《谈艺录·二·黄山谷诗补注》论山谷诗《次韵文潜》"水清石见",引申论少陵诗"水中盐味":

> 杜少陵诗云:"作诗用事,要如释语:水中着盐,饮水乃知盐味。此说、诗家秘密藏也。"……《西清诗话》所言"秘密藏",着眼于水中盐之不可得而见,谚云:"酿得蜜成花不见"也。……盐着水中,本喻心之在身,兹则借喻故实之在诗。元裕之本之,《遗山集》卷三十六《杜诗学引》云:"前人论子美用故事,有着盐水中之喻"云云。后世相沿,如王伯良《曲律·论用事》第二十一

---

① 《我是半瓶子醋晃荡》。

云:"又有一等事,用在句中,令人不觉。如禅家所谓撮盐水中,饮水乃知盐味,方是好手";袁子才《随园诗话》卷七云:"用典如水中着盐,但知盐味,不见盐质。"盖已为评品之常谈矣。实则此旨早发于《颜氏家训·文章》篇,记邢子才称沈休文云:"沈侯文章用事不使人觉,若胸臆语也。"刘贡父《中山诗话》称江邻几诗亦云:"论者谓莫不用事,能令事如己出,天然浑厚,乃可言诗。江得之矣。"特皆未近取譬,遂未成口实耳。瑞士小说家凯勒尝言:"诗可以教诲,然教诲必融化于诗中,有若糖或盐之消失于水内。"……法国诗人瓦勒利言:"诗歌涵义理,当如果实含养料;养身之物也,只见为可口之物而已。食之者赏滋味之美,浑不省得滋补之力焉。"正亦此旨。较水中着盐糖,词令更巧耳。言之匪艰,三隅可反。不特教训、义理、典故等崇论博学,即雕鍊之精工、经营之惨淡,皆宜如水中之盐,不见其形也。

钱锺书先生论诗圣杜甫作诗妙谛之"水中着盐,饮水乃知盐味",末句缀以"经营之惨淡,宜如水中之盐,不见其形",此真可谓警策之笔,正能以陈道明几部不同剧集中都有的涉嫌"子弑父"的相类情节为例阐发。

按前文所写,可以合理推知,陈道明对西方文学、哲学书籍有过较为宽泛的涉猎。而西方文学里经典的"弑父情结""俄狄浦斯情结"对陈道明有无影响?不敢说必有,也不敢说必无。

印证笔者关于陈道明可能受西方经典中"弑父情结"这一文学母题影响创作这一推测的最有力的支撑,是以下几部剧中陈道明都扮演了父之"逆子"的角色(而这四部剧的"署名编剧"都是不同人)。

(1) 电视剧《黑洞》(小说原著张成功,署名编剧陆川)

豆瓣有网友评价此剧只有短短的一句话,我认为是胜过他人长评千言万语,可谓笔扫千军:"聂明宇用犯罪来完成了弑父,用杀自己这一过程实现了对父亲漫长的凌迟。"犯罪心理学显示,有一种犯罪的武器叫自我毁灭,以毁灭自己来达到对对方的致命之击。友人"本来老六"《万箭穿心》的影评里写女主人公丈夫的自杀:"他用了一个很残酷又很怯懦的办法:他把自己撕票了,然后绑架了这个女人的一生。女人是幸福的,其实男人很爱她,爱到对她了如指掌的地步。如果男人选择再一次离婚,她还有选择的可能。而这种近乎人肉炸弹的做法,真正做到了让他和她同归于尽,他爱她,所以他了解她,所以他不会饶恕她。"丈夫用投海实现了与妻子的同归于尽,儿子用犯罪完成了与父亲的同归于尽。百度"聂明宇"三个字往往下拉提示菜单就会有"聂明宇为什么恨父亲"一行字,说明广大观众虽然看出了"然",然,未免还未必看出了"所以然"。

关于聂明宇为什么犯罪,剧中在最末一集也许是卒章显志,以聂、刘对话的方式对这个问题试图作了回答:聂明宇:"我百思不得其解呀,人为什么明明知道要犯罪,还要去做那些事儿呢。"刘振汉:"你觉得小时候,大家对你都不公平。"——所受不公,报复社会,这一点也是我们观众易于想到的最近的原因。但诚如刘振汉接下来说的,有这个经历的不止你一个啊,难道都像你一样去犯罪?这就不得不又提一句我一个朋友的话,"只有心里有恨的人,才能真正读懂聂明宇。"聂明宇锋薄的眼神如阴寒的刀片,他划开了事情的真相,哪怕是他自认为的真相:文革什么的不过是由头(想当然地拿这个不当由头当源头的就有他的父亲:"咱们俩的误会,都是历史造成的。"),

由头牵出的源头是通过文革这把火榨出了他父亲皮袍下的"小"——他为了自己，是可以牺牲他的孩子的①。就如《霸王别姬》里程蝶衣挨过了十年才死，只不过是为了告诉段小楼，杀死我这个虞姬的，是你这个霸王本身的崩塌，非关什么什么把你压塌。

  印证我们观众这点观感的，是剧集最末（31集），聂明宇为着印证自己对父亲的一贯观感，或者说，是为印证他整个行为的逻辑无误，是为印证他心中的一句"果然"：果然，他还是又牺牲了我。且看剧中，聂明宇来到病房中父亲床前，抛出一句"我要自首了"，"引蛇出洞"，果然父亲中计，表示赞成，然而聂明宇马上定性："你不该牺牲你的儿子，保全你自己。"

  且看这段对话：聂明宇站在父亲床尾，直视父亲，面无表情："我要自首了。"聂父脸扭在一边，不敢看儿子："只要你自己想好了，就好。"聂明宇："想了好几年了。如果结果都是一样的话，还不如落一个，态度好。"聂父："你以为你态度好，就可以没事儿了？你可是，数罪并罚呀。那不是自首，就能躲得过去的。"聂明宇："躲？我从来没想到过躲。我只是觉得太重了，想轻松一下。"聂父："你是轻松了，可你想过没有啊，这不是你一个人的事情——"聂明宇打断："那些人，包括你，对吗！"聂父："咱们俩间的误会，那都是历史造成的。父亲还是父亲，他儿子毕竟是儿子呀。我熬到现在，我——"聂明宇打断："——不容易！我知道你要说这个。这辈子我听这个太多了。我烦了。我知道你希望我怎么做，你希望我，顶着，扛着，其

---

① 参陈道明受访中语："他（聂明宇）属于高层次的罪犯，是明知而故意为之，他转变的过程虽不乏社会原因，但他的生长环境及阴郁的个性、人生经历等，也是他堕落的关键。"（《陈道明坠入黑洞吐真言：我也很无奈我也得生存》。）

实,我能明白你,你一直想做个清官,你做到了,你确实是个清官,清官嘛,为国家而清,为百姓而廉,你呢,是为'自己'(重音)清廉!我能理解你,但是你不该,你不该牺牲你的儿子(聂明宇言及此,眼中开始闪泪光),保全你自己。哈哈哈哈哈……老爷子,真对不起你,这辈子,真是给你添了不少的麻烦。跟你说句实话吧,我从来没想过去自首。我怎么会这么蠢,去自首呢。我只是想看看,你的心里还有没有我。没有,还是没有。我不怨你,我如今罪孽深重,也与你没有关系。这是我的原罪。最后,再叫你一声爸爸。好好活着。你不是个好官儿,可还是个好人。保重吧!"——"我只是想看看,你的心里还有没有我",其实,不只是抛出"自首"是为了证明"你的心里果然还是没有我",如知乎某网友所言,"聂明宇犯罪的动机其实很单一,他只想证明:'到底父亲心中有没有他?'"我甚至深心里"深文周纳",聂明宇在得知老头子为了自己的儿子不惜诬陷刘振汉不惜拿他清廉几十年的名声当抹布丢了的时候,心里首先不是松了一口气(庆幸己方峰回路转),而是非常自得的一笑:果然,他的这个清廉是假清廉。他今天是假清廉,他昨天也就不是真清廉,他昨天的清廉也不是他自己说的为国为党崇高至上,不过是牺牲子女保住名声罢了。聂明宇印证了这层"果然",于是他在父亲床尾仰天一笑,哈哈哈哈,声如长枭。这不是一部反腐打黑剧,这是一部犯罪心理剧。这一基调内核,是"陈道明"强调的。①

这一观察,还可参陈道明受访中语:

---

① 关于《黑洞》中陈道明所演聂明宇的深入剖析,详参拙文《他用犯罪完成弑父——陈道明在〈黑洞〉中表演赏析》: https://zhuanlan.zhihu.com/p/22667016

这是一部描写心理冲突而非事件冲突的戏,为此,我看了很多有关犯罪心理学的书。①

2001年,我和管虎合作,演了《黑洞》里的聂明宇……你仔细想这个人,这其实是一个人性最大的悲剧,就是人性的弱点导致的,这个人在他成长和他的理想破灭中变成了他不想成为的那个人。②

(2)电视剧《一江春水向东流》(署名编剧:程蔚东、金一鸣)

剧中陈道明演的吴家祺是个老式大家庭叛父的"逆子"。第5集,在上海作文艺游子的吴家祺回乡,父子口角,剑拔弩张,老父拿出短刀,递给儿子,口道:"儿子,出息了!为情杀父,为情杀父!来——"吴家祺脸上不动声色,在父亲手中利落地从刀鞘里抽出短刀,目如刀锋目视刀锋,然后眼珠一轮无情冷视这个毫无廉耻残忍无德的只与自己有着血缘上的那么点关系的"老父",口道:"你在我心里,早死了。"

(3)电视剧《沙家浜》(署名编剧:高景文)

剧中陈道明演的刁德一在京剧样板戏人物原作基础上,新加了家族背景——大户人家的少爷,也"是个老式大家庭叛父的'逆子'"。刁少爷从外归来,背负秘密除共的使命。刁德一可谓忠于党国,有大忠于党国,不惜毁家纾难,移孝作忠,不,毁孝作忠,他背着老爹散尽家财组建队伍对付新四军,老爹直被这个逆子气得双脚一蹬,两耳失聪(9集)。

---

① 《陈道明坠入黑洞吐真言:我也很无奈我也得生存》。
② 《陈道明解读陈道明:业余爱好都要认真》。

（4）电视剧《卧薪尝胆》（剧作原著：李森祥，后期编剧为陈道明带进组的"御用编剧"汪海林）

剧中陈道明演的勾践其实也"是个老式大家庭叛父的'逆子'"——作为越国监国太子的勾践对吴主战，其父王主和，勾践太子之位因而被废；非止于此，为保幼子稽会顺利继位，越王更下一道旨意，将废太子勾践贬往荒天僻壤孤悬海外的海岛甬东（第7集）。勾践的"忠仆"、太子近侍苦成扑通跪倒，拉住前来宣旨的大将军石买的衣角，含泪道："苦成乞求大将军，让苦成也去甬东……"这时，傲骨不屈（在其父越王看去自是"狂妄桀骜"）的废太子勾践，猛地转过头来，"锵——"地拔出手中之剑，手起处，苦成牵着的石买衣袂断为两截！两人愕然间，勾践抛下句狠话："不要求他！"然后淡然对石买道："大将军，请你，给大王带句话——"石买："讲！"勾践转身拾级而上，提臂顺势将手中剑重重往下一掷，"铿——"的一声，利剑深深插入木阶，勾践头也不回，抛下句如利剑般铿然的金石之声："让他好好活着！"（《黑洞》中聂明宇最后在父亲床头语寒如冰："最后，再叫你一声爸爸——好好活着！"）石买侧身一望，剑身兀自晃颤不已。父子君臣，伦常对等。君视臣为草芥，则臣视君为寇仇。父既以子为可弃，子又何须为尊者讳。①

笔者后来购得《黑洞》《卧薪尝胆》的剧作原著，经对勘，发现上述刻意强调的"弑父情节"，只为剧集独有。把这些"散落"之钱币，穿之以"绳索"，联系起来综合推测，则"弑父情节"出于陈氏

---

① 关于《卧薪尝胆》中陈道明表演及勾践人物剖析，详参鄙作《磨骨——陈道明在〈卧薪尝胆〉中表演赏析》：https://zhuanlan.zhihu.com/p/80923900

之手眼，昭昭可明。而陈道明之匠心构思，惨淡经营，正如"水中着盐，不见其形"，蛛丝马迹草蛇灰线隐伏颇深，非经笔者一番如福尔摩斯探案般的抽丝剥茧功夫，焉能水落石出，大白真相于天下耶！

　　作家的创作源泉，有来自自己丰富的经历，有来自旁搜远绍的阅读；有自身的经验，有阅读的体验。演员亦然。北京电视台《春妮的周末时光》节目2017年2月18日采访蒋雯丽一期，蒋雯丽谈及张国立：

春妮：《金婚》的最后一场戏，就是雪地里面走远的那场戏，是他（张国立）当时的一个偶然间的创意吗？

蒋雯丽：那天也是北京下雪，哇，那个当时大家都很（兴奋），说"下雪了！下雪了！"，也没有，剧本里也没有这个戏，但是国立当时就建议导演，说我们就出去吧。就是那场戏，其实是没有，本子上没有的，就现想的。然后就是我们两个人背对着。就是手拉着手，手拉着手，背对着，走远，走到一片，就找了一片离我们拍摄的地方，不远的一片小树林，然后最后就成了整个戏的结尾，很有感觉，他特别有感觉，因为国立他自己是在做导演啊，他一直都在做导演的工作……他说着说着，开始就眼泪汪汪啊，然后就感觉就是，好像人生已经到了那个（终点），因为我们那时候，已经演70多岁了哈，他就有很多的感触……唉哟，我就看他，哇，这么那个，这个用情在说这个戏，嗯，在说这些东西，说的非常感人，我就我就，我还没有，当时我觉得，我还没找到那个感觉，然后后来我还问他，我说你当时是，他说他就想到他爸爸妈妈啊，因为他爸爸那个时候，好像已经是，有点老年痴呆了，就只认得他妈妈一个人了啊，所有孩子都不大认得了，所以他就想到，人到了那个年龄的时候的一种状态吧,一种孤独啊,或者一种依赖感,或者一种相互依赖啊,就是老伴儿的意义啊,那个感触就会更深。

揆诸蒋雯丽之转述,可见张国立是想到了自己老年痴呆的父亲,只认得自己母亲了,才促发表演思路,怎么样去体会、贴近老年夫妻那种感觉。而陈道明在四部不同编剧的剧集中竟"不约而同"津津乐道乎"弑父",据我揣测,当更出于"阅读体验",出于他广泛涉猎西方文艺的阅读体验,而非自身经历。无他,陈道明对父亲是很尊崇敬爱的。戏外生活中的他,是孝子而绝非逆子。他演《归来》陆焉识,就是为了致敬父亲那一辈老知识分子。请看《南方周末》2014年专访陈道明《陈道明:愈合历史留下的斑斑伤痕》(下划线为笔者所加):

南方周末:说说你当时认为的陆焉识,应该是什么样的?

陈道明:当时一边讨论剧本我就一边在想,这个人物到底从哪儿入手为上?

借用形象、借用细节、借用情绪、借用想象力……在形象和文字中间磨来磨去,琢磨出来<u>一个我想象出来的陆焉识和我父亲的结合体</u>,此乃画中人。

我只有通过我经历过的、体会到的,从小记事以来能够想起来的,<u>在各种运动面前我看到我父亲的那一声叹息、那种发呆、那种回来的紧张、那种待人的惶恐……这是谁都不会代我体会的。</u>

我创作这个人物的时候心里特别瓷实。陆焉识是我演过的数十个人物中,跟我生活距离最小的,<u>我想起陆焉识,就能想起我的父亲</u>。不管是《围城》也好,《末代皇帝》《康熙王朝》、顾维钧,角色其实离我生活挺远的。我只能是照猫画虎描着来,唯独这个人物是我可以体验着来。满目皆是陆焉识。

<u>从小处说，是纪念我的父亲；往大里讲，是致敬中国真正的知识分子</u>。这都是通的。这个人物我没有觉得在创作上给我造成剥离感，没有距离。一部电影不可能去还原历史、解读历史、认定历史，但一个电影可以记录历史当中典型且永恒的一瞬。

把陈道明本人的"孝顺父亲"，与陈道明灌注于那四部不同剧集中相同的"弑父情结"，拢共合观，当益能明晓西方文化对陈道明创作的影响。唯有深探到陈道明不同作品背后的相同共性，方能火眼金睛，"全息透析"陈道明其人其艺，方能真正看出陈道明的文化内涵，真正看出演员陈道明的非演员一面——类似发布指令的编导而非被动接受指令的演员的文化那面。

水中着盐，不见其形；文化文化，贵其能"化"。下文再以《冬至》为切口，试图深探一下陈道明的文"化"：

《冬至》故事及主角陈一平的构想来源于陈道明偶然看到的一则犯罪故事。陈道明也深度参与了剧本的创作和人物的设定。所以《冬至》其实深入灌注了陈道明的"表达"——以警世寓言来表达某种"社会性"（相关媒体报道前文已引，详见第44—45页，兹不具引）。

不少观众认为，因为深刻的社会性表达和人性挖掘，以及精湛细致、层次清晰地传达出了一个小人物的人性堕落、"凛冬将至"，《冬至》中陈一平堪称是陈道明从艺至今最为杰出的演出。有理由相信，从1982年正式踏上影视表演之路开始，经过十多年的表演实践，陈道明在表演艺术上已积淀了丰富的经验、锻造了成熟的技法、铸就了卓特的风格、凝聚了深邃的思考，有此基础，再加上《冬至》恰好提供了一个最表达他内心思考（演出"社会性"）的通道——这个通道不是"遇到"的，不是被动坐待的，从构思来源到成型成体，都有陈道明作为创作者或曰创造者一手一脚的踏实努力，是需要"开凿"的。于是乎，一次杰出乃至卓越的演出，就诞生了。

那么接下来的话题就来了，《冬至》为陈道明提供了一个表达他内心思考的通道，前提是陈道明的内心要"有"，要有关于社会的人性的文化思考，才能谈得上向外表达。从《冬至》剧的故事来源、创作过程和陈道明演绎陈一平的精彩，我们可以清楚地看到陈道明的文之"化"。从陈道明对人性的深度思考，对普通人在现实社会中的困境的深入体察，可以看出这位演员的确是一个有着较为深广[1]的文化知识背景的知识分子，一个对人性、社会和文化有着表达诉求的态度严肃的文艺创作者，一个有着较为强劲的艺术原创力的优秀表演"创作者"[2]。

鄙意，看一个人的文化内涵和水准，大旨上，应取"去形存神"的原则：念错字读错音、弄错句子的文法结构、不知道某个历史细节，似乎是相对次要的指标（当然肯定也是问题，譬如念错字这些问题，诚请陈先生今后更加留意）；能够如原创《冬至》的故事创意、深度参与人物角色的设计修改、深刻演绎剧中人物角色陈一平的灵魂，这才真能见出演员陈道明"非演员的自我修养"——文化及文化创造力。

---

[1] 此所谓"深广"仍是就他的演员身份而言，不能与真正的专家学者比。
[2] "创作"二字重要，很多演员只是单纯、被动地完成导演、编剧派给的指令，所谓"躺在本子上演戏"，谈不上原生"创作"。

于是之先生《一个演员的独白》[①]:"没有学问的演员大约是不易取得大成就的。"朱旭老爷子表示:"看一个演员最后看什么?看他的文学艺术修养!这个又是一辈子毕不了业的,因为需要一辈子努力!"[②]李保田也有一句名言:"演员最终拼的是文化。"演员的演艺之路走到一定阶段,欲待百尺竿头更进一步,谈何容易。这时候,发动演员潜能的发动机,往往已不是"演员的自我修养",而是"非演员的自我修养"了。韩愈《答李翊书》有句:"根之茂者其实遂,膏之沃者其光晔。"陆游诗曰:"功夫在诗外。"一个中年演员,各方面阅历、积淀和思考都最成熟,正是演艺生命里丰收猎获的黄金时节,你的文化内涵有多深广,你的文艺原创力有多强劲,你的表演思考有多深入——这些进舞台前、上镜头前、喊"Action(开拍)"前的"表演前"功夫有多深,将很大程度上决定一个高手演员可能达到的高度——从高手到大高手的高度。从优秀到卓越的一步之遥,不是技术的难度,而是理解的深度、文化的深度。

2015年2月13日写毕于成都
2019年9月17日改毕于成都

---

① 《杂文月刊》(文摘版),2013年第11期。
② 《艺术家朱旭畅谈演艺心得》,高宇飞/文,《京华时报》2013年3月29日。

陈道明和王国维的游戏观

> 逮争存之事亟,而游戏之道息矣。
>
> ——王国维《文学小言》

王国维游戏观的本质是"艺术是超功利性的"。王国维坚信"文学是人生的表现"。陈道明的"拍戏之瘾",实质是"游戏之瘾"。以"做游戏"的心态投入表演创作,帮助演员"解放天性",创造出"天才"的作品。"做游戏"与"赤子之心"内在关联。"游戏观"帮助文艺创作者塑造、成就其"艺术人生"。王国维游戏观对于当下影视界"市场至上、娱乐至死""唯票房论、唯收视论"的功利化重患是一剂良药。

游戏观帮助演员创造天才作品

著名演员陈道明曾在不同场合说过下面几段话:

(去揣摩、去研究)这个人到底是什么人,这是挺好玩的游戏,是一个人的心灵挖掘游戏,怀着善意去做这个事情,不追究结果,从言谈话语,判断这个人哪句话是真的,哪句话是假的。①

我是有这个习惯,上下左右都演一遍,有冷的,有热的,有不温不火的,最后选择余地会更大。但其实这种习惯,我累,别人也累,人已经 OK 了,你非要说,导演我送你一条,这不是加大工作量嘛。但有时候越是一条 OK 的戏,我越含糊,再来一遍吧,保险点好;已经"保险"了,还不行,导演我免费再送你一条。好的创作一定是一个高级的娱乐游戏,就像小孩堆沙子,玩打仗,他把那破木头枪,永远当真枪用,他把假的还原到最真实,拍戏也是,怎么把它真实化?就是天性解放地跟大家一起做个游戏。②

创作就是一个游戏的过程,就像小孩过家家,或者用木头当手枪一样,是一种很好的解放天性的游戏。③

不妨"旁参"一条,香港演员黄秋生:

做演员就一定要保持一种天真,一个演员在很认真地演戏的时候,他也还是在玩,如果不是就一定做不好。④

简要提炼,陈道明关于表演创作的定义别致新颖,又精警哲理,一言概之,即"解放天性的游戏"。

---

① 《记者手记:陈道明给了我一个命题研究别人》,张世豪/文,《成都商报》2014 年 5 月 15 日。
② 《戛纳专访陈道明谈"难采访":"这个圈子不令人安全"》,"Mtime 时光网"2014 年 5 月 23 日。
③ 《陈道明:没有人是尽善尽美的》。
④ 《影帝黄秋生专访:香港影坛一个不老的异数》,《每日新报》2003 年 2 月 4 日。

陈道明的朋友史航说"他有喜欢的作者，喜欢的书，但吝于引用"。陈道明在言谈里对于自己所读书的"吝于引用"，为我们探析他表演背后的"却顾所来径"，颇增添了难度。但还是有些蛛丝马迹。陈道明接受访谈时说："有一批不该在大学看的书，比如存在主义之类，当时都让我给看了，现在闭目扪心回头细想，它们对我影响真是不小。"他受访里还提及过卢梭的《忏悔录》："就拿卢梭的《忏悔录》说吧，卢梭说是自我忏悔……"① 他又有言："中国方面的作品我多看哲学及文学书籍，像王国维、钱锺书、老舍、沈从文、林语堂，我都喜欢。外国我就看得更多，如巴尔扎克、毛姆、欧·亨利、托尔斯泰。"② 由上似可合理推知：陈道明对于中西方哲学、文艺书籍有过较为宽泛的涉猎。他提及"中国方面的作品"，王国维是排头位的。

探究文艺美学思想史，我们无法不注意到，"近世学术界最主要的人物"（陈寅恪语）王国维先生独特而重要的贡献。王国维早年广采包括康德、叔本华、尼采、席勒、谷鲁斯等西哲的哲学和文艺思想，参以本国传统，百花成蜜，自创新声，其文艺新观念新思想颇值得重视。王国维文艺美学观主要有"天才观""游戏观""苦痛观""古雅观""境界观"五大部分，据华东师范大学研究生向娟在其硕士论文《王国维游戏观研究》（2007年4月）中的概括③，王氏"游戏观"的核心意涵是：

---

① 《我是半瓶子醋晃荡》。
② 《陈道明：精英主义者》。
③ 王国维文艺观念散见于其《文学小言》《人间嗜好之研究》《论教育之宗旨》等各篇论文中，向娟硕士的研究，在国内学界第一次系统地梳理总结了王氏"游戏观"，为笔者研究陈道明提供了一个扎实的理论基础，特致谢忱。

其一，起源方面，艺术像游戏那样源于主体剩余精力的发挥；

其二，性质方面，艺术是超功利性的，如同游戏要求突破现实利害关系的束缚，追求精神自由；

其三，功能方面，艺术既能予人以游戏式的轻松愉悦之感，同时在愉悦中又让人受到美的启迪与教育，提升人的精神境界。

这三个方面共同构成了王国维游戏观的主要内容。在研究中，王国维从未脱离艺术而空谈游戏。因此，与其说王国维将艺术与游戏等而视之，不如说他借助游戏概念来表达他对文学艺术的独特认识与理解。

向娟硕士研究认为：

王国维提倡游戏观的主要目的在于维护文学艺术的独立地位……在日常生活中，没有哪一种活动，能像游戏那样以纯粹的轻松娱乐为目标，而不被赋予任何实际的物质需求与道德责任。……王国维提倡艺术游戏说，并不像部分研究者所指责的那样，以鼓吹为艺术而艺术，反对现实主义。……从王国维开始，则提出了艺术独立的发展要求，于政治与道德之外发掘艺术自身的审美价值。……王国维遵循文学[①]自身的发展要求，从根本上反对用功利主义的价值观来评价作家[②]作品，提倡文艺应像游戏那样纯粹而自然，远离利害关系的束缚。

[①] 王国维所称"文学"，为我们现称"文学艺术"的狭义称谓。下同。
[②] 王氏所称"作家""文学家"，皆今日所谓"文学艺术家"，含文学家以外的演员等艺术家。下同。

王国维游戏观的核心性质在于倡导"艺术是超功利性的","提倡文艺应像游戏那样纯粹而自然,远离利害关系的束缚"。这一点,一定特别为陈道明所服膺认可。

在王国维所处时代,西风东渐,旧局开新,文学(及艺术)的发展面临的最主要的问题是要从"政治与道德之外"获得独立①;在一个世纪之后,现而今,21世纪头20年,文艺生存和发展面临的最主要问题,可以大胆下一论断,已从"政治与道德"的桎梏,转移到"商业至上、娱乐至死"的狂潮对文化的戕害上了。在2015年11月9日新华社记者周宁、张漫子、熊琳的采访文章《陈道明拷问"文化失觉"》中,全国政协委员陈道明痛批"泛娱乐的文化生态、唯票房的剧本创作、纯圈钱的文企上市和没教养的艺人涉毒",认为这些问题"深刻反映出当前的'文化失觉'现象和文艺浮躁风"。"中国电影发展有迅雷不及掩耳之势。市场有了、规模上去了,可内容和质量亟待提高。"陈道明说,"死盯票房,影片势必缺乏文化基因、核心价值。电影人不能急功近利、不能烧快钱、不能唯票房。抽时间静下心好好想想,电影为何要拍、为谁而拍。"

无论是受制于"政治道德"的理性实用功能,还是受戕于"商业娱乐"的劣币驱逐良币,文艺的纯粹性独立性都难以谈及。王国维大力提倡"游戏说",乃是因为"在日常生活中,没有哪一种活动能像游戏那样单纯地以自身活动为目的,而不受外部利害关系的束缚"②,王国维抓住"游戏"这一重要特质,从而在"游戏"与"文艺"之间

---

① "文以载道"即强调文学的政治和道德功能的观念已纵贯两千多年。
② 《王国维游戏观研究》。

嫁接了康庄桥梁。王氏在《文学小言》中写道："余谓一切学问皆能以利禄劝,独哲学与文学不然。"向娟总结,"超利害是文学之为文学、艺术之为艺术的根本原因。……超功利是人们将艺术与游戏相提并论的最主要也最普遍的原因。"王氏"游戏观"形成的重要来源之一,西哲席勒,便有名言:"人同美只应是游戏,人只应同美游戏。"(《美育书简》)从这个深层次来考察陈道明下面的言行,对陈氏其人其艺,我们必能有更深的认识。先来看陈道明如下两段话:

> 其实,我始终梦想的电影是不着急不着慌的、慢慢的、一点一点、讲讲究究地拍,不要这么仓促、匆忙,从容一点对待自己的作品。是不是惊世之作对我来讲不重要,但这个过程会很舒服。[1]

> 舞台更是最好的教室,任何影视导演都不会像那些清贫的话剧导演,不催着你交工,而是能耐心和你探讨,帮助你找到最好的表演方法。脱下制服,穿上一件有手工绣花的丝绸长袍,这样的体验对比,聪明人都难以抗拒。[2]

以上两段话给我们读者最明显的感觉,也许便是言语里浓浓的"艺术感""艺术味儿"。陈道明在说话间没有一个字提到"目的",提到"市场",提到"名"和"利",他提到的只是艺术创作这一"过程",只是艺术创作"本身"。甚至,说话者说这话时略带迷醉的样子,我们也都不妨轻易"脑补"。这里,陈道明的话不经意间,与王

---

[1]《"我原来就是不往人群里走的人"——对话陈道明》。
[2]《陈道明回归话剧舞台,"啃的不是骨头是石头"》,《中青在线》2011年7月30日。

国维"游戏观"的本质——"超功利性"——款洽相接了。陈道明的朋友朱时茂曾在受访时提及,陈道明这个人"有戏瘾"。那么我们理解,什么是戏瘾?戏瘾就是拍戏的瘾,这个瘾,既非为了钱的瘾,也非为了名的瘾,只是单纯做这件事,让他感到过瘾。极端点说,拍戏这件事儿,在"让人过瘾"上,跟爱玩游戏、爱打麻将、爱蹦迪跳舞、爱打高尔夫,殊无二致。完全不计功利,全身心投入拍戏这件事本身,完全沉浸在如孩童做游戏般简单快乐的愉悦满足里,也不管有没有观众,有没有叫好,甚至有没有人跟我一起玩。都不管[①]。因为他已经完全沉浸沉迷进游戏中去了。从这个意义上说,我要玩个文字游戏:拍戏之"戏",与游戏之"戏",在纯粹性上、超功利性上,达到了属性的高度共通:"戏瘾之瘾 = 拍戏之瘾 = 游戏之瘾"。

如此一来,看陈道明如下这则拍戏"轶闻趣事",我们当能更有焕然到底的莹澈会心。

《二马》制片人之一曾日华,对陈道明在《二马》中以"做游戏"的孩童天真心态、忘我忘情的投入演出,介绍得十分生动详细[②]:

> 陈道明深知个中奥妙,他笑着对我说:在《二马》里,不能搞理性化的表演,这是个大游戏。我就是像个小孩子在做游戏,一会儿堆起个沙包,一会儿模仿在坦克车后面冲锋,非常投入,自己觉得游戏中的一切是那么真实,因此态度也十分认真。正是这样,你

[①] 可参编剧兰晓龙此言:"其实我推崇的是游戏精神,就是彼得·潘的那种游戏精神,我一个人玩儿,当然也是跟别人一起玩儿,但很可能玩儿着就成了自娱自乐,别人也搞不懂了。"(《〈我的团长我的团〉大揭秘》,吴毅/著,上海:作家出版社,2009年,第38—40页)
[②] 《〈二马〉中的陈道明和王晖》。

看陈道明玩得多开心啊，他顺手牵羊地创造和丰富了剧中多少细节，经常是戏中有戏，戏味绕着他身子走，多么高明的编、导都无法事先编写或现场执导出这样的细节来。

那天温都太太家来了两位邻居，温都太太就叫马则仁演示一下中国的服装和礼仪，这可乐坏了逞能的马则仁。现场的陈道明为了教会这几个洋妞下跪，使尽浑身解数，自己也下跪了。温都太太一见就心疼，走过来要扶起他。陈道明笑着说：从小跪惯了。这段戏正排着呢，摄影师已开机拍摄了。陈道明原意是先教外国演员下跪，现在倒成了戏里细节了。

陈道明在剧组里的游戏越玩越自如了。又到了一天，温都太太病了，陈道明自告奋勇给玛力和马威做早餐，煞有介事地穿上温都太太的围裙，从厨房里钻了出来，摇铃通知两位年轻人入座了。排上几次，陈道明冷不丁听到在旁有人说了句，要再戴上顶厨帽就更好，果真就要服装管理员找来温都太太的帽子戴上，活像个狼外婆。可马威就是不卖老马的账，还不让老马往温都太太房间送早餐，碍着玛力在场，马则仁仍显得殷勤有礼；等玛力转身送早餐走了，马则仁翻脸就要骂儿子了。这时，挤在监视器前的主创人员就议论说，这刹那间的转变，要是陈道明能扯下帽子才骂，就十分过瘾。话刚说完，现场的陈道明真是"英雄所见略同"，一手扯掉狼外婆式的帽子臭骂起马威来。这下子把全剧组的人笑歪了身子。

全身心沉浸在做游戏的那种忘我的快乐里，这一事实本身，就是勾引演员热爱表演最大的糖衣炮弹。在曾日华的记叙里，陈道明拍戏其时的欢乐情状，隔着文字，穿越岁月，至于今日，我们都清晰可感。我曾在一篇戏谑文章《中国大陆影视界"天下五绝"》里，以博才多艺、文士风骨之故，置陈道明于"东邪"之席；然而根据这里的分析，如若单论一个"玩"字，就沉迷于"游戏"之单纯快乐而言，比陈道明于老顽童周公伯通（陈为表演，周为武学），遮莫更得神韵？

更重要的是，曾日华说得透彻，"陈道明玩得多开心啊，他顺手牵羊地创造和丰富了剧中多少细节，经常是戏中有戏，戏味绕着他身子走，多么高明的编、导都无法事先编写或现场执导出这样的细节来。"在这完全脱离功利化的计较的、高纯度的纯粹艺术创作艺苑里，演员的自然天性得到了极大的解放、演员的精神世界得到了极大的开拓、演员的天才创意得到了极大的触发，套用哲学术语，演员的创作已从"必然王国"迈入"自由王国"——"任督二脉"通了。陈道明信手挥洒，在写意般潇洒的创作状态下，灵感处处迸发，可说是触手皆春，庖丁解牛、右军挥毫、令狐冲挥洒独孤九剑，或即如是？——陈道明对自己演艺史里评价最高的演出《二马》中马则仁，就是这样诞生的。

在文首，我们提炼陈道明那三段话，他对表演创作的描述性定义，即"解放天性的游戏"——"游戏"与"解放天性"四字密不可分。下面让我们探析一下"游戏"与"解放天性"之间的内在理路（inner logic）[①]。

"解放天性"，首先是一个表演课或心理课上常会提到的概念。陈道明是中央戏剧学院毕业生，平素对心理学也很感兴趣[②]，在受访里提到这个词，应该说很正常。在表演课里，"解放天性"是表演基本技

[①] 此为文史学家余英时先生惯用之学术概念。
[②] 陈道明："演员职业的魅力，在于其50%是一个心理学家。"（《演员还是心理学家，两种不同人的标准》）

术方面的概念。上海戏剧学院教授胡导指出:"为什么我们带学生做了好多练习,学生总松弛不了,总还是在'表演',不'生活',不能真正地进行'行动',而专家只给了一套积木就让他们'生活'在规定情境中了呢?我想起了斯氏说的一句话:演员要'在艺术中达到儿童在游戏中所达到的真实和信念'。作为'创作的诱饵'的女专家的积木教具,在推动学生创作想象的同时,也激发了他们曾经有过的儿童游戏的本能和天性,在搭的过程中就和儿童们一样要把它们搭得和所想象的事物相似,搭到相信了这就是那个事物。由于对地点环境有了信念,因而很容易地对规定情境的其他因素也能产生比较丰富的虚构和信念。因而,当这样的艺术虚构在他们心里活了起来的时候,他们就会像孩子们一样完全去为自己过想象的生活,而不是去为别人为观众去表现什么或表演什么了。"[1]

与在表演技术领域起到的基础功能作用相比,我这里更关注的是"解放天性"的某种意义上可以说是更为"高阶"的功能价值——帮助创作者创造出"天才"的作品。而这个高阶功能却不是"解放天性"一词独立、单个所能表现出来的,必须是通过"解放天性"的"依凭"和"载体"——"游戏"——表达出来。简言之,全身心地沉迷在"做游戏"般的艺术创作中,艺术创作者(作家、画家、演员……)的潜在天才才可能打开,有可能打开。这一点,上文论"游戏神通"已详及。

向娟硕士总结王国维"游戏观","它(游戏观)在一定程度上促进了人之精神意识觉醒,要求在艺术活动中尊重个体生命价值,发挥

---

[1]《戏剧表演学》,胡导/著,北京:中国戏剧出版社,2009年。

人的主观能动性。"而"游戏"这一个"促进了人之精神意识觉醒",帮助人发挥"主观能动性"的功能,与"孩童""赤子之心"两个词又密不可分。李贽《焚书·童心说》:"至文出于童心。"向娟硕士在论文中写道:"在《文学小言》中,王国维又提倡艺术创作应该如儿童游戏那般绝假存真,推崇天然成趣,反对人工雕琢伪饰……;而在《人间词话》中,王国维要求审美主体应超尘脱俗,保持'赤子之心',抒写纯真情性……在《人间词话》中,王国维曾提出:'词人者,不失其赤子之心者也。故生于深宫之中,长于妇人之手,是后主为人君所短处,亦即为词人所长处。''赤子之心'的概念本于叔本华的'天才的童心'。叔本华认为,在儿童时期,人的整个生活诉诸于情感知力远过于诉诸道德意志。天才与儿童都拥有'天真与崇高的单纯'。每一位天才都是一个'大孩子',他探索世界就如同探索某种奇异的事物,像儿童游戏般具有绝假存真的特点。而王国维所谓的'赤子之心',就是指的儿童般的'天真与崇高的单纯';所谓'为词人所长处',就是类似儿童寻找游戏的、超乎个人利害关系之上的那种'单纯'的自由的心境。"

读过向娟硕士上述总结,笔者更焕然冰彻地体认到陈道明和王国维"游戏观"的"通道"——"赤子之心"。

请看陈道明的"赤子之心"。

陈道明从艺几十年来,关于他"天真""孩子气"的评价和报道,可谓指不胜屈。略撷数例如下(按:为使版面简洁,略去出处不引):

先看同行、朋友的评价。

管虎(《黑洞》导演)："《黑洞》拍摄的过程就像哄着一堆大孩子做游戏。"

中央戏剧学院教授、陈道明中戏同学高景文(合作《冬至》)："陈道明在一群'合得来的兄弟'面前也常常会表现出很可爱的孩子气,开起玩笑来是手舞足蹈。"

蒋雯丽(合作《中国式离婚》)："陈道明是一个很有想法的人,很孩子气,他的孩子气,表现在他从不在意一般人在意的东西,也从来不随波逐流。这对一个演员来说是非常可贵的。人们觉得他清高什么的,但合作起来挺好的。"

李小璐(合作《我心飞翔》)："我们一直都特别开心,每天讲讲笑话。刚开始我还担心陈老师是一个很严厉的人,但是跟他合作就觉得很开心,像个老小孩一样,因为我们在戏里演一对夫妻。"

孙宁(合作《一江春水向东流》)："陈道明有时像小孩子,没有他的戏时,他常拿着个包在那里抡着玩。"

杨雪(合作《浪淘沙》)："他指使夏雨在女演员的衣服背后贴商标。"

安以轩(合作《卧薪尝胆》)："有时候饿了他就会看你在吃什么,来一块。"

沈严(《手机》导演)："陈道明老师在现场又完全和媒体说的不一样,他是一个非常有娱乐精神的人,经常在现场和大家打打闹闹、开玩笑,是很会活跃气氛的人。"

于明加(合作《手机》)："陈道明在现场很爱开玩笑,只要他在就有很多笑声。"

柯蓝(合作《手机》)："他就是个幽默的孩子。"

何冰(合作《喜剧的忧伤》)："他是个特简单的人,天真烂漫,跟小孩儿似的。"何冰评价认真工作的陈道明，"就像个孩子一样。"

宋丹丹（《喜剧的忧伤》表演指导）："他就是个小孩儿。他真的适合当个演员，因为演员从事的职业就是'过家家'——你得相信。陈道明是一个像孩子般天真的人，你特别容易让他生气，也特别容易让他消气。"

徐昂（《喜剧的忧伤》导演）："他爱玩，能把很多东西玩得很好。他有兴趣，又有点较真，不想输——我觉得，'不想输'这一点，就是个小孩，因为大人会给自己找个理由，但他不愿意，而是比别人更下功夫去研究。"

再看拍摄期间花絮：

《上海人在东京》花絮：拍摄《上海人在东京》时，平时没什么事，山本未来（按：日本著名女演员，剧中饰演小林惠子）就跟陈道明、修建（按：人艺老戏骨修宗迪之子）学普通话，这两个大哥哥也真不像话，一直跟她闹，管她叫"牙签儿"，陈道明还用苏东坡赠给苏小妹的诗跟她打趣，未来起先不明什么意思，后来知道是形容她的脸长时，她哈哈大笑地追打着陈道明算账。

《寇老西儿》花絮：陈道明有一种孩子样的霸气，或者说是顽皮与任性。在下一个镜头开拍之前，陈道明会板着脸大声斥责演李公公的黄宗洛为什么不站到原位，好在黄老爷子也不顶真，虽然嘴里嘟哝却也真的走去站到位置上。

《女巡按》拍摄期间台湾记者手记：陈道明的声音真是好听，不急不徐的。而且我发现他其实挺会撒娇的，当他不知如何应付的时候，就会开始玩弄手机上的链子，喃喃自语，也不看你，像个小孩子哩。

《康熙王朝》花絮：到剧组探营时，记者发现另外一个陈道明——刚化完妆穿着龙袍的他，竟像孩子一样顽皮。

《一江春水向东流》花絮：陈道明走到镜头外的爵士鼓架前坐下。导演在喊下一条，"预备"——"砰！""开始"——"咚！"陈道明以手敲锣、脚踩鼓来呼应。导演笑："你呀，顽童心态！"

《手机》花絮：刘蓓演《手机》是陈道明推荐的。一次聊天，刘蓓坐在那儿哈哈哈地大笑。陈道明说，你这个笑声一定要保留，就是那种特别放得开的笑声。在刘蓓眼里，陈道明有点像父亲、哥哥，大家长，管的事特别多，"但其实他就是个孩子，很直接，有什么都直接。"

《归来》花絮："丹丹"张慧雯透露，组里过中秋节发月饼，她觉得很好吃就"一个劲吃"，"吃着吃着陈老师说，'哎，那小女孩还吃呢，等会儿晚上还有戏，你不怕脸圆啊。'""我就特害怕，看着他，陈老师说，'放那边去别吃了'，我就放那边去，他说，'听话'。"更令人笑得打滚儿的是，陈道明片场"扭秧歌""打太极""飞吻"导演、大饭勺挥舞"替天行道"……十八般武艺各种"乱来"，可谓货真价实的"老顽童"是也。

陈道明对他自己的"孩子气"也有自述：

> 我希望这个童真气能一生伴随我。我拍戏也是，在现场别人根本想不到我这么活跃，我爱开玩笑啊，和大家玩游戏啊，我那时特别快乐。[1]

---

[1]《钱锺书是真正文化人 我们只是饰演文化人》，张世豪/文，《成都商报》2014年5月15日。

记者：你的朋友形容你心里一直住着一个孩子。这句话特别好玩。

陈道明：我从小就不喜欢用来评价人的两个词，一是"城府"，说这人有城府，城府深往往是贬义，跟它类似的还有个"成熟"，我也不喜欢成熟。我的思维方式特别简单。

记者：赤子之心是很难保持的。

陈道明：是吧，难。①

孩子气的人多是比较"自恋"的。与陈道明合作过《康熙王朝》的茹萍、合作过《冬至》的陈瑾在受访时都披露过陈道明拍戏时的"轶事"：演完一段儿得意的戏爱看回放，越看越得意，还逮着身边其他演员问，怎么样怎么样，这段儿演得好吧？真是乐乎死一众合作演员了。

又如金庸先生小女儿查传讷在受访时说："父亲很欣赏自己的作品，每每翻阅之，也会笑眯眯地说，写得真的好！"②

有一颗"童心""赤子之心"，爱做"游戏"的演艺界人士，非止陈道明一人。且看以下数例（下划线为笔者所加）：

国外如大导演斯皮尔伯格以童心著称，他导演的《人工智能》《丁丁历险记》《战马》等影片莫不以<u>童心的真善美</u>感人动心。

国内如黄佐临评石挥大师："他迷恋于戏，迷恋于艺术，在这方面他总是保持着一股<u>孩童般的纯情</u>。"③

---

① 《陈道明：我特别希望童真心能一生伴随》。
② 《独家专访金庸小女查传讷：我像极了郭襄》，谢礼恒、陈谋/文，《成都商报》2012年3月27日。
③ 《石挥谈艺录》：序。

又如 2012 年 11 月凤凰卫视《鲁豫有约》谈及片场的焦晃："焦晃有孩子气，近乎童真。"

章子怡评价陈凯歌："我坚信这（《梅兰芳》）是继陈凯歌导演《霸王别姬》以后，他的又一个心血之作，他投入太多了，你看他的那种状态，是极度亢奋的。他每看到一场好戏，就会说好、会笑，他像一个孩子，有时候真的很可爱，他高兴了就会跳起来，他就会说子怡真牛。"①

唐国强 2009 年 9 月在接受《南方周末》专访《我是长跑运动员》中说："你要保持创造性，就要有童心，哪怕年龄在那儿。"

香港演员、导演周星驰，多次对媒体坦言，"我现在没有别的什么，只有一颗童真的心。"对于自己在《长江七号》片中的卡通形象，华发丛生的周星驰评价道："我觉得很好，不那么帅，但很符合我天真的气质。我现在没有别的什么，只有一颗童真、幼稚的心。"②

再如香港演员黎耀祥在所著《戏剧浮生》里写道："无论演法如何转变及改良，演员要演出的，始终是人类那份最难能可贵的真情，所以，演员一定要好好保留自己埋藏在心底里的那片赤子之心，用演员的真情见证人世间的悲欢离合，让演员的真情感动所有的观众朋友。"

格·克里斯蒂在《演员的自我修养》序言中介绍斯坦尼表演"体系"时写道："（斯坦尼）论述演员的天真问题的手稿在叙述演员的创作自我感觉问题上是一个重要的补充。……斯坦尼斯拉夫斯基认为，

---

① 《章子怡：为电影做什么都是应该的》，张英、李邑兰/文，《南方周末》2008 年 12 月 3 日。
② 《周星驰：我有一颗童心》，《河南日报》2010 年 7 月 7 日。

在创作的时刻,应当像孩子般天真和自信。"在《演员的自我修养》中,斯坦尼斯拉夫斯基数处提及"孩子""小孩"。如,"我们应当在舞台上重新学习这一切,完完全全像小孩那样来学习走路、说话、观看、倾听。"又如,"假使你们给我找十来个小孩子到这里来,我告诉他们,这是他们的新住宅,你们一定要为他们的想象力感到惊讶的。他们会想出永远没有尽头的玩意儿来。你们应该像小孩那样!"

编剧兰晓龙,自述其创作《我的团长我的团》心得,表示最推崇"游戏精神":"我觉得做戏就是交心,不是说你跟人交了朋友,然后单纯地虚构一个世界扔给别人。而是说,我们是好朋友,我们一起来玩儿一个游戏吧,把这个戏做得很有趣,我认为这才是编剧。……任何编剧在做戏的过程中,一定是要在其中榨取最大限度的快乐,如果连这个都达不到的话,那编剧的生命是会很短暂的。其实我推崇的是游戏精神,就是彼得·潘的那种游戏精神,我一个人玩儿,当然也是跟别人一起玩儿,但很可能玩儿着就成了自娱自乐,别人也搞不懂了。而创作中的痛苦就是有时候会觉得不那么游戏了,也许还是自己修行得不够,我应该把它从头到尾彻底当成一个游戏,但有时候真的游戏不起来了。……我觉得游戏精神是严肃和娱乐之间的一个分水岭,是种真正强大的东西。"[1]

如前所引向娟硕士论文,王国维"'赤子之心'的概念本于叔本华的'天才的童心'",理解之,"童心"是助开"天才"之门的钥匙,"童心"是催长"天才"之苞的土壤,"童心"是孕育"天才"之作的胚胎。在王国维游戏观里,"每一位天才都是一个'大孩子',他探

---

[1]《〈我的团长我的团〉大揭秘》:第38—40页。

索世界就如同探索某种奇异的事物，像儿童游戏般具有绝假存真的特点。"陈道明正是这样一个"大孩子"，他进入创作世界正如"探索某种奇异的事物，像儿童游戏般具有绝假存真的特点"。再如《围城》，导演黄蜀芹表示："真正要把我们创作者的心态放平，一定要带游戏感。不然《围城》拍不了。"[①] 陈道明在田小蕙对其专访《陈道明访谈录》里也说道："导演（黄蜀芹）强调解放演员的天性，强调创作过程中的游戏感。"

游戏观帮助演员塑造艺术人生

前引向娟硕士总结王国维"游戏观"之语，"它（游戏观）在一定程度上促进了人之精神意识觉醒，要求在艺术活动中尊重个体生命价值，发挥人的主观能动性。"即以"做游戏"的心态投入表演创作，帮助演员"发挥主观能动性""解放天性"，创造出"天才"的作品。这一点，我们上面已由演员陈道明这一个体具体表现，获致透彻的认识。下面要说的是更深一层意涵："游戏观"对于帮助文艺创作者塑造、成就其整个"艺术人生"的重要价值功能。向娟硕士在论文中说：

> 尽管不符合"文以载道"的传统要求，然而从文学自身的发展角度出发，王国维的游戏观在客观上却起到了维护文艺独立的作用。……"游戏"是使人获得慰藉、获得自由的生命活动……王国维的游戏观更加具有人本主义的色彩。实际上，王国维借游戏概念来反对功利主义，不仅是为了倡导有关文艺独立的观点，在很大程

[①] 纪录片《中国电视剧50年》。

度上还是为了表现他始终坚信不疑的一个理念，即：文学是人生的表现。不独是文学，所有的艺术在王国维看来都与人生、与个体生命紧密相连。……如果能够意识到：在现实生活中，日常游戏是人类最自然、最本真的生命活动，用它来解说艺术，不仅能够有效地破除传统功利主义价值观对人的束缚，更重要的是，能使人借艺术游戏返璞归真，回归到作为生命个体而存在的自我，那么，对艺术而言，游戏就不是一种日常、世俗观念的简单重复，而是一次生命价值意识的复归，是人之主体意识的自觉。

习近平总书记2014年10月15日主持召开文艺工作座谈会并发表重要讲话。习总书记强调指出："文艺不能当市场的奴隶，不要沾染了铜臭气。要坚持文艺的审美理想、保持文艺的独立价值。"

"文艺不能当市场的奴隶"，那么文艺的创作者，文艺工作者，首先就更不能做市场的奴隶，做任何人或物的奴隶。陈寅恪《海宁王静安先生纪念碑铭》："思想而不自由，毋宁死耳。……唯此独立之精神，自由之思想，历千万祀，与天壤而同久，共三光而永光。"寅恪先生写下这些文字时，心中寄托衷怀的，更多是作为"近世学术界最主要的人物"、作为学术巨子的王先生；对于以文史学为主要成就的学术大家王国维先生而言，他早年从事研究的"哲学美学文艺学"，在其宏大壮伟的学术版图中并不占主要位置；但即便这占"次要位置"的文艺学，也并无例外地闪烁着陈先生推许王先生的"独立自由"的纯粹光芒——静安先生的"游戏观"，在人文精神人本精神上，赋予了文学和艺术怎样的璀璨！伟哉！静安先生！

静安先生在其《人间词》中慨伤："天末同云黯四垂，失行孤雁逆风飞,江湖寥落尔安归?"这位千古不一出的大哲,站在百年前风雨动荡的神州,便似已预见华夏文化不可扶持的陷地陆沉。寅恪先生深为知心:"凡一种文化值衰落之时,为此文化所化之人,必感苦痛,其表现此文化之程量愈宏,则其所受之苦痛亦愈甚;迨既达极深之度,殆非出于自杀无以求一己之心安而义尽也。……盖今日之赤县神州值数千年未有之钜劫奇变;劫尽变穷,则此文化精神所凝聚之人,安得不与之共命而同尽,此观堂先生所以不得不死,遂为天下后世所极哀而深惜者也。"① 事实上,有识之士早看到风起于青萍之末。与王国维、陈寅恪两先生并列20世纪三位大学者的钱锺书先生,便预有辛有、索靖之忧:"崇高的理想,凝重的节操和博大精深的科学、超凡脱俗的艺术,均具有非商业化的特质。强求人类的文化精粹,去符合某种市场价值价格的规则,那只会使科学和文艺都'市侩化',丧失去真正进步的可能和希望。历史上和现代的这种事例还少吗?我们必须提高觉悟,纠正'市侩化'的短视和浅见。大家都要做有高尚品格的人,做有文化的人,做实在而聪敏的君子。"②

钱锺书先生说"博大精深的科学、超凡脱俗的艺术,均具有非商业化的特质",这话与王国维先生所云"余谓一切学问皆能以利禄劝,独哲学与文学不然",真乃款洽印合,如出一口。大儒卓见,毕竟略同。钱先生另有一名言,"大抵学问是荒江野老屋中二三素心人商量培养之事,朝市之显学必成俗学。"——"朝市之显学必成俗学",此正学术、艺术、文学,若不能超功利化,一走向商业化,必沦为利禄

---

① 《王观堂先生挽词并序》,陈寅恪/文,《国学论丛》1928年第3期。
② 《答〈人民政协报〉记者问》,钱锺书/文,原载《人民政协报》1993年1月9日。

之具，必为万恶资本所腐蚀戕残。钱先生在《谈艺录》"四·诗乐离合·文体递变"一节，便论及"经义沦为利禄之具"：

> 毕公叔《西台集》卷一《理会科场奏状》论北宋王氏新学云："以经义为科举者，欲尊经术而反卑之；使举人求合有司，而为利禄之具。"陈安卿《北溪全集》第一门卷一《似学之辨》亦谓"科举之学似圣贤之学而非，于经史子只以缀缉时文之用。"明清为八比之学者，烂熟孔孟之经，餍饫朱子之注，而于儒家之言，未尝箸乎心而布乎体，俨如金石之处水不流，非同沙砾之在泥俱黑。方苞《望溪集》卷二《书〈儒林传〉后》斥公孙弘之"兴儒术，则诱以利禄，使试于有司，由是儒污。"与毕公叔论王氏"新学"所谓"欲尊经术而反卑之，为利禄之具"，殊事而同揆。吕新吾《实政录》卷一《弟子之职》一云："而今把一部经史当作圣贤遗留下富贵的本子"。（此据道光丁亥刻本，李中孚《二曲集》卷二十《读四书说》引吕氏作"一部经书"，于义较长。）陈兰甫《东塾集》卷三《太上感应篇序》曰："世俗读《四书》者，以为时文之题目而已；读《五经》者，以为时文之词采而已"；又《东塾先生遗诗·读书》八首之七云："《论语》二十篇，束发即受读。古人读半部，谓治天下足。今人谁不读，读者谁不熟；非读圣贤语，读试场题目。"（参观明余绍祉《元邱素话》："士于经书看为题目，沙弥内典认作科仪。"）官学功令，争为禽犊；士风流弊，必至于斯。即使尽舍《四书》朱注，而代以汉儒之今古文经训，甚至定商鞅韩非之书、或马迁班固之史、若屈原杜甫之诗骚，为程文取士之本，亦终沦为富贵本子、试场题目、利禄之具而已，"欲尊而反卑之"矣。

钱先生看得何其深透、说得何等沉痛！一切好东西，不论是经史学术，还是屈杜诗赋，抑或是今之影视演艺，只要是离开了超功利化，失却了其"初心"，蹚进了过度商业化这浑水，"必成俗学"，必然"沦为利禄之具而已"！且看演艺界有识之士的愤怒：

陈道明说得沉痛：

> 商业消费时代来了，发展到现在愈演愈烈，把文化当成商业。似乎什么都是文化，到处都在谈文化，但都把它当商业的外衣。……让钱给冲没了。①

王志文亦愤慨道：

> （中国影视的）进步还真没看到。这个行业首先得有量的积累，然后才会有质的提高，会把一部分东西剔掉。那些文明程度相对比较高、积累时间比较长的国家，它的影视创作生产都是细化的、专业化的，不是乌突突一堆东西放在那儿。我们现在是处在一个阶段，听着都是仿佛，仿佛像什么，仿佛是什么，但实际上都不是。②

确如陈君所言，时至今日，商业资本对文化的戕害几成无孔不入，呈不可逆转之势。演员界的"士大夫"陈道明，这几年来，几乎是孤身一人，以堂吉诃德的滑稽形象单挑滑车——疾呼文化自觉，珍惜文化传承……陈氏为当前"泛娱乐的文化生态、唯票房的剧本创

---

① 《"我原来就是不往人群里走的人"——对话陈道明》。
② 《演员的工作就是创造精确——对话王志文》。

作、纯圈钱的文企上市"等重大疾病诊断——"深刻反映出当前的'文化失觉'现象和文艺浮躁风",并针对性地开出药方——要靠每一个人的"文化自觉"。① 文化自觉,即是文化为重,功利为轻。

"游戏观"对于演员陈道明一个人的重大价值功能是,让他在任何一个戏里,都"不由自主"地投入、要去深挖细钻,把戏演好演出彩。著有《少年派的奇幻漂流》的加拿大作家扬·特尔（Yann Martel）有段话我特别热爱,如道我心:"一个人写作,是因为人有个脑洞要补,有一个问题需要回答,有一张画布需要画——混合了焦虑、好奇和愉悦。艺术便缘起于此——他填上了那个洞,回答了问题,在画布上泼上了颜料,所有这一切都是为自己做的,因为他不得不做。"——演员陈道明,若是斑乎！对演员陈道明若是,对一个演员如是,那么推而广之到所有演员呢？以"超功利性"为本质的王国维游戏观,揭示的是一条普遍性的原理,对陈道明若是,对"李道明""王道明""赵道明"……,亦无不如是之理；此理,无疑是"破除传统功利主义价值观对人的束缚"（向娟论文中语）的一剂良药。陈道明疾呼:挽救文化危机、改善影视业大环境需要靠从业者的"文化自觉"；我这里添一句,陈道明本人"游于艺"——以做游戏的态度沉浸到演出中去——的"路径"值得同行效仿、也能够为同行所效仿。而事实上,陈道明对他这个沉浸于做游戏之快感、不去想戏拍出来后"市场"（资本）会不会来嗅这个味儿的创作心态,也是有一贯的、自觉的体认和推扬的。他曾多次在不同场合表示他拍戏"从不预设结果",好比做菜,菜做好后往前堂一送,好吃不好吃我都不管了。

---

① 《陈道明拷问"文化失觉"》,周宁、张漫子、熊琳/文,"新华网"2015年11月9日。

如在 2004 年《北京青年周刊》对其专访《陈道明：婚姻之理道不明》中，陈道明说："（我拍戏）就像大师傅做完菜，往人家面前一端，等别人来品尝，就算完成任务了。"

又如在《南方周末》2010 年《我原来就是不往人群里走的人》访谈中，陈道明表示："期望值不能影响自己的创作初衷，拍戏的时候用功、用心、用力，就行了。观众怎么评价，收视率如何，是创作人员左右不了的。"

再如在《南方周末》2011 年《中国梦践行者》访谈中，陈道明表示："接一部戏，就一定要演好，这是我做事情的基本态度。至于这部戏的收视率、奖项，我根本不关心。在拍摄时，我一定很认真，当我的戏播出时，我从来不看。收视率有多少，我不知道。我在意的是，不能因为陈道明演戏不认真，导致这个戏坏了。"

这个看重过程、不重结果的创作心态，绝非不重视创作的轻率游戏心态，他不重的结果不是这个戏不认真拍的结果，而是市场、商业、那些庸俗浅薄的受众们待不待见我这个认真的作品的结果。这是一根铮铮傲骨。这是一个真正文人的风骨。陈道明曾说过想跟侯孝贤导演合作，侯导这句名言想必也深为他认同："当你在创作时，观众是不在的。"

"自觉"而外，陈道明亦复"觉人"，将他这个单纯享受创作过程、不去看重市场反馈的心得不吝推扬给同行友人——如跟他合作过《中国式离婚》《我们无处安放的青春》《手机》《楚汉传奇》《我的前半生》等剧集的导演沈严所说：

观察家：作为导演，你平时会关注自己作品的收视率吗？

沈严：不关注是假的，毕竟这是考核自己成绩的标准。不过拍《手机》那次，陈道明老师给我上了一课。他非常语重心长地跟我讲，"这个戏拍完了，播出了，之后的事我你就没有关系了。至于它到底是好是坏，评价如何，那都是别人的事了。"从那之后，我确实没有像之前那么关注了。

观察家：而且现在有很多收视率都是人为操作的。

沈严：所以就更不是自己所能控制的，也就更没有办法了。①

俗言有云："希望大，失望大；无希望，无失望。"于一事倘若不抱希望者，非"不愿"抱，实"不敢"抱也。希望而失望，日复又一日，热血渐冷却，心已如枯槁。剩下的，唯有抱臂笼袖，傲然侧目之冷冷一瞥耳。《论语》载孔子言："富贵如可求，虽执鞭之士，吾亦为之。如不可求，从吾所好。"如果票房收视率与影片电视剧的思想深度艺术内涵成正相关，吾等求之，何乐不为？可是全球效应的文化产业化过度商业化造成的劣币驱逐良币的恶劣风潮就是：票房收视率与影片电视剧的思想深度艺术内涵常呈反相关，面对这样的情形，文化的坚守要如风雨肆虐中一灯不灭，端赖更多身具士人风骨者彰显气节，如陈道明 2015 年 6 月 7 日在第 15 届电影艺术学会奖"金凤凰奖"颁奖礼上发表的"一句话"获奖感言②："我就想说一句，就是我们在名利场上拼搏的同时，不要忘记我们作为一个演员的文化自觉！"——读者诸君，或有以我为"中二"者。但美国作家杰克·凯鲁亚克《达摩流浪者》不言乎："永远年轻，永远热泪盈眶。"我知道生命的答案

---

① 《导演沈严：电视剧导演不以收视率拍片》，"影视观察家" 2016 年 3 月 17 日。
② 陈道明以电影《归来》中陆焉识一角获"金凤凰奖"最佳表演奖。

在于无常,但生命的太阳应该永远光亮。既然生命的终点都是一样,还是让我继续犯傻吧。理想主义光芒万丈!

向娟硕士总结道:"王国维借游戏概念来反对功利主义,不仅是为了倡导有关文艺独立的观点,在很大程度上还是为了表现他始终坚信不疑的一个理念,即:文学是人生的表现。"这句话说得太好。从某种意义上,我们可以说,按照"文艺独立""超功利化"的王国维游戏观,只有超脱[①]了太过浓烈的功利计较的色彩,文艺的独立色彩、纯粹色彩才得以凸显,文艺才可能是人生的表现,这样,演员的人生才可以说得上是"艺术人生"。如陈道明这样对演艺以外的风狂雨暴可以放肆任性地不管不顾、只顾以孩童"做游戏"般的心态完全沉浸在单纯快乐的演出里的演员,他们的人生,是经由表演"塑造"和"成就"的。

2016 年 4 月 7 日写毕于成都
2019 年 9 月 5 日改毕于成都

[①] 完全超脱是一种西哲韦伯所谓理想型(ideal-type),不可能。这里的"超脱"在实践学上的意义是"至少是大部超脱"。

陈道明表演里的"焦菊隐来源"

本文且以在我国流传甚广的"世界三大戏剧体系"——"斯坦尼、布莱希特、梅兰芳"体系①为切口,来论析陈道明的表演,不妨说,陈道明表演里主干资源为"由斯坦尼到焦菊隐"的"体验派"理论,参以"布莱希特体系"与"梅兰芳体系"两派。

关于"布莱希特体系",即演员与角色保持一定距离,演员要高于角色、驾驭角色、表演角色,演员的第二自我必须始终处于第一自我的驾驭、修正和调整之下②,陈道明在演出《冬至》后的一次受访里所谈心得,差为近似:

> 我演戏演到最好的时候,那种状态说出来可能你都很难理解——就是我能看见我自己。我很清楚有一个第二个自我在一旁,还就坐在旁边那个树杈上在看着第一个自我在这里表演,他不断地

---

① 这一提法最早由黄佐临在《漫谈"戏剧观"》中提出。
② 布莱希特《戏剧小工具篇》:"演员一刻都不允许使自己完全变成剧中人物……演员自己的感情,不应该与剧中人物完全一致……"

在帮着我来修正，他告诉我怎么做——灵魂出壳的感觉——这就是我最好的状态，这时候导演都停不了机——很长时间的表演。①

关于所谓"梅兰芳体系"的戏曲程式、身段、手法，陈道明在影视剧表演中也有借鉴。如《少年包青天》里凤眼剑眉、眼波流美、清刚妩媚、文华贵重的八贤王举手投足闲雅沉稳，从造型到服装到举止一股浓浓的戏曲味儿尤其是京昆味儿扑面而来。陈道明热爱京昆，尤其是著名昆曲女演员王芳的"粉"②，可以推测他演《少年包青天》中八贤王可能是有意无意借鉴了戏曲舞台一些表现手法与身段姿态。③又如《江山风雨情》中天启帝如风中枯叶的临终挣扎，长发垂瀑，水袖飘转，也是极其精彩的阴柔凄美的戏曲舞台味儿的古装电视剧表演。④此可旁参"话剧皇帝"石挥大师："演《秋海棠》后，我觉得在表演上讲，京剧与话剧正有着许多不谋而合的地方。我喜爱京剧的节奏、身段、色彩。"⑤

与借鉴"布莱希特体系"和"梅兰芳体系"表演手法相比，演员陈道明演艺资源的主干部分仍是"由斯坦尼到焦菊隐"的"体验派"理论。作为我国著名导演艺术家、戏剧理论家和翻译家的焦菊隐先生（1905—1975），也是卓有成就的表演艺术理论家，对斯坦尼表演理论

---

① 《"胸无大志"的陈道明：我一直是散打状态》。
② 在看完一出昆曲《长生殿》后，著名演员陈道明曾由衷赞叹："这才叫艺术，这才叫表演。"（《旦有芳华》）
③ 详参拙文《大贤无我：〈少年包青天〉中陈道明饰演的八贤王》：
https://zhuanlan.zhihu.com/p/26544897
④ 详参拙文《玉山之崩——陈道明在〈江山风雨情〉中演出天启帝之赏析》：
https://www.zhihu.com/question/39010281/answer/79219059
⑤ 《石挥谈艺录：把生命交给舞台》：第281页。原文载《新闻报》，1943年2月1日第2版。

有重大的革新发展。① 焦菊隐表演艺术理论主要有两大部分："心象说"与"话剧民族化"。出身天津人艺、毕业于中央戏剧学院、深受北京人艺影响的演员陈道明，除斯坦尼理论外，或许深受焦菊隐表演理论影响。下文试图浅探一下陈道明表演里的"焦菊隐来源"。

"心象说"

这里先引邹红所著《焦菊隐戏剧理论研究》两段文字，用最简短的话概述"心象说"：

> 如果要用一句话来概括焦菊隐的"心象说"，那么应该就是于是之屡次提到且难以忘怀的那句——"你要想生活于角色，首先要叫角色生活于自己"。②

> 焦菊隐特别指出："创造人物的初步过程，并不是一下子生活于角色，而应该是先要角色生活于你，然后你才能生活于角色。你必须先把你心中的那个人物的'心象'，培植发展起来，从胚胎到成形，从朦胧恍惚到有血有肉，从内心到外形，然后你才能生活于它。否则，你所生活的只是一个概念的幻想。"可见，焦菊隐所以强调演员先有心象，正是为了澄清学习斯式体系中存在的困惑，为演员正确体验角色提供一个切实可行的办法。③

---

① 例如外国同行的评价：前苏联剧协主席拉甫洛夫在看了焦菊隐导演的《茶馆》演出之后表示："如果说斯坦尼斯拉夫斯基体系有所发展的话，最好的例子就是《茶馆》中的精彩表演。"
②《焦菊隐戏剧理论研究》，邹红著，北京：北京师范大学出版社，1999 年：第 164 页。
③ 同上：第 165 页。

再引陈道明谈及自己"表演前准备"工作的几段话。

(1) 陈道明在田小蕙对其的专访《陈道明访谈录》里,说道:

> 我是搞体验的,对人物很难从理论,从逻辑上讲清楚。我主要是体会,看一些过去的历史资料,调动自己的形象记忆,设想那种智商很高但又有些愚钝的所谓中国儒生的相貌和做派,当然这仅是形象概念的皮毛。有人讲我演三十年代的人挺像,怎么说呢,只能说我长得"自来旧"呗,不新潮,所以演历史人物尽找我。

按,此即"心中的那个人物的'心象'"。

(2)《我的1919》演后,陈道明再次接受了田小蕙的专访[①]:

> 演戏往往得把你以前积累的东西理解了,在第一场戏之前,你应该已经"演"了很久了。

按,这话的涵义似乎不仅仅是"演戏往往得把你以前积累的东西理解了",或许还有"角色在你心里生活了很久了"。

> 演员演戏有的人能理性地分析出来,我不行。我主要靠的是感觉,在看剧本的时候,这个人已经在我眼前活动,这个人物应该是什么样的。为什么,有时读了剧本后为什么没接呢?就是因为这活动的人,觉得自己不是,抓不住,演不出来。就是这么简单,说为

---

① 摘自《我演顾维钧》一文,引自《〈我的1919〉——从剧本到影片》,黄丹/著,北京:中国电影出版社,2000年:第223页。

什么？不知道。①

按，"在看剧本的时候，这个人已经在我眼前活动，这个人物应该是什么样的"，这是关于"演员创造角色"的鲜明的"心象说"路径。如《焦菊隐戏剧理论研究》166页写道："从演员体验角色的途径来看，心象是演员在进入体验之前的对所欲扮演的角色的感性认识，或者说，是角色形象在演员心中的感性呈现。……作为演员从自己心中所"看"到的角色形象，心象应该是有生命的而不是概念化的，应该是丰满的而不是干瘪的。"

（3）图像、画画——演员创造"心象"的陈道明手段：

陈道明在电影《归来》拍完后，给朋友史航发了这样一条短信："每个戏开拍前我都会根据剧本勾出很多人物的图像，寻其神、形、态、饰、物，找准确后再按其表演还原。"②

《南方周末》2014年5月11日专访陈道明的文章《陈道明：愈合历史留下的斑斑伤痕》：

> 南方周末：剧本《归来》什么东西打动你？
> 陈道明：……我看到陆焉识，我给陆焉识画的第一幅画就是……
> 南方周末：一个背影？
> 陈道明：不是，背影是另外一个。我第一幅画是一张脸，像我

---

① 摘自《我演顾维钧》一文，引自《〈我的1919〉——从剧本到影片》，黄丹/著，北京：中国电影出版社，2000年：第231页。
② 史航"披露"于其新浪微博。

父亲的脸。陆焉识的造型里,有几副眼镜,我挑了最像我父亲当年戴的一副眼镜。张艺谋在找我之前,我就看过《陆犯焉识》,他一来找我,我就说,那个人物形象我有。

南方周末:你是什么时候开始有画人物的习惯?

陈道明:从开始拍戏就有这样的习惯了,这也是我的一个创作习惯,我演的人物,看完剧本的时候,我就会先勾画这个人物的基本轮廓。我觉得这个人物应该穿长衫,这个人物坐的时候是这样的,形体应该是这样的;我演的时候,会复原这个人物的文学形象和我想象中的画面形象,把他们结合起来。这种方法对我很有用。笔最勤的时候是我在学员队里,虽然我只是群众演员,但我会把全剧的角色都画出来,比如说《霓虹灯下的哨兵》,赵大大应该是什么样的,童阿南应该是什么样的,春妮应该是什么样的?特别可惜,那些画现在找不着了。现在画画其实很功利,只是用时才提笔,非常荒芜无力了。

南方周末:说说你当时认为的陆焉识,应该是什么样的?

陈道明:当时一边讨论剧本我就一边在想,这个人物到底从哪儿入手为上?借用形象、借用细节、借用情绪、借用想象力……在形象和文字中间磨来磨去,琢磨出来一个我想象出来的陆焉识和我父亲的结合体,此乃画中人。我只有通过我经历过的、体会到的,从小记事以来能够想起来的,在各种运动面前我看到我父亲的那一声叹息、那种发呆、那种回来的紧张、那种待人的惶恐……这是谁都不会代我体会的。我创作这个人物的时候心里特别瓷实。……这个人物是我可以体验着来。满目皆是陆焉识。

以上所引陈道明发给史航的短信、陈道明《南方周末》访谈关于陆焉识创作前的准备，都给我们透露了"体验派"演员陈道明如何进入体验、如何步步建构角色"心象"的具体手段：借助图像与绘画。

《焦菊隐戏剧理论研究》166页提道："从演员创造角色的过程来看，'心象'是演员开始进入创造过程的第一步，仿佛是作家笔下的草稿，画家笔下的素描。"——这里是借用"画家笔下的素描"为"譬喻"，来巧开"心象说"之"法门"。有意思的是，陈道明的表演实践竟与之暗合！

《焦菊隐戏剧理论研究》168页提及："作为演员，就应该抓住这样一些零散的外部特征，使心象逐步趋于完整，进而体验形成这些外部特征的内在依据。"具体到如何"由外而内"、如何"由外部特征而内在依据"、如何"把握角色（心象）的形体特征"，焦菊隐并未给出一律之则、一定之规——因为中学学过画画，演员陈道明拿起了画笔这个他熟悉的、适合他的工具；那么换一个擅诗的演员，他完全可以借助"诗笔"为所演角色的"心象"铺写一篇神貌栩栩的诗篇。所以，陈道明在他的"表演前准备"工作里，用画笔"先勾画这个人物的基本轮廓"，这一创作习惯既体现了焦菊隐演剧理论浸润下的"体验派"演员建构角色心象的普遍性和必然性，又体现了演员陈道明在体验"工具"上的特殊性和偶然性——如他所说："这种方法对我很有用。"千拳归一路，一路衍千拳。成功的表演实践，一定是既根植于深厚的表演理论，又经由适合自身特性之路，始能通达万川印月、绝峰独莲的演艺至境。

陈道明做案头工作、概括人物特点时，特别擅长用几个词汇作精炼的提炼。下举两例：

一是陈道明谈所演《末代皇帝》(1988)剧中溥仪,以"求新、寻机、梦灭"三个词概括其特点:

> 我在扮演溥仪时,对人物这三个不同阶段的生活,概括为"求新""寻机""梦灭"三个不同的特点。16岁的溥仪,想跳出黄圈圈;想知道外面的新事物,想读新书,写白话诗,骑自行车……为了复辟清王朝,他召见洋人,接触新派人物胡适,学英语,要出国留洋。总之,求新是人物的行为特点。这时的溥仪涉世未深,单纯,热情,待人接物,眼神不时闪着好奇的光彩。天津这段戏是"寻机"。溥仪虽然当了寓公,但寻机待起。他广泛接触社会各阶层人士,寻找外国靠山,目的还是恢复大清。伪满阶段是"梦灭",溥仪虽然当了伪满皇帝,但是个傀儡,随时有被日本人整掉的危险。所以他多疑,神经质,胆小,霸道,又极富野心。随着日寇投降,溥仪的皇帝梦也破灭了。一切为了复辟清王朝,这是贯穿溥仪一切行动的思想线。造就这个人物的是皇权,使他覆灭的也是皇权。这就是溥仪的悲剧。①

二是陈道明谈所演《归来》(2014)中陆焉识,以"不低头,不抬头,不回头"三个词概括其特点。② 据我理解,不低头就是陆焉识的气节尊严,虽经大难而不坠于地;不抬头就是陆焉识的斑斑伤痕难以愈合,让他自觉不自觉地画地为牢以自限;不回头就是陈道明为陆焉识灌注的价值观是"愈合"——没有怨言,没有控诉,一切只为今

---

① 《荟萃了话剧界精英力量的〈末代皇帝〉》。
② 此据陈道明朋友史航"披露"。

日的愈合和明日的希望。陈道明以这三个"不"概括陆焉识，可谓是用最精炼最巧妙的字词为之画形传神！①

"话剧民族化"

焦菊隐未完成大文《论民族化》的提纲，共十点②：（1）欣赏者与创造者共同创造。（2）通过形似达到神似，主要在神似。（3）通过形使观众得到神的感觉，关键不在形，但又必须通过形。（4）以少胜多。戏剧艺术的全部手段都是为刻画人物服务的。与刻画人物的思想、内心矛盾冲突无关者，该简就简，不拖，不追求所谓"真实"。舞台上的真实不等于生活真实，表演更是如此。（5）反之，也可以以多胜少。与刻画人物有关者，要细，不放过任何一点细微的矛盾冲突。要有浓郁的情感，细致的过程。人物的思想感情的变化，在生活中是瞬间的事，而舞台上却可以渲染很长时间，这恰是观众要欣赏的。（6）以少胜多，以多胜少，才能在舞台上产生起伏、节奏、高潮。（7）在有限的空间和时间中（舞台演出），表现出无限的空间和时间（生活真实）。虚和实的结合，以虚带实（以虚代实）。（8）一切服从于动。人物之间的关系、矛盾、性格冲突推动情节的发展。由动出静。（9）以深厚的生活为基础创造出舞台上的诗意。不直，不露，给观众留有想象、创造的余地。但关键又在于观众的懂，如齐白石画虾，而欣赏者"推出"有水。如果欣赏者什么也看不出，如何"推"，

---

① 详参拙文《归来的实质是无法归来——陈道明在〈归来〉中表演赏析》：
https://www.zhihu.com/question/23853845/answer/814666160
② 《焦菊隐戏剧理论研究》中提道："尽管这篇提纲字数不多，却言简意赅，具有十分丰富的理论内涵，可以说较为完整地表述了焦菊隐话剧民族化思想的基本美学原则。"

又"推"向哪里去？这正是中国戏曲传统的特点，既喜闻乐见——懂与欣赏是交融于一起的，又留有"推"的余地。(10)要认真研究我们民族戏曲传统中的规律，并兼重欣赏者的要求、习惯。喜闻乐见不等于迎合，要考虑剧场效果，使观众于美的享受中，提高自己的道德情操。

下面从三个方面逐个分析陈道明表演里的"话剧民族化"：

重视体验，不废体现　新中国成立之初，话剧表演界有一个过于强调生活真实、片面强调内心体验而忽视外在体现的"自然主义"倾向，要求演员完全化身于角色，彻底消除表演意识，以求得在舞台上呈现"一片生活"，可说是念歪了斯坦尼的"经"①，其弊则流于温、拖、淡、寡、干，自然为焦菊隐等人重视并纠正：

> 舞台上的真实不等于真实生活真实，表演更是如此。(《焦菊隐戏剧理论研究》第 275 页)
>
> 在排演《茶馆》时，焦菊隐明确表示："舞台表演要自然真实，这是首要的。但台上的一片生活并不等于艺术品。"(278 页)
>
> "以形传神"的实质，在于赋予特定内容以最佳的表现形式，将体验和体现有机地结合起来。仅仅依靠体验去自发地生成外部动作是不够的，还必加以提炼，必须进行创造，这才能避免自然主义，达到更高的真实。(286 页)

---

① 斯坦尼对体现是有强调的："我们这一派的演员不仅要比其他各派的演员更多地注意产生体验过程的内部器官，而且要比他们更多地注意正确表达情感创作工作的结果——情感的外部体现形式——的外部器官。"

> 演员的表演首先是体验，然后是体现，这里有演员的技巧，要下功夫找到一种形式，把你的体验传达给观众，让他们也体验一下。（291页）
>
> 演员有了内心体验，还必须找到精确的表现形式，也就是要用富有语言性的动作，将内心活动表达出来。（292页）

陈道明的表演，尤其是在古装历史剧中的表演，时有大气壮阔、流美动荡的身段戏，可见他对"外部体现"、对形体动作的重视。如《康熙王朝》中康熙看"皇舆全图"、乾清宫怒斥群臣，《卧薪尝胆》中勾践大殿激呼"羞愧啊罪人！"，肢体语言大开大阖，台词气势奔腾激烈，给观众刻下了极其难忘的演艺印象。

老辈导演白沉先生谈"话剧皇帝"石挥："石挥很会夸张，夸张得很适度。本来舞台表演与电影不一样，舞台允许夸张。慕容天锡签字，这样开笔帽，把钢笔芯放到舌头上舔一舔，这些都是这一个人物身上的东西，表现得淋漓尽致。服了，大家纳闷他怎么琢磨出来的。他给人物身上装饰的一些东西，充分揭示出这个人物的灵魂深处，入木三分。"[①]

陈道明在与合作演员何冰谈话剧《喜剧的忧伤》时说："怎么样夸张自己的表演，而又切入在生活的底子上，何老师，这是所有舞台演员都在追求的事儿吧？（何冰：是啊。）有的人追求得好，有的人追求得到处都是痕迹。其实磨炼的过程也就是打磨痕迹的过程。所有表演都是假定性的。不是生活，生活没法儿看的。"[②]

[①]《石挥的艺术世界》：第328—329页。
[②] 2011年《尚色》杂志独家探班。

从这话可见，陈道明是嗣响老辈演艺大家"舞台表演允许适度夸张"这一优良传统的，他是绝不接受只重视体验、不重视体现（表现）的"自然主义"的。他对外部体现、对形体动作的适度"夸张"，有着自己清楚的认识和定位。

以多胜少，细致浓郁　《焦菊隐戏剧理论研究》275 页写道："与刻画人物有关者，要细，不放过任何一点细微的矛盾冲突。要有浓郁的情感，细致的过程。人物的思想感情的变化，在生活中是瞬间的事，而舞台上却可以渲染很长时间，这恰是观众要欣赏的。"

作为"方寸间演员"，陈道明擅长"螺蛳壳里做道场"，他善于在极为有限的空间和时间里，调动一切身心元素，运用肢体语言、面部表情、眼神和语调等的细微变化，细腻精准地传达人物情态的涟漪变化、深刻多棱地凸现人物性格的复杂立面。

焦菊隐所说要有"浓郁的情感，细致的过程"，陈道明有精彩的表演实践，以下举两例析说：

一是肢体语言的连贯大气，体现在《康熙王朝》中"康熙看图"一场戏，此段戏之详析，见《对石挥先生的传承》，兹不重出。

二是面部表情的细微变化，体现在《无间道 3》中"沈澄悼亡"一场戏：

眼看胜利在望，焉知祸福难测，杨锦荣倒在了刘建明的枪口下。杨锦荣殉职后，"沈澄"[①] 来到杨的房间，通过杨连通到刘建明房间的监控，看到了杨锦荣留给自己的视频：杨锦荣在刘建明房间，打开刘

[①] 之所以将沈澄打个引号，是因为军火商沈澄只是陈道明所演大陆卧底的假身份。

的保险柜，拿着带子仰头对着监控摄像头微笑着说，"兄弟，你是对的。"这盒带子就是"沈澄"在邮筒被烧之后给杨锦荣提出来的、刘建明心里有鬼的、最有可能最后钉死刘的证据。"沈澄"看到杨锦荣生前留给他的这视频，知道这话杨是对他说的（粤语版里这句话是用普通话说的），念及亡友，鼻酸眼红再不能禁。

细看此处陈道明的表演：双眼隐在黑色墨镜之后，我们无从看到他眼中那深浓的悲痛，但他凑过去看视频了，看到了杨锦荣拿着带子仰头对着监控摄像头对着他微笑着说"兄弟，你是对的"了，鼻翼一酸再不能禁，习惯性地略低下头，右手抬起又是几下挠头，我们由是得以从镜片上侧的空隙往里瞥见他的眼。

他眼中已有泪光，但尚未莹莹颤动。如果我们用文字作慢镜头解说，这一帧画面就是他内心对亡友的悲痛已压抑不住①，开始要冲决而出。且看陈道明眼中的"层漪叠浪"：

（1）眼中开始有泪光。

（2）他欲平复情绪，眼光瞥到一边，脸容也"似"又平静了。

（3）但以为止住血了便撕去了创口贴，哪知暂时的平复只是为了蓄势再发，果然又血流汩汩，难止难遏。他撇过脸来，再也忍不住，脸纹止不住地开始变形，他此刻每一条脸纹的扭曲都在牵扯着一个字：痛。

（4）经这一释放，他心里又要平复点了？他于是平一平脸纹，但，此刻我们看清楚了，他眼中闪闪发亮的东西更亮更大了：是颤动

---

① 前边杨锦荣毙命当场那一刻他还不曾如此，而现在竟如此。所谓长歌当哭，是必须在痛定之后的。

的莹莹泪花。

我们不难透过陈道明精准细腻的演出，体察到感受到"沈澄"其时伤悼亡友、欲禁不能、止而又恸、痛定更痛……一系列复杂、细腻、有层次的情感情绪嬗变。瞬息数秒、方寸空间，而演出效果惊心动魄如此，诚可谓"技进乎道"矣！①

藏而不露，留有余地 《焦菊隐戏剧理论研究》275 页写道："以深厚的生活为基础创造出舞台上的诗意。不直，不露，给观众留有想象、创造的余地。……这正是戏曲传统的特点，既喜闻乐见——懂与欣赏是交融在一起的，又留有"推"的余地。"

《焦菊隐戏剧理论研究》290 页写道："剧作从编写到表演应该富于诗意，亦即有耐人寻味的内涵，'不直，不露'，这才能'给观众留有想象、创造的余地'。……要善于打开观众想象的大门，并留有余地，使观众有联想，有回味。切忌一览无余。……（话剧）虽非是诗体，却不可没有诗意。演出更不可一览无余，没有诗的意境。"

"藏而不露，留有余地"，即是中国传统美学原则中的隐、虚、含蓄。这一点，可以说是焦菊隐"话剧民族化"理论最核心的部分，也是与焦菊隐"戏剧—诗"观念沟通架接的桥梁。

《焦菊隐戏剧理论研究》301 页对"话剧民族化"作归纳总结："《论民族化（提纲）》所概括出的形与神、少与多、虚与实、动与静、藏与露等，既是中国传统戏曲的美学原则，同时也是中国传统艺术的

---

① 详参拙文《无间之"道"：小谈"沈澄"——陈道明在〈无间道 3〉中表演赏析》：
https://www.zhihu.com/question/344599960/answer/814673388

美学原则。焦菊隐有一篇评论日本著名能乐表演大师世阿弥的文章，其中提到世阿弥所说'能的秘密，在于虚实皮膜之间'，与我国著名画家齐白石所说的绘画之妙在似与不似之间十分相像。"

我国表演界"第一人"石挥先生也有类似观点：

> 好演员演一个角色是知道运用适可而止的方法的。他隐藏的部分比他显露的部分还要多——吹灰就可以暗示着旋风，假使做演员的吹灰吹得好，就可以使观众感到旋风。……演员与观众是互动的关系，优秀的演员，一定要给观众留有想象的余地，思考的余地，由演员和观众一起来完成这一次艺术创造。①

的确，表演艺术诗意的呈现、留白的意境，可供观众深远地回味、无尽地咀嚼，是东方式审美的至境。陈道明在他的表演实践中，大量地删自己的戏、删自己的台词、删自己的正面镜头，而给出无言的戏、侧影或背影，以呈现人物和作品整体的含蓄意境、氤氲意蕴。

拍摄《黑洞》时，陶红与陈道明相处了三个月。她说："他是个很有个性、很聪明的演员。我很少看到演员愿意删戏，可他不但主动删，一删就是一大段。"蒋雯丽评价《中国式离婚》中搭档陈道明："与别的演员不同，他常常大量删自己的台词与正面镜头。"

对于"无言的戏"，陈道明有鲜明的"表演自觉"。"当被问及公众评价他的'演技已臻化境'时，陈道明不置可否。又问他：'演员最高的境界是什么？'他沉吟良久回答道：'无语'。"② 就笔者窄目所

---

① 《石挥的艺术世界》：第 51—52 页。
② 《陈道明专访：演员的至高境界是"无语"》。

及，在影视演出里主动有意识地放入"演员最高的境界是无语"这一表演思考和人生理解的演员，似唯陈道明。

《一地鸡毛》里小林受不了媳妇儿压力委婉地撵走老母亲，而老母亲走前泪眼潸潸的竟还是不放心这个儿子，小林万般心事无可言道，唯是深叹一声起身而去。

《我的1919》中顾维钧出席美日代表联邀的西餐会，面对算盘打得倒好其实 too naive（太天真）的请客者，顾维钧怡然自得地享受了全程美餐，却几乎不发一言。

《康熙王朝》中康熙在对明珠动手前夜，接见了他本不拟接见的罪臣，背对满身淋透老泪纵横伏地请罪的白发老臣，康熙的心情十分复杂，他什么话也没说，最后只是赐了一碗姜汤。

《楚汉传奇》里武安侯刘邦兵进咸阳、汉王刘邦拜韩信为大将两场戏，陈道明也是妙用"不言"这一表演神器，既表现了人物一以贯之的痞气，又凸现出王者日益显明的霸气。①

陈道明对中国传统美学里"虚隐"原则还有一运用——给予人物虚涵的"前史"。陈道明所演《梦断情楼》中九条、《黑洞》中聂明宇、《刺陵》中华定邦、《喜剧的忧伤》中审查官，皆是"有故事的人"。为人物的当下加上虚涵的前史，这一表演手段本就是"虚"，妙在虚笔绝不做实：绝不告诉你九条为何喜欢下象棋、为何性本良善却憎恶女人，绝不告诉你聂明宇与刘振汉在过往里到底有过何种兄弟情，绝不告诉你华爷是如何吃了人肉逃得一命，绝不告诉你审查官是

---

① 以上四段内容之详析，见笔者评析陈道明在《我的1919》中演出之专文：
https://zhuanlan.zhihu.com/p/64403168

如何受过战创难以痊愈。

作为一个有着强烈自我表达欲的表演者，陈道明对所演人物不由自主的深度投入，除了意识形态、思想思考、人生经验之外，当然还有审美偏嗜。他表演里惯为人物设置"前史"，且这前史并不言明说实多为"留白"这一特点，其思想资源显然并非斯坦尼、布莱希特、梅兰芳三大表演体系任何之一，而更像是衍自焦菊隐一脉，更像是传统文士陈道明潜心绘就的淡远幽微的水墨丹青。

"隐"，除了是陈道明的表演艺术、陈道明的审美"血胤"外，还可能是天性秉性中有"冷、淡、隐"因子的陈道明的深层次性情特质——而这一特质也有可能是受传统文化中"永忆江湖归白发，欲回天地入扁舟"的"隐"的因子（譬如深蕴传统文化的金庸作品里不少主角最后的作为：大吵大闹一通后心灰意冷归隐而去）的影响。且看陈道明塑造人物时有"隐"之味：

《梦断情楼》中大茶壶九条最后独自一人拖板车载着死去的大满在夕阳下荡荡悠悠返乡远去，是看破世情的决然遁去。

《绍兴师爷》中方敬斋最后大笑数声绝踪而去，是勘破世情的洒然隐去。

《胡雪岩》中胡雪岩是千金散尽荣华富贵浑如一梦，最后是布衣青竹隐居终老。

《大汉天子》中东方朔是了却君王天下事，扁舟偕美远江湖，如片尾曲唱得留恋："不是我不懂风花雪月，不是我不识倾城倾国，不是我不知花能解语，不是我看不懂天香国色……忘了我，忘了我，一只闲云中的野鹤，身在草泽，胸怀家国……"

《沙家浜》中刁德一所有奸谋都被挫败，最后是孤身一人负手水天交接处,一人一舟远去江湖。

　　甚至细味《黑洞》中聂明宇的饮毒自尽、《冬至》中陈一平的疯、《刺陵》中华爷的与古城同坍,这不同的解脱其实也是另一种"隐",人物内心深处的归隐与安稳。

　　还如《寇老西儿》中八贤王,目送寇准归隐也寄予了自己这个皇亲国族不得归隐的感喟,如友人"红豆山庄"在《闲评八贤王》文末所写,"全剧正是将八贤王作为寇准的宦海知己来塑造,到最后寇准归田,也是以八贤王的内心独白作为送别。这个逍遥半生的王爷,此刻依然没有台词,仅仅一个若无其事的眼神就交代了,忧国忧民的情怀与退隐江湖的渴望,尽在其中。"

　　甚至陈道明最好的演出之一《冬至》的整剧风格、剧首剧尾风格,都是水墨淡淡隐去之意境。陈道明自觉不自觉地让他饰演的人物"从墨色深处被隐去",同时也给他自己有意无意抹上了浓得无法隐去的"隐"之色调。如《胡雪岩》片尾曲《情怨》里刘欢所唱:"放眼望,天水蓝……你就在,天水之间……"

　　"你就在,天水之间",这个归隐的淡然背影,是陈道明众多角色的共同剪影,也是陈道明给我们的最远的感觉。

　　一叶扁舟,远归天涯,你就在,天水之间。

2015 年 3 月 4 日写毕于成都
2019 年 9 月 5 日改毕于成都

作为明星的"与世周旋"

陈道明在受访中曾说:

> 我并不是绝对的不愿意与媒体打交道,我的个性是有话则长,无话则短,喜欢安安静静地工作,拿作品来说话。①

> 我的原则是只回答有含金量的提问。②

话题不妨从 2009 年电视剧《手机》拍摄期间媒体的一次探班说起。北京文艺台《天天影视圈》在探班后的报道里,形容主演王志文和陈道明为两位"各爷"。但同中有异:王志文不接受访谈,拍戏前后俩保镖相随,记者完全被隔离了。陈道明则是"好言好语和媒体周旋"。但最后记者发现我们观众也发现,陈道明"狡猾地"跟记者说了半天好玩儿的话,而关于这个戏、戏中的角色,实际上他什么也没

---

① 《陈道明专访:演员的至高境界是"无语"》。
② 《"我原来就是不往人群里走的人"——对话陈道明》。

说，就是大家嘻嘻哈哈逗乐完事儿，你完成了采访，我其实啥也都没说。

这个报道很大程度上一管窥天，透射出了陈道明的某一真实侧面——"与世周旋"。友人薇蓝从陈道明历年来受访里摘取了他"应对"记者或采访者的不少"萌招"。

（1）自嘲式

①《陈道明：我不是娱乐圈的》（2005年《浪淘沙》片场采访）：

记者：你是一直走在前沿的那种演员……

陈道明：谁说的？我一直在后防线上。

② 2010年凤凰卫视《非常道》访谈：

主持人何东：1992年到现在我想想，2010年是多少年，我无意中就在网上听你唱那歌（按：《北洋水师》片尾曲）。

陈道明：呵呵。

主持人何东（笑）：你别嬉皮笑脸的。

陈道明：不幸被你听到。

③ 2010年《非常故事汇》访谈：

主持人：我可以特别负责任地讲，在我们《非常故事汇》的演播室里虽然来过很多很多的嘉宾，但是能够引起观众如此热烈欢呼的，似乎只有这两位（按：陈道明，刘震云）。

陈道明：排练了很多遍，不容易。

④ 2010年《手机》发布会：

记者：您会撒谎吗？

陈道明：没有不撒谎的人。你一点儿不撒谎吗？我不信。

记者：您今天真帅！

陈道明：嗯，谢谢，这不就是谎话吗！

⑤ 2014 年 10 月《娱乐星天地》观澜湖球赛群访：

记者：陈老师我了解到你个人是比较文艺气息的，比较注重修身养性……

陈道明：别给我戴帽子，姑娘。我就是个俗人。

（2）太极式

①《陈道明：心思如烛》（1995 年专访文章）：

问他为什么接受《上海人在东京》中的这个角色来演，他便拍着吴冕：想与她做夫妻呀。你出招，他化招，表面上谈笑风生，有问必答，可实际上全是"捣浆糊"。

这回又要写陈道明，说老实话，心里发怵，怕他又打太极拳。

②《陈道明：时间是有趣的误读》（孟秋／文，载《时尚时间》2011 年第 4 期）：

在采访结束之际，记者最后向他提出关于对"方鸿渐"这个人的认识。这时候陈道明终于露出了那种顽皮的狡黠。"你像方鸿渐。有很多方鸿渐身上的善良和弱点。"他隔着沙发扶手拍拍记者的膝盖，爽朗地笑道。

③《人生的高级玩家》（载《ELLE》2014 年 4 月）：

和他有一搭没一搭地讨论发型和胡子的问题，问他喜欢戏里的哪个胡型，他显然是讲究的，却偏偏不答，歪过头笑着问："你喜欢哪个？你喜欢的，就是对的。"

④ 2012年《楚汉传奇》发布会：

记者：接下来有什么影视作品的工作？

陈道明：影视作品叫"今天我休息"。（记者笑）

陈道明笑着又问："知道这片子吗？"

⑤ 2013年某品牌代言发布会：

一位东北口音的记者问：近来好多集中拍楚汉题材的，有四五部了，您怎么看这个事儿？

陈道明：你的口音咋总改不了呢？咋整的？

⑥ 2014年10月《娱乐星天地》观澜湖球赛群访：

记者：陈老师你打球打得怎么样？

陈道明一边慢慢摇头一边笑着眯起眼问：所有的问题能不能有点新鲜的？

记者：是否还会再跟老朋友冯小刚合作？

陈道明：一会儿冯小刚同志会来，你们问他。我说出来全都是不准确的！

记者：你的下一部影片儿是啥？

陈道明：……下一部电影？过去有个电影叫作《明天告诉你》。

记者：来海口这么多次有什么不一样的感受？

陈道明故作深情：不一样的就是见着了你。（转而露出灿烂笑容）

采访完毕，陈道明走下台大步流星地离开，边走边喊：人有三急，我其中一急！

⑦ 2015年6月25日某品牌发布会群访环节：

娱记：请问在您心中选择好作品的标准？

陈道明：我有我的标准就是了。跟别人的标准可能不太一样。至

于怎么不一样我也不知道。(略苦笑搞怪的敷衍表情)

(3)直言式

① 2007年《卧薪尝胆》发布会：

记者：那您女儿实际上是什么样子？她是演员吗？她不打算进影视圈吗？

陈道明：有机会我领你见见她。她反正就是俩眼睛一个鼻子那样儿。

② 2009年《手机》媒体探班采访：

陈道明：媒体说话一定要严谨！为什么总说外行话呢？其实我特别希望的状态是什么呢，这片子播了，或者是你们看了这片子，你们带着鲜花和板砖来找我。……其实我也不愿意采访，你们大家都知道我已经恶名远扬了。(记者笑)你别笑！你们这笑就是一种默认。

③ 2012年《一九四二》发布会：

记者：关起门儿说，我们媒体其实挺怵

陈道明：媒体有关门儿吗？媒体不是一直想敲门儿吗？娱乐记者最大的问题就是，对有些问题追究，看着电线就行了，非得看见电门什么样儿。看电门还不过瘾，非得刨电门从哪儿来。

④ 2012年某酒店开业庆典：

被记者问到太多个人爱好问题(高尔夫、钢琴、写字)时，陈道明说：这跟咱们这个酒店没关系。

记者：今天问题必须得跟酒店搭边儿？

陈道明：当然了，要不然你干吗来了。

记者：我来采访您呀。

陈道明：采访我来了，我是高总请来的，我现在是他的员工。

记者：您会在酒店点些什么菜呢？

陈道明：（问题）逐渐接近八卦。……你们很八卦啊。因为你说的事儿很八卦，我只能告诉你这件事儿很八卦，特别地无聊，我都不愿意说。

（4）卖萌式

①《一出一入陈道明》（1998年专访）：

把自己出售出去这事，有家出版社找过我，但我没能力给读者那么大的信息量，也没那个综述能力，没那么多的阅历让观众看起来津津有味。因为你的职业而写吗？我觉得我在亵渎我自己，有一天我想写时，就一句：有这么一个人。

②《陈道明：我沉淀的与我坚持的》（载《时尚名流》2002年）：

摄影师一直忙着找拍摄的感觉："你外衣太黑了，不好拍，脱了。"

陈道明很听话地脱了外衣，里面还是一件灰黑的衬衫，于是打趣："你不会还让我脱吧？"一笑，很难得的诙谐："这张脸没法拍啊！哈。一张老脸。"

③《陈道明："普通人"的恬淡爱情》（载《新娘》2003年）：

《新娘》杂志：想知道陈道明式的爱情观。

陈道明：现代爱情太多了，1000个人就有1000种不同的爱情观。如果要问我陈道明式的爱情观，6个字：本人爱情无观。

④《〈刺陵〉大话"师奶杀手，第三只眼看陈道明》（载"网易娱乐"2009年12月11日）：

《刺陵》导演朱延平现场大赞陈道明不俗演技，并抛出"师奶杀手"的话头，这下引发了现场记者们的热情。"其实，每个演员都有自己的观众层。每个观众层都认为自己时代的演员是最出色的,其实这无可厚非。演员就是个符号,记录了岁月的痕迹,寄托了观众的情感好恶。任何一个演员都不能说吃透三层,能被一层观众记住就不错了。"陈道明说到这里突然反问:"什么年龄层才被称为师奶?"

⑤《陈道明:你可以叫我明叔》(载《时尚COSMO》2010年12月):

问他是不是对形体塑造很重视,他先是一笑,然后陡然凝重:"给你们说四个字吧,我那是天生丽质(众人狂笑)。"然后开始自嘲说,自己天生就没肚子,没脑子的人才没肚子。

⑥ 2011年北京荣誉演员授奖仪式:

记者:最近好几天看见你了!

陈道明无奈地笑:最近活动有点儿多,叫人有点儿烦。

⑦ 2012年《楚汉传奇》发布会:

陈道明:生活习惯的问题。我这天我一样穿单裤。

记者:都不穿秋裤吗?

陈道明:我不喜欢穿。

记者:很耐冻。

陈道明:这就属于扛冻动物。

⑧《〈陆犯焉识〉陈道明牵手张艺谋,冷幽默干净利落》(陈梦溪/文,载《北京晚报》2013年9月17日):

记者:平时您不拍戏的时候,在家都做些什么?

陈道明慢悠悠地答:我有很多事可以做啊……

记者:比方说?

望着围了一圈儿的记者举高的话筒和录音笔和期待的眼神,他一脸无辜:比方说,发呆啊,睡觉啊。

以上摘取的采访片段给人一个总体印象,就是与一个"惯常误解"——陈道明"高冷难近"相反,这位"各爷"其实不乏,甚至可以说"满溢"幽默诙谐,甚至谑而近虐,有些小"促狭"。近年来尤然。陈道明多次以自嘲作强调"我这人只剩一个优点了,就是随和"。无独有偶,与陈道明同岁的周润发"发哥",亦如老话所说"老要癫狂少要稳",不论在片场还是发布会场,多能看到他要宝逗趣的萌景。细察陈道明的说话内容,我们不难发现,他经常是在嬉笑逗乐中让记者或采访者乃或观众不知道会不会恍然若失:这个老狐狸,最后啥也没说。真是"陈氏太极"货真价实的传人。

他为什么这样?陈道明从来便是这么一个嘻嘻哈哈没个正经不拿真诚对人的人吗?《中国新闻周刊》总第660期文章《陈道明:想做个满腹经纶却不炫耀的平凡人》(丁尘馨、马海燕采访)里写道:"在采访中也是,只有当问到他,真正关于表演的问题,他会突然从漫不经心变得认真起来;当他在表演中用心揣摩的细节处理被观看的人发现时,他才会露出真心的高兴。话变得主动甚至有点多。"读陈道明的另外几次访谈,如《围城》后田小蕙对其的专访《陈道明访谈录》,《我的1919》后田小蕙对其的专访《我演顾维钧》,《唐山大地震》后《南方周末》记者张英对其的专访《我原来就是不往人群里走的人》,让人感受到眼前是一个认真说戏、认真说人生的演员。说戏的他滔滔不绝,兴味盎然,说人生说社会说文化的他,言如涌泉,时而感悟时而激愤时而落寞消沉。原来,陈道明说话是在交心,还是在打太极,端视乎与谈之人。

有演艺和文化的深厚积淀、对艺术与人生有深刻体悟的演员,特别是中年男演员,与时下演艺界(娱乐圈)绝大多数记者采访者,在绝大多数场合处于一种话难投机、方圆枘凿的本质上的无法对话的状态，几乎是必然的。个性不同者具体应对又有不同。譬如与陈道明长期"并称"中国演艺界三大"爷爷"的姜文、王志文：

姜文一直是个任性率意的大男孩，他是个把狂字挂在嘴上丝毫不加掩饰妆饰的人，如果采访者不懂他的艺术，解释了几番还是不懂，问话尽是外行话不沾边儿，他真的就会直接把蔑视记者不懂用斜向下45度眼神射出，如果记者犯二，他真的就会伸出俩指头直接晃记者眼前告诉你，"你丫真二！"

王志文跟姜文形异神同，他要么就是干脆与记者物理隔绝生理隔离，坚决不受访（如文首所提《手机》探班），要么就是直言不讳毫不顾忌，如有一次记者千方百计让王志文透露一些与陈道明合作的细节，王志文就是不说，而且当面揭记者的短：我要是说了，你们明天就会编排出来王志文与陈道明不合！真是一点情面都不留。王志文对记者缺乏幽默，他不愿搭理某些记者不愿虚与委蛇，甚至觉得不值得哪怕跟他们玩游戏走场面。王志文对记者的木，跟姜文对记者的狂，本质上是一个道理，就是都不屑于敷衍。

陈道明对浮浅记者采访者的虚与委蛇、太极周旋，有别于姜文的刚直，也别于王志文的拒斥，有那么一丝"太极"之味。据我观察，陈道明近年来接受各种访谈的量次，数倍于王姜二人，颇有点来者不拒的味道。这么"爱"抛头露面，几乎与多接代言一样，颇为人诟病。而据笔者分析，陈道明或许有这个潜在意思："聊呗，反正也就是聊那么些话。无可无不可。"翻来覆去都是那么些问题，我早就备好了机器人回答，直接按键即可，反正也不用怎么走心烧脑子动情绪。娱乐时代，大家共图一乐呗。下面引他受访时的两段话为证。

在1995年专访《难道难明陈道明》里，陈道明与采访者对话：

采访者：你好象对记者和媒介很有看法？

陈道明：对有的记者有看法，确实有看法。就是那些翻手为云，覆手为雨的人，捧呀，杀呀，全是他们。我觉得演员要有自己的创作良知，记者也一样。有些记者就很好，很内行，很有眼力，能看出演员的潜能来，可有些不是这样，而是莫名其妙地去"炒"一个人；给冠上各种头衔。所以我现在对那个"著名"比较反感，那么多人都"著名"了，满天的星星，弄得月亮都不亮了，哪怕来朵云彩，也觉得云彩好看了。我倒不是有什么抵触，就是感觉上觉得不舒服，因为稍稍有点脑子的人，这种文章看了也不信。把一个人吹得太邪乎了，这人就会倒霉……今天当一个人走红的时候，所有的记者都问他同一个问题，于是他不厌其烦地说，这有什么意思呢？所以我觉得真正的记者应该帮助演员创造艺术价值，而不是去包装那些明星。我和记者也打了二十多年交道了，我也碰到过一些非常好的记者，有自己的思想，一问问题，切入点就不一样。特别有那么几个对我特别了解，不管我演什么，他写文章一下就写到点子上。也有一些记者，我就觉得咱们还是做朋友吧，你就别采访我了，因为你承担不起采访我的任务，你真要我说，我可以按照一般规则来说，说得连我自己都不信，我可以这么说，可我觉得这是很无聊的事。我要都说些不着边际的话，你写的文章给谁看呀，这也挺难的。

据《陈道明为何不信任媒体》①报道:

记者张英：在《中国式离婚》的新闻发布会上，当时摄影记者和摄像记者一直挡在前排，阻碍了你们跟文字记者的互动，你干脆带着主创离开主席台，走到文字记者席中央。

陈道明：今天的娱乐界，变得越来越没有规矩了，完全是无序的状态。我领着导演和其他演员下了主席台坐到台中间，因为我们看不见在场的文字记者。不知道从什么时候开始，新闻发布会现场都很混乱，摄影记者和电视记者、网络记者永远是在第一排，好像我们就是为了来照个相的。提问的话筒始终在前排转，大部分问题都和剧情无关，都是些花边、绯闻、八卦，对创作出来的作品，反而没有交流和沟通，结果变成了全是豆腐花的报道。每个新闻发布会，有很多记者不职业，不看作品，只知道故事介绍和剧情大意，连演员演的角色你都不清楚，就跑来采访了。那是记者起码的基本功课呀。那我们聊什么呢？让演员介绍自己演的人物特点，谈自己和对手的合作印象；让导演介绍故事和剧情，评点演员的表现。这样的新闻采访已经成为了常态，当一种不正常的采访方式成为了常态是有问题的。我觉得，新闻报道是一种意见，它也是一种评论，你看了我们的作品，对我们演的人物满意不满意，这个电影、那个电视剧的故事讲得好不好，制作的质量好不好；你满意是哪里，为什么不满意，故事好在哪里，不好在哪里，这才是我们之间要谈的话题。今天，还有哪些媒体对这样的话题感兴趣的？极少！……我觉得可能是娱乐界觉得我们不重要，我们不够娱乐，那些人才重

---

① 《新民晚报》2010年12月12日。

要,他们是娱乐的,他们最关心的是那些人,所以我们慢慢地就避开了,你们不是要娱乐吗?要娱乐至死吗?那我们不和娱乐界玩。……我们的一部电影、电视剧上映,本来有很多叫观众一块儿能够了解的,一块儿可以体会的东西,但我们都不愿说。好些不健康的东西,也殃及了不少池鱼。

再有,陈道明对记者打太极拳,从圈子生存哲学来看,可能有时候也是不好得罪媒体,不想没来由招埋汰。套用苏轼《上梅直讲书》中名句"人不可以苟富贵,亦不可以徒贫贱"——"人不可以苟赞誉,亦不可以徒骂毁。"

但陈道明也有兜不住绷不住的时候,那就是记者太放肆,"胆子太大了"。譬如陈道明出席2014年某赛事活动,在群访环节,有记者来得生猛,直接问网传他在香港有无购买豪宅一事,陈道明立即黑脸:"这问题有意思吗?你再问我马上走。"当即说出做到,下台便走,不再顾及在场被惊呆的所有人。如《我的1919》中,顾维钧在巴黎和会最后一次发言,撂下"中国人永远不会忘记,这沉痛的一天"这句掷地有声的话后,甩也不甩主席团那群鸟人,径自下台离场,披襟带风,穿波破浪,裂开记者涌来的人墙。顾维钧是为国之尊严,陈道明是为己之尊严。与大多数时候其实是戴着假面具的"善解"风情相比,这一刻,立马黑脸的陈道明,那么狂暴,那么不屑,那么任性,那么孩子,那么真实。原来,陈道明、王志文、姜文,根底深处,你们毕竟都是一样的人。做人尽量真实率性。我真是太喜欢陈道明的这一刻。遗憾,这一刻,何其少也。

狂者陈道明,何其少也;狷者陈道明,何其多也。狷者有所不为。陈道明大多数时候，都还是一个不是狂者的狷者。兼具原则与智巧的狷者。立身有道接世有术的狷者。然而，陈道明与世周旋的身姿看似潇洒，实则落寞。友人薇蓝说："明叔在众多访谈中，很少谈自己真正内在的感受。他说的永远是大局势，很多观点都附到群体之上。但是他说那段话，'作为一个演员就是一个戏子，我们没有太多的机会去表达自己的意识形态、表达自己对社会的说法，我们一般都是在完成作者、完成导演派给我们的指令。到了现在，我不愿意了，所以我在选剧本的时候，我会选我能够跟社会对话的一部分的内容和人物。因为我觉得，作为一个人来这一世，不能只取悦于别人。'①还是将自己的内心掀开了一条缝。台下观众齐声鼓掌，但他心里想的应该是，这掌声是为这句话最浅层的所谓'经典，个性，酷帅'而起的，我说的是啥意思，你们根本就不明白。"

也许，因为说这番话是在他一直比较欣赏看重的《南方周末》的地界说，且又是在他被授为南周年度人物的致敬环节说，他便难得地说了这么一番袒露心声的庄重之辞。但正如薇蓝所言，这番难得说出的心里话，台下镜前，知心音者，又有几多？他之所以不愿意袒露内心，经常用机器人式回答与世周旋，或者跟记者玩猜谜，或者"人有三急"戏谑搞笑，也是因为他很明白，大众（最大多数的人），无感，或者说根本不耐烦听你的内心，听你对艺术的用心。陈道明最可宝贵的内心，是不屑于示众的，他不愿意把最隐秘最真实也其实是最脆弱的内在，就那么轻易随便地袒露于喧哗浅薄欢腾娱乐至死的"不解其中味"的庸众之前。所以他的嘻嘻哈哈其实是悲哀的，看似做了不少

---

① 2011年《南方周末》"中国梦"践行者致敬盛典现场采访。

访谈，说了一大堆话，看似他也嘻哈开心，可你们看到他内心深处的落寞了吗？陈道明越来越会跟媒体做游戏兜圈子了。他越来越娴熟于此道。记者和观众现在也慢慢觉得，陈道明愈加欢脱了，"人有三急，我现在就有一急"这么耍宝逗乐的瞬间，使老道几乎可以与"随时没正形"的发哥一起，并为"金牛二萌宝"[①]。然而，一个日渐"喜乐"的陈道明，背后却是我眼里日渐悲哀的陈道明，他已经几乎是彻底关上与外界对话的门了。即便回看陈道明2010年7月《南方周末》访谈《我原来就是不往人群里走的人》，的确也是往深里聊，但是你能感到他还是有很多内心话没说出来，以他的性格也说不出来。再怎么的，对外界，他也只能说到这个度。他与这个很大程度上与他格格不入的世界的某种优选和解是各进一步，各得所哉。这各进一步的"里子"实则是各让一步，退后一步。这是陈道明染有道家之味的"以进为退"。正如方文山《青花瓷》歌词："你从墨色深处被隐去。"他日渐隐淡模糊的剪影，分明写着清楚明白的两个字：无奈。陈道明自己说得再恰切不过了：我无奈于年代，但我争取做到年代也无奈于我。

2015年1月13日写于成都
2019年9月17日改于成都

[①] 陈道明、周润发同岁、同星座。皆为1955年生的金牛座人。

附录　陈道明历年作品及角色列表

（1982—2019）

拍摄年份	播映年份	作品类别	作品名称	所演角色
1982	1984	电影	今夜有暴风雪	曹铁强
1983	1984	电影	一个和八个	许志
1984—1987	1988	电视剧	末代皇帝	溥仪
1986	1987	电影	屠城血证	笠原萧
1987	1988	电影	八旗子弟	乌长安
1987	1989	电影	一代妖后	同治帝
1989	未播	电视剧	樱花梦	崔明义
1989	1989	电影	关公	周瑜
1990	1990	电视剧	围城	方鸿渐
1992	1992	电视剧	北洋水师	伊东祐亨
1994	1994	电视剧	梦断情楼	九条
1994	1995	电视剧	一地鸡毛	小林
1995	1996	电影	舞女	丁默村
1995	1996	电影	桃花满天红	满天红
1996	1996	电视剧	上海人在东京	祝月
1996	1996	电视剧	胡雪岩	胡雪岩

拍摄年份	播映年份	作品类别	作品名称	所演角色
1997	1997	电视剧	寇老西儿	八贤王
1998	1998	电视剧	女巡按	刘非
1998	1999	电视剧	二马	马则仁
1998	1999	电视剧	绍兴师爷	方敬斋
1998	1999	电视剧	楼转乾坤	片儿警
1999	1999	电影	我的1919	顾维钧
1999	2000	电视剧	少年包青天	八贤王
2000	2000	电视剧	尚方宝剑	咸丰帝
2000	2001	电视剧	康熙王朝	康熙帝
2000	2001	电视剧	长征	蒋介石
2000	2002	电视剧	黑洞	聂明宇
2001	2001	电视剧	大汉天子	东方朔
2001	2002	电影	英雄	秦始皇
2001	2002	电视剧	魂断秦淮	多尔衮
2002	2005	电影	我心飞翔	旭
2002	2004	电视剧	冬至	陈一平
2003	2005	电视剧	江山风雨情	天启帝
2003	2003	电影	无间道3：终极无间	"沈澄"
2003	2004	电视剧	中国式离婚	宋建平
2004	2005	电视剧	一江春水向东流	吴家祺
2005	2006	电视剧	浪淘沙	林啸民

拍摄年份	播映年份	作品类别	作品名称	所演角色
2005	2006	电视剧	沙家浜	刁德一
2005	2006	电视剧	茉莉花	顾绍棠
2005	2008	电视剧	我们无处安放的青春	周德明
2005	2007	电视剧	卧薪尝胆	勾践
2006	2007	电视剧	北平往事	潘雨亭
2009	2009	电影	建国大业	阎锦文
2009	2009	电影	刺陵	华定邦
2009	2010	电视剧	手机	费墨
2009	2010	电影	唐山大地震	王德清
2010	2011	电影	建党伟业	顾维钧
2011	2011—2013	话剧	喜剧的忧伤	审查官
2011	2012	电视剧	楚汉传奇	刘邦
2011	2012	电影	一九四二	蒋介石
2013	2014	电影	归来	陆焉识
2016	2017	电视剧	我的前半生	卓渐清
2018	2019	电视剧	庆余年	庆帝

图书在版编目（CIP）数据

我见陈道明：用角色与观众交流 / 赵琨著. -- 北京：北京联合出版公司, 2020.10 (2020.10重印)
ISBN 978-7-5596-4426-8

Ⅰ.①我… Ⅱ.①赵… Ⅲ.①陈道明—生平事迹 Ⅳ.①K825.78号

中国版本图书馆CIP数据核字(2020)第129527号

Copyright © 2020 Ginkgo (Beijing) Book Co., Ltd.
All rights reserved.

本书版权归属于银杏树下（北京）图书有限责任公司。

我见陈道明：用角色与观众交流

著　　者：赵　琨
出 品 人：赵红仕
选题策划：后浪出版公司
出版统筹：吴兴元
编辑统筹：马悠然
特约编辑：吴语曈
责任编辑：李艳芬
营销推广：ONEBOOK
封面设计：观止堂_未氓
装帧制造：墨白空间

北京联合出版公司出版
（北京市西城区德外大街83号楼9层　100088）
北京盛通印刷股份有限公司　新华书店经销
字数290千字　889毫米×1194毫米　1/32　12.25印张
2020年10月第1版　2020年10月第2次印刷
ISBN 978-7-5596-4426-8
定价：58.00元

后浪出版咨询(北京)有限责任公司 常年法律顾问：北京大成律师事务所　周天晖 copyright@hinabook.com
未经许可，不得以任何方式复制或抄袭本书部分或全部内容
版权所有，侵权必究
本书若有质量问题，请与本公司图书销售中心联系调换。电话：010-64010019

石挥谈艺录　把生命交给舞台
第一辑（全三册）

著　　者：石挥
主　　编：李镇
书　　号：978-7-5502-9325-0
装　　帧：精装
定　　价：68.00 元
出版时间：2017 年 1 月

话剧皇帝石挥迄今为止最完整的著述辑录
全面思考话剧行业文化生态
折射中国话剧发展历程
多份石挥谱曲作品首次公开

　　本书集结了石挥 1937 年至 1956 年公开发表在《新闻报》《文汇报》《36 画报》等报刊上的文章、图片、访谈、曲谱、会议发言，以多种形态展现石挥对话剧所作的贡献。

◎ 首次公开 4 份石挥谱曲作品、7 篇石挥接受报社记者访谈的文章，以及石挥与人合著的戏剧剧本《双喜临门》
◎ 完整辑录 30 篇石挥关于戏剧发展的文章，按发表时间重新整理
◎ 35 张罕见图片，包括话剧剧照、演出本事、演出说明书、剧院旧貌、生活照、工作照
◎ 1937—1956 年间京沪话剧发展的一手资料，包括剧团介绍、剧院分布、剧人素描、戏剧刊物
◎ 3 篇文章重点描述石挥眼中的唐槐秋与曹禺，是了解唐槐秋与曹禺重要的文献资料

　　有几个人能够像高尔基像石挥那样到处流浪，哪一行都混过？
　　　　　　　　　　　　　　　　　　　　　　　　　——张爱玲

石挥谈艺录 演员如何抓住观众
第二辑(全三册)

著　者：石挥
主　编：李镇
书　号：978-7-5502-9526-1
装　帧：精装
定　价：99.80 元
出版时间：2017 年 5 月

话剧皇帝石挥迄今为止最完整的著述辑录
系统构建"由根起"的表演理论
细述如何把握台词、动作、演员与观众的关系

　　本书是石挥系统构建具有民族特色的表演理论的尝试。全书集结了 1939 年至 1957 年石挥公开发表在《影剧》《万象》《杂志》《中艺》《剧场新闻》《舞台艺术》等报刊上的文章，以及近 30 幅罕见的话剧剧照、生活照等图像资料，展现了他在表演领域的重要贡献。

◎ 首次公开与梅兰芳、程砚秋、盖叫天等京剧大师的讨教实录
◎ 特别收入石挥撰写的《雷雨》《原野》、滑稽戏等 6 篇罕见剧评
◎ 内含《秋海棠》等 10 篇演出手记，条分缕析角色塑造全过程，堪称石挥表演艺术的揭秘档案
◎ 完整辑录 14 篇石挥探讨演技层次提升的文章，系统呈现石挥对表演理念与技法的独到认识
◎ 收入石挥翻译的西方表演专著：《演技教练》《一个演员的手册》
◎ 近 30 幅罕见的话剧剧照、生活照、报刊广告等图像资料

　　我崇敬石挥，他拍的作品我都喜欢。他的表演艺术理论和实践，对我启发很大。他是一个对工作一丝不苟，创作充满了灵气的人。前辈当中还有许多大艺术家都值得我去学习继承。

——黄磊

石挥谈艺录 雾海夜航
第三辑（全三册）

著　　者：石挥
主　　编：李镇
书　　号：978-7-5502-9520-9
装　　帧：精装
定　　价：88.00 元
出版时间：2017 年 7 月

话剧皇帝石挥迄今为止最完整的著述辑录
探寻石挥生命轨迹与心路历程的第一手资料
透视早年间京沪社会百态的鲜活入口

　　本书收录了石挥的散文小说、影坛笔记和杂文随笔，以及近 200 幅罕见生活照、工作照、海报、节目单、演出本事、杂志封面、报纸上刊载的相关广告和漫画等，并附有详细的生平年谱与石挥在京沪两地的活动地图，是探寻石挥生命轨迹与心路历程的第一手资料。

◎ 首次公开石挥的京味小说《大杂院儿》，连载 42 期的石挥回京探母见闻实录
◎ 收录半自传性质的《海角天涯篇》，记录了石挥从童年到进入剧坛打拼的成长经验与心路历程
◎ 完整辑录 31 篇杂文随笔，多元呈现石挥对社会现象、政治热点、日常话题的观察与批评
◎ 27 篇石挥影坛笔记，既包括表演手记与导演手记，又有对国产片历史传统与发展现状的思考
◎ 近 200 幅罕见的生活照、工作照、报刊、广告、漫画、话剧与电影剧照等图像资料，折射石挥所在的影剧圈和民国纸媒万象
◎ 特别整理了详细的石挥年谱与石挥京沪活动地图，从细密的日常行程与准确的地理定位高度还原石挥在场的历史时空，地图上的剧院、影院、书店、咖啡馆、饭店布局，勾勒出民国京沪文化生态的网络

　　我深深地感觉到，石挥在演戏的时候，有非常强烈的享受……尽管演的是不同的人物，但是他其实很会抓所谓戏的那部分，也就是人失控的部分，而人失控的部分往往是暴露本质的时候。

——姜文

三十年细说从头
（上下册）

著　者：李翰祥
书　号：978-7-5502-9010-5
装　帧：平装
定　价：118.00元（上下册）
出版时间：2017年2月

纪念李翰祥诞辰九十周年暨逝世二十周年
大导演回忆录一字未删完整出版！
幽默讽刺，辛辣俏皮，包袱花样翻新
说人解事，辛酸叹惋，细究竟是荒诞
李氏巨献，八卦无边，风趣无限

　　本书集结自李翰祥导演二十世纪七十年代在香港《东方日报》连载的同名专栏，内容涵盖其从影三十年的心得杂感，两岸三地影坛的掌故见闻，老北京民俗文化的五行八作等。全书幽默风趣，文辞生动，细节丰富，金句百出，甫一推出海外华文报纸便竞相转载，深得广大读者喜爱。此次恰逢李翰祥导演诞辰九十周年暨逝世二十周年，经过重新增补、整理，附上难得一见的家庭珍藏照，同时推出精装限量典藏版和平装版，以表纪念。

◎ 从影心得杂感，影坛掌故见闻，老北京三教九流，无所不谈，无所不包
◎ 口语鲜活，叙事生动，乱炖方言黑话洋文于一炉，嬉笑怒骂皆成文章
◎ 追加收录李翰祥罕见文章、影评，增补大量首次公开的私藏照
◎ 电影学者看见口述史，流亡者看见征途，影迷看见幕后，影评人看见秘史，八卦群众看段子
◎ 平装版、限量典藏精装版同时推出

　　李翰祥一生的作品汪洋恣肆，虽也有庞杂之嫌，但若以电影去闪烁千年中华文化之火花，无人能出其右。尤其是，这些作品竟多在背井离乡之地完成。
　　——皮埃尔·里斯安（Pierre Rissient）/亚洲电影专家